国学教程

主编　苑慧香

人民出版社

责任编辑 陈鹏鸣　李光源

封面设计 贾　川

图书在版编目(CIP)数据

国学教程 / 苑慧香主编. —北京:人民出版社,2011
ISBN 978-7-01-009704-6

Ⅰ.①国… Ⅱ.①苑… Ⅲ.①国学—高等学校—教材 Ⅳ.① Z126

中国版本图书馆 CIP 数据核字（2011）第 031424 号

国学教程
GUOXUE JIAOCHENG

人 民 出 版 社出版发行
（100706　北京朝阳门内大街 166 号）

北京市艺辉印刷有限公司印刷　新华书店经销
2011 年 3 月第 1 版　2011 年 3 月第 1 次印刷
开本:787×960 毫米　1/16　印张:19.25
字数:315 千字　　　印数:0001-6000 册
ISBN 978-7-01-009704-6　定价:32.00 元
购书电话：010-62988474　62960802

《国学教程》编写委员会

主　编　苑慧香

副主编　代　冰　刘　凤

编　委　朱宝春　赵冰冰
　　　　蔡　绿　杨晓莉

前　言

随着我国高等教育人才培养目标的与时俱进，注重大学生"专业"与"文化"、"文与理"兼备的综合素质培养已成为高等教育工作者的共识。尤其是人类进入 21 世纪，面对经济、文化的全球化，如何认识和传承本民族文化精髓，在自己民族文化深厚的土壤里，寻求理想的精神家园，以开阔的胸襟应对外来文化，取其精华、去其糟粕，以清明、理性的态度为民族文化和世界文化的进步谱写新的篇章，这已成时代赋予当代学子的使命。

国学是中国历史文化的长期积淀，是以儒学为主体的中华传统文化与学术的总称。它是中华民族几千年发展史中历代智者创造、传承下来的有关人的生存价值和生命意义的智慧结晶，是中华民族所独有的系统而完整的知识、文化和学术体系。这个体系涉及中华民族的心理特质、思维方式、价值取向、行为规范、伦理道德和风俗习惯等等内容。有人说：国学的宗旨乃"为天地立心，为生民立命，为往圣继绝学，为万世开太平。"因此，国学是高校学生万不可缺失的一课。这也正是辽宁省大连交通大学率先为其本科生开设此课程和贡献此教材的初衷。

此教程是专门为高校人文素质教育国学课程（必修课、选修课）32 学时的教学内容所设计的，每章后均为学生附上了精心设计的练习题，以供学生自我检测和复习。教师可根据学校对课程的安排，既可一学期集中授课，将知识内容较系统完整地授完，也可按专题讲座的形式分散到六个学期进行。使国学教学能像春雨一样，浅移默化地提高大学生的人文素质。

本书第一部分的编写分工如下：苑慧香编写第一章国学概说、第二章国学群经略说、第七章国学折射出的中国传统文化基本特征和民族文化精神；代冰编写第四章国学之儒家思想；刘凤编写第六章国学之佛教文化；赵冰冰编写第五章国学之道家思想；朱宝春、蔡绿、杨晓莉编写第三章国学经典阅读指导与阅读实践。本书第二部分的学生自测题均由编写第一部分相关章节的老师提供。

　　参加编写的老师们为本教程的编写工作倾注了很多心血，在此向他们表示衷心的感谢。期待阅读过本书的同学和老师们能够提出中肯的意见和建议，以期不断完善本书的内容，更好地服务于教学。

苑慧香

于大连交通大学

目 录

第一部分　教学内容

第一章　国学概说 …………………………………… 3

　一、什么是国学 ……………………………………… 3

　二、国学的内涵 ……………………………………… 10

　三、国学的当代价值 ………………………………… 13

　四、怎样学国学 ……………………………………… 15

　五、国学所涉及的经典著作和相关文献 …………… 18

　六、《四库全书》指的是什么 ……………………… 19

　七、经、史、子、集四部包含的内容 ……………… 26

第二章　国学群经略说 ……………………………… 29

　一、什么是经和经学 ………………………………… 29

　二、《四书》《五经》《十三经》的命名与排序 ……… 33

　三、《大学》略说 …………………………………… 40

　四、《中庸》略说 …………………………………… 54

　五、《论语》略说 …………………………………… 60

　六、《孟子》略说 …………………………………… 65

第三章　国学经典阅读指导与阅读实践 …………… 75

　一、《大学》的内容举要与名篇选读建议 ………… 75

　二、《中庸》的内容举要与名篇选读建议 ………… 82

　三、《论语》的内容举要与名篇选读建议 ………… 89

四、《孟子》的内容举要与名篇选读建议 …………………… 98

五、《礼记》的内容举要与名篇选读建议 …………………… 106

六、《孝经》的内容举要与名篇选读建议 …………………… 113

七、《老子》《庄子》的内容举要与名篇选读建议 ………… 120

八、《颜氏家训》的内容举要与名篇选读建议 …………… 127

第四章　国学之儒家思想 …………………………………… 135

一、儒家思想概述 …………………………………………… 135

二、儒学发展历程和思想内涵 ……………………………… 138

三、儒家思想的现实意义 …………………………………… 154

第五章　国学之道家思想 …………………………………… 160

一、道家思想概述 …………………………………………… 161

二、道家思想发展历程和思想内涵 ………………………… 162

三、道家思想的现实意义 …………………………………… 175

第六章　国学之佛教文化 …………………………………… 185

一、佛教概述 ………………………………………………… 185

二、佛教的基本教义 ………………………………………… 188

三、佛教与中国儒道文化 …………………………………… 191

四、佛教与中国文学 ………………………………………… 196

五、佛教与中国艺术 ………………………………………… 200

六、佛教典籍介绍 …………………………………………… 208

七、佛教故事 ………………………………………………… 210

八、正确认识佛教文化 ……………………………………… 214

第七章　国学折射出的中国传统文化基本特征和
　　　　民族文化精神 …………………………………… 216

一、国学折射出的中国传统文化基本特征 ………………… 216

二、中国传统文化的优点和缺点 …………………………… 226

三、国学蕴涵的中华民族文化精神 ………………………… 228

四、培育民族精神，弘扬民族文化 ………………………… 240

第二部分　学生自测题

第一章　国学概说自测题 ……………………………… 245

第二章　国学群经略说自测题 ………………………… 249

第三章　国学经典阅读指导与阅读实践自测题 ……… 254

第四章　国学之儒家思想自测题 ……………………… 258

第五章　国学之道家思想自测题 ……………………… 266

第六章　国学之佛教文化自测题 ……………………… 273

第七章　国学折射出的中国传统文化基本特征和

　　　　民族文化精神自测题 ………………………… 278

参考答案 ………………………………………………… 283

参考文献 …………………………………………… 295

第一部分　教学内容

第一章　国学概说

一、什么是国学

概念是浓缩、是内核。所以，研习国学首先就应该弄清国学的概念。对此，尽管学术界还存在着争议，众说纷纭，但依然可以本着博采众长的态度，从其原始意义出发，从其演变和概念界定出发，给出一个概念性的总括。以此，可以更深层次明确国学研究对象、国学研究的目的，使我们对国学的认识一步步更接近本源。

（一）国学的历史演变

《周礼·周官·乐师》："掌国学之政，以教国子小舞。"与之相似的还有《周礼·周官·大司乐》："掌成均之法，以治建国之学政。"不难看出国学最早见于周代，其原义是指国家所设立的教育机构和学校。周代教育有国家教育与地方教育之分。地方教育称"乡学"，学校类型有"校""序""庠"，设在地方的自治单位"乡""遂"之中，并由司徒和遂大夫职掌。国家教育称国学，又有小学和大学之别，设在王城，由乐师、大司乐等官职执掌。可见，国学的原义，是与地方的乡学相对，指周代中央设在王城的国家教育机构和学校。

按照《周礼正义》所述，周王国的小学建在王宫南大门的左边，由乐师职掌；而王国的大学建在国都之南郊，包括辟雍、上庠、东序、瞽宗和成均五所，由大司乐职掌。小学和大学的学生称为"国子"，主要是王太子、王子、公卿大夫之嫡子，他们皆贵族子弟，以与乡学中的平民子弟相区别。子弟八岁入小学，教育内容主要是"六艺"之文和基本的生活规矩。国子十五岁从小学升入大学（大学的国子还包括乡遂所推荐的贤能），在大学里，他们因时因地依次到辟雍、上庠、东序、瞽宗和成均之中学习干戈乐舞、礼仪典书，大约九年之后毕业。大学教育的目标和步骤，按《礼记·学记》："一年视离经辨志，三年视敬业乐群，五年视博习亲师，七年论学取友，谓之小成；九年知类通达，强立而不反，谓之大成。夫然后足以化民易俗，近者悦服，而远者怀之，此大学之道也。"可见，大学教育之道，就是要让贵族子弟获得"修身、齐家、治国、平天下"的才德。在周代，由于大学教育是贵族子弟成才的高级阶段，它承担着为国家培养"修己治人"之才的使命，这使得大学成为周代国学最重要的部分，以至于人们有时把国学与大学教育等同起来。

自此之后，国家教育明显受到国学的影响。汉代有太学；晋武帝又设国子学，以与原有的太学并立；北齐为国子寺；隋、唐、宋时国子监下辖太学、四门、国子学；元代设国子学，明、清为国子监，它们都是国家的高级教育机构和学校，秉承了周代国学的职能。如果说，周代国学的教育内容是礼乐文化，那么，周代以后国学教育的内容主要是儒家经典。如汉代太学主要教授《周易》《尚书》《诗经》《周礼》《春秋》五经；唐代太学、四门、国子学的生徒要学习《周礼》《仪礼》《礼记》《毛诗》《春秋》《左氏传》《公羊传》《谷梁传》《尚书》《周易》《孝经》《论语》等经，闲暇时还可兼习《国语》《尔雅》。北宋国子监的课程和教材有《诗经》《尚书》《周易》《春秋》《左氏传》《公羊传》《谷梁传》《周礼》《仪礼》《礼记》及孔颖达的《五经正义》等；南宋时国学教材在北宋经书的基础上，又增加了朱子的《四书集注》和《仪礼经传通解》，周敦颐的《太极图说》，张载的《西铭》，程颐的《易传序》和《春秋传序》等。明、清的科举考试以"四书五经"为主，学校的课程和教材也主要是"四书五经"，而且"四书"主朱子《集注》，《易》主程颐的《易传》、朱子的《本义》，《书》主蔡氏《传》，《春秋》主《左氏传》、《公羊传》、《谷梁传》，《礼记》主古注等。可以看出，秦汉至明清，国家的最高学校名称虽各异，学生所学的课程和教材亦有变化，但它们基本秉承了周代"国学"作为国家教育机构和学校的原义，其作为教材的儒家经典，实际上与周代的"礼乐文化"一脉相承。

19世纪中叶，挟裹着军事经济强势的西方文化进入中国，并冲击着中国固有的文化。由此，古代的"华夷之辨"转变成"中西之辨"。在中西文化的碰撞中，中学处于弱势地位。为了实现富强，使中华民族立于不败之地，以魏源、林则徐、曾国藩、左宗棠等人为代表的洋务派，以及以王韬、郑观应、黄遵宪等人为代表的早期改良派，主张在坚持孔孟之道的同时，学习西方的技艺器用，他们的主张后来被提炼为"中学为体，西学为用"之论。其中的"中学"，就是指以孔门之学为主的中华固有的学术，它与西方的自然科学、工艺技术、工商法律等知识相对。19世纪末20世纪初，随着中西文化冲突的进一步加剧，中国文化更加弱势，中国面临亡国灭种的危机，为了保国保种，以章太炎为代表的国粹派提出"保存国学""振兴国学"的口号。期间并有"中学"向"国学"转变的分际。由上可知，国学的概念及其内容不是静态的、不变的，而是动态的、变化的。

（二）国学概念的界定

国学，可译做"Sinology"（指中国学或汉学）。在中国古代，"国学"本是国家一级学校的称谓。而作为现代意义上的"国学"概念，是晚清以来逐渐形成的，显然，与作为国家一级学校的"国学"概念已经有所区别。今天我们所指称的"国学"概念，不是指中国传统文化本身，而是指研究中国传统文化的"学问"和"学术"。所谓"学问"，侧重于有关传统文化知识体系的积累与梳理；所谓"学术"，侧重于有关传统文化研究方法的继承与创新。由于西学东渐的缘故，中西学术交流日益频繁，为了与"西学"相对应，有人提出了"旧学"或"中学"的概念。张之洞即提倡："新旧兼学。四书五经、中国史事、政书、地图为旧学，西政、西艺、西史为新学。旧学为体，西学为用，不使偏废。"（《劝学篇外篇设学第三》）后来梁启超在《清代学术概论》中指出："所谓'中学为体，西学为用'者，张之洞最乐道之，而举国以为至言。"由此，"中学为体，西学为用"成为张之洞的名言。可见，相对于"新学"，"国学"指"旧学"；相对于"西学"，"国学"指"中学"，它是与"西学"不同的自具特色的文化体系。

为了弘扬国学，章太炎发行《国粹学报》，出版《国故论衡》，于是"国学"又有了"国粹"和"国故"的称谓。胡适即指出："'国故'这两字，是章太炎先生提出，比从前用的'国粹'好多了；其意义，即中国过去的历史、文化史，包括一切。"（《再谈整理国故》）胡适又说："'国学'在我们的心眼里，只是'国故学'的缩写。中国的一切过去的文化历史，都是我们的'国故'；研究这一切过去的历史文化的学问，就是'国故学',省称为'国学'。"(《〈国学季刊〉发刊宣言》,见《胡适文存二集》)1922年,被尊称为"国学大师"的章太炎先生,应江苏教育会之请,公开向上海社会各界做"国学"专题讲演,前后共10次,后由听讲者整理成两个文本,先后以《国学概论》和《国学讲演录》为题出版。此外,在一些学校里也设有"国学概论"的课程,钱穆先生的《国学概论》一书,就是以他1926年至1928年在无锡江苏省立第三师范学校和苏州江苏省立苏州中学的讲稿整理而成的。因此,尽管社会上和学术界对中国传统文化的评价分歧仍然很大,但自此以后,"国学"的名称就开始在学术界广为流行。

外国学者称研究中国的传统学问,一般叫做"汉学"(sinology),"支那学"或"华学"。至于"中国学"的称谓,则是海外学者研究中国传统和现当代学术的合称。欧美学术界还有"东亚学"的称谓,其范围包括对中国、日本、韩国等东亚国家的研究。

鉴于"国学"概念的界定,学术界多有分歧,中国人民大学校长纪宝成撰文指出:"国学可以理解为是参照西方学术对以儒学为主体的中华传统文化与学术进行研究和阐释的一门学问。它有广义与狭义之分。广义的国学,即胡适所说的'中国的一切过去的历史文化',思想、学术、文学艺术、数术方技均包括其中;狭义的国学,则主要指意识形态层面的传统思想文化,它是国学的核心内涵,是国学本质属性的集中体现,也是我们今天所要认识并抽象继承、积极弘扬的重点之所在。"(《重估国学的价值》,载《南方周末》)这个界定比较明确,很有创意,但也引发了学术界一些争议。

(三)国学研究的对象

国学到底研究什么?梁启超在《论中国学术思想变迁之大势》中,特别标举"国学"的概念与"外学"相对:"今日欲使外学之真精神普及于祖国,则当转输之任者必邃于国学,然后能收其效。"(刘梦溪主编《中国现代经典丛书·梁启超卷》)清华研究院主任吴宓曾解释说:"兹所谓国学者,乃指中国学术文化之全体而言。"(《清华开办研究院之旨趣及经过》)他后来更是阐明:"今宓晓以本院所谓国学,乃取广义,举凡科学之方法,西人治汉学之成绩,亦皆在国学正当之范围以内,故如方言学、人种学、梵文等,悉国学也。"(《研究院发展计划意见书》)这些说法证明,国学的研究对象以经、史、子、集文献材料为主体，也包括出土文物、民间口耳相传的资料，还包括海外汉学。可见，今天我们所指称的"国学"，并不是传统文化的本身，国学作为一门系统而专门的学问，是以经、史、子、集为载体的"中国传统文化"为研究对象的学科。

尽管"国学"的定义依然还有待更加深入探讨，但以"中国固有之学问"为主体研究对象得到了更广泛的认同。台湾学者龚鹏程在《国学入门》一书中指出："国学这个词，指的是中国传统的学问。"从这一认识出发，可以笼统地把国学定义为研究中国传统文化的学问和学术。

（四）国学研究的目的

一句话，研习"国学"的目的，就是要立志弘扬这个"道"。"道"是指宇宙社会人生的根本道理，包括"天道""地道""人道"。这个"道"是先贤强调的"天人合一"的自然规律，也是人生需要遵行的常理常道。孔子说："吾道一以贯之。"（《论语·里仁》）朱熹《论语集注》说，"道"是"天理"，也是"人伦日用所当行的"。意思是说，"道"既具有形而上的抽象性，又具有形而下的贴近人伦日用的具体性。比如，孔子以"叩其两端"（《论语·子罕》）"允执其中"（《论语·尧曰》）来论证"中庸"之道，又说："天下国家可均也，爵禄可辞也，白刃可蹈也，中庸不可能也。"（《礼记·中庸》）这说明，当处理事件的时候，观照事件的两端，以寻求中正的处事方法，是人人都可实践的事情；但要达到人生"中庸"的理想境界，则不可能在现实人生中完全实现，它只存在于人生无限追求的理想之中。可见，孔子提倡的"中庸"之道，既具有形而下的现实操作性，又具有形而上的理想价值追求性。简单地说，"道"既是物之所以为物的道理，也是人之所以为人的道理，它是中华民族精神的体现。

研究是一种弘扬，而弘扬则是将国学与现实紧密结合。研究"国学"的意义不仅在于认识古代，而且在于帮助当代，我们可以从博大精深的"国学"中发掘出建设和谐社会的理念资源。如在"人文奥运"的理念论证中，中国人民大学人文奥运中心根据国学的传统思想提出"和平、和睦、和谐"与"更高、更快、更强"并行，得到各界的赞同。就奥运本身而言，这是一种特色与创意，而就整个中华民族而言，这体现的是中国人的文化特质。冯友兰先生在《中国哲学小史》中说："如果人类将来日益聪明，想到他们需要内心的和平和幸福，他们就会转过来注意中国的智慧，而且必有所得。"可见，就人类文明而言，这是中国几千年文明的贡献，是中国送给世界的礼物，是对人类文明的贡献。

（五）国学的分类范围

国学的范围很广，清乾隆年间，姚鼐（1732年—1815年）将中国学问分为义理之学、考据之学、辞章之学。同治年间，曾国藩（1811年—1872年）更主张增添经世之学（又名经济之学）。

1. 考据之学

考据之学是实事求是地考查真相的学问，又可细分为三项：考求文字的真相；考求书籍的真相；考求文物的真相。

考求文字的真相，包括研究字形结构的文字学，研究字音的音韵学，研究字义的训诂学；考求书籍的真相，包括书籍著录的目录学，研究书籍版本的版本学，研究书籍勘误的校勘学，研究佚书辑录的辑佚学，研究书籍真伪的辨伪学，研究书籍年代的避讳学等；考求文物的真相，包括调查、发掘、整理研究古迹、文物的考古学，研究钟鼎彝器、碑铭刻石的金石学，研究龟甲兽骨刻写记号的甲骨学，研究出土竹简、帛书的简帛学，研究西域文献的西域学，研究敦煌文献的敦煌学，研究清宫内阁大库档案的档库学等。

2. 义理之学

义理是研究国学的思想理论，内涵精神之学，也可细分为下列诸项：经学、诸子学、魏晋玄学、道教神仙之学、六朝隋唐佛学、宋明理学、清代的汉学与宋学、儒家。

3. 经世之学

读书治学的目的，有内外两端，向内讲究修身养性，发展完善的人性，向外则主张贡献服务于社会人群，如此才能将知识转化为有用之学。如果说义理之学为体的话，那么经世之学便为用。传统的经世之学借鉴现代科学的分类方法可以分列为下述三项：自然科学、社会科学、应用科学。

自然科学：即研究人类生活与自然关系之学。包括天文学、地理学、数学、物理学、生物学等。

社会科学：在中国传统学术中，研究人类社团活动的学问也相当多。如研究人群血统演进的"氏族学"，记载人类活动的"史学"，研究人群战争的"兵学"，研究人群组织管理的"政治学"，研究社会秩序维护的"刑法学"，研究财政食货的"经济学"，研究国与国之间关系的"外交学"，研究人群相处规范的"礼俗学"，研究学识经验传递的"教育学"等，都可概称为社会科学。

应用科学：人类发明了许多技术来维护和改善生活条件，都可以叫做应用科学。如有关衣食的"农桑学"，治理水土的"水利学"，治疗疾病的"医药学"，强身健体的"气功学"，器物制造的"工艺学"，房屋园林构件的"营造工艺学"，房屋园林的"构件学"等。还有一些带有迷信色彩的"堪舆学""述数学""占梦学"等，如果去除其迷信因素，也有研究的价值。

4. 辞章之学

辞章之学又称文艺之学，包括两项内容：文学、艺术。

在秦代以前，文学是文字著于竹帛之学的总称，两汉以后，文学逐渐自觉独立。如有研究文章体制作法的"文章学"，研究文法结构的"文法学"，研究文采修辞的"修辞学"。研究诗，词，曲，赋，戏剧，小说的，分别称作"诗学""词学""曲学""赋学""戏剧学""小说学"等。

研究文学思想，文学理论的叫"文学"，研究文学思想，文学理论的叫"批评学"。研究著名作家或作品的也可以独立成学，如研究《昭明文选》独立成学，如研究《昭明文选》的"文选学"，研究《文心雕龙》的"龙学"，研究杜甫诗歌的"杜诗学"，研究《红楼梦》的"红学"等。其他还有"敦煌学""俗文学"等都是文学研究范围。

艺术包括音乐学、书法学、绘画学、舞蹈学、雕塑学等。如敦煌壁画莫高窟第322窟，充分反映了初唐高度发达的建筑艺术，栩栩如生的雕刻艺术和书法艺术，博大精深的佛教文化艺术、绘画艺术。

需要提请注意的是，考据、义理、经世、辞章之学，并非孑然独立，而是必须结合成一个整体，才是完整的国学。考据之学是接受和检验知识之学，由外向内，应该臻于至真。辞章之学发抒情意，描状自然之态，由内向外，应该臻于至美。义理之学是体，经世之学是用，体用结合，内外兼修，旨在造福人群社会，应该臻于至善。

二、国学的内涵

（一）国学的内涵

国学"一词，古今涵义有所不同，最早始于汉代经学兴起、太学建立之时。但古代所谓"国学"，指的是国家最高学府。至明清以后，所谓"国学"指的是与"西学"相对应的中国传统学术文化，或曰"中国之学"。

台湾"中央研究院"院士余英时在第28次院士会议主题演讲中提出：国学的概念是从日本传来的。而中国艺术研究院中国文化研究所研究员刘梦溪研究员对余英时的说法则予以否认，据他在百家百科讲坛之学者论坛开讲《国学和〈六艺之学〉》提出质疑说，如果"'国学'也是舶来品，则愿意看到更多的证据。"刘梦溪认为：早期的学者在使用国学一词时，并未对概念的内涵加以分疏。南柯舟认为刘梦溪的说法有待存疑深入商榷。而余英时说"国学的概念是从日本传来的"，似乎在说章太炎流亡日本期间在日著《国故论衡》一事，虽然此事是历史事实，但不能以此推论国学源于日本，此说颇有待考据缘由端详，否则等于认可韩国人说汉字是他们发明的一样无来由。

2008年3月，国宝级学术泰斗、国学大师季羡林先生在接受采访时，高瞻远瞩的提出"大国学"的概念。他说："国学应该是'大国学'的范围，不是狭义的国学。国内各地域文化和56个民族的文化，都包括在'国学'的范围之内。地域文化和民族文化有各种不同的表现形式，但又共同构成中国文化这一文化共同体。"

成中英教授认为，儒家精神是通过求得人的充分发展来实现人的内在价值，来求得人生活上的一种安定，能够在社会中获得相互依存的精神和智慧上的支持。如何理解国学？国学不是国故之学，也不是本位主义。国学是对自己的文化哲学进行深刻的了解，基于自己的经验或者基于跟西方比较的经验，用自己的话来说明自己的一种哲学立场和文化的价值，所以跟哲学有非常密切的关联，彰显中国的文化、精神和价值。

陈思和教授提出"只有包容各种文化形态的存在，这个文化自身才可能变得多元和丰富。"这同时也是中华民族文化独立于世界民族之林的基础。只有更加是中国的，才更加是世界的。

2002 年，南柯舟即首次在专著中倡议在传统文化领域整合中国国学为"五术六艺诸子百家之学"，并在近年首次提出"国学和谐论"和"国学西学和谐论"。

五术六艺从诞生开始与就诸子百家连体共生，如果没有五术六艺，也就没有中国文化，没有中国哲学，否定五术六艺等于否定中国哲学，将中国哲学拖入虚无主义泥潭沼泽万劫不复。这是一种繁荣与腐朽共生的文化现象。如果把五术和六艺取缔，中国民间信仰和伦理将失去土壤与根基，秦始皇焚书坑儒都没有烧掉的《易经》能生存发展到现在，就很能说明问题。

南柯舟认为，国学是指以儒学为主体的中华传统文化与学术，按照《四库全书》的分类方法，可分为经、史、子、集四大类。其宗旨乃是"为天地立心，为生民立命，为往圣继绝学，为万世开太平。"国学包括五术、六艺、诸子百家，其中诸子百家包括"儒、释、道、刑、名、法、墨"等各家，乃是"为天地立心"之学；六艺包括"礼、乐、射、御、书、数"，乃是"为生民立命"之术；五术包括"山、医、命、卜、相"，乃是"为往圣继绝学""究天人之际"关系的学问。

（二）五 术

道术一词，源出《庄子·天下篇》，与"方术""方技"是一个意思，道教中人也有称为"仙术"的。

五术是中国古代文化中极为重要的组成部分，是对庞大复杂的道术（秦汉前称方术、按西方说法就是所谓巫术）系统的最主要的分类，一般认为包括山（仙）、医、命、卜、相五类。五术的（山、医、命、卜、相）基本构成，都是源自《易经》，《易经》涵盖时空，宇宙的万事万物，都阴阳相互对立又能相互转化，如冬去春来、月升日落、老死少生等。

"山"就是通过食饵、筑基、玄典、拳法、符咒等方法来修炼"肉体"与"精神"，以达充满身心的一种学问。简言之，"山"就是利用打坐、修炼、武学、食疗等各种方法以培养完美人格的一种学问。

"医"，是利用方剂、针灸、灵治等方法，以保持健康、治疗疾病的一种方法。

"命"，就是透过推理命运的方式来了解人生，以理解自然法则，进而改善人生命运的一种学问。推命所用的主要方法有"紫微斗数""子平推命"

"星平会海"等，其方式就是以人出生的时间和阴阳五行为理论基础。"命"是以推定人的命运，进而达到趋吉避凶的学问，从而改善人类发展的需要。

"卜"，它包括占卜、选吉、测局三种，其目的在于预测及处理事情，其中占卜的种类又可分为"易断"及"六壬神课"。

"相"，一般包括"印相、名相、人相、家相、墓相（风水）"等五种，以观察存在于现象界形象的一种方术，是对眼睛所看到的物体作观察，以达趋吉避凶的一种方法。

（三）六　艺

六艺是中国古代儒家要求学生掌握的六种基本才能，分别是礼、乐、射、御、书、数。《周礼·保氏》："养国子以道，乃教之六艺：一曰五礼，二曰六乐，三曰五射，四曰五驭，五曰六书，六曰九数。"这就是所说的"通五经贯六艺"的"六艺"。

礼：礼节（即今德育）。五礼：吉礼、凶礼、军礼、宾礼、嘉礼。

乐：音乐。六乐：云门、大咸、大韶、大夏、大濩、大武等古乐。

射：射箭技术。五射：白矢、参连、剡注、襄尺、井仪。白矢，箭穿靶子而箭头发白，表明发矢准确而有力；参连，前放一矢，后三矢连续而去，矢矢相属，若连珠之相衔；剡注，谓矢行之疾；襄尺，臣与君射，臣与君并立，让君一尺而退；井仪，四矢连贯，皆正中目标。

御：驾驭马车的技术。五御：鸣和鸾、逐水曲、过君表、舞交衢、逐禽左。《周礼·地官·保氏》："乃教之六艺……四曰五驭。"郑玄注："五驭：鸣和鸾，逐水曲，过君表，舞交衢，逐禽左。"谓行车时和鸾之声相应；车随曲岸疾驰而不坠水；经过天子的表位有礼仪；过通道而驱驰自如；行猎时追逐禽兽从左面射获。

书：书法（书写，识字，文字）。六书：象形、指事、会意、形声、转注、假借。

数：算法（计数）。数艺九科：方田、栗布、差分、少广、商功、均输、盈朒、方程、勾股；九数即九九乘法表，古代学校的数学教材。

（四）诸子百家

中国历史上，西周以前学在官府，东周以后，学逐步走向民间。春秋战国时代，王权衰落，奴隶制度解体，奴隶由贵族独占的局面被打破。诸侯争霸，各国开放政权以延揽人才，又因为人口的增加，土地分配困难，社会发生剧变。这一时期有思想的知识分子，面对现实的社会问题、人生问题等，提出了各种解决的办法和思想。个人利害与国家之间的利害交互运用，相互影响，各种学说、思想纷纷出现。

春秋后期已出现颇有社会影响的儒家、道家、阴阳家、法家、墨家等不同学派，而至战国中期，学派纷呈，众多学说丰富多彩，为中国文化发展奠定了宽广的基础，中国历史上把这一时期称为"诸子百家"或者"百家争鸣"时期。

诸子指中国先秦时期孔子、老子、庄子、墨子、孟子、荀子等学术思想的代表人物；百家指儒家、道家、墨家、名家、法家等学术流派。诸子百家是后世对先秦学术思想人物和派别的总称。

传统上关于百家的划分，最早源于司马迁的父亲司马谈。他在《论六家要旨》中将百家首次划分为"阴阳、儒、墨、名、法、道"等六家。后来，刘歆在《七略》中，又在司马谈划分的基础上，增"纵横、杂、农、小说"等为十家。班固在《汉书·艺文志》中沿袭刘歆的观点并认为："诸子十家，其可观者九家而已。"后来，人们去除了"小说家"，将剩下的九家称为"九流"。

自此，中国古代学术界都依从班固，百家就成了"九流"。今人吕思勉在《先秦学术概论》一书中再增"兵、医"，认为："故论先秦学术，实可分为阴阳、儒、墨、名、法、道、纵横、杂、农、小说、兵、医十二家也。"

诸子百家主要人物有孔子、孟子、墨子、荀子、老子、庄子、列子、韩非子、商鞅、申不害、许行、告子、杨子、公孙龙、惠子、孙武、孙膑、张仪、苏秦、田骈、慎子、尹文、邹衍、晏子、吕不韦、管子、鬼谷子等。诸子百家的许多思想给后代留下了深刻的启示，如儒家的"仁政"、"己所不欲，勿施于人"的"恕道"、孟子的古代民主思想、道家的辩证法、墨家的科学思想、法家的唯物思想、兵家的军事思想等，在今天依然闪烁着智慧的光芒。

三、国学的当代价值

国学是我国作为一个文化大国的主要标志，不了解国学，就不知道我国文化的博大精深，对自己的国家就缺乏认识。就像一个人不认识他的家，不认识他的父母。国学在当代的价值不可估量，可以从这样几个方面去看：

（一）国学在塑造当代民族精神中具有不可忽视的作用

究天人之际通古今之变的探寻真理精神；天下兴亡、匹夫有责的社会责任感；尽力而为之的积极进取精神；一日三省吾身的自律精神；利民安国的经世致用思想；强调群体强调统一的价值取向；朴素的整体观念和注重直觉体悟的思维方式；人能弘道的主体精神。

（二）儒家思想为主导的中国传统思想在当代文明建设中发挥着重要作用

例如大同思想，忠、信、孝、悌思想，修、齐、治、平思想，都具有积极意义。儒家教育思想更是宝贵财富，例如因材施教、温故知新，都活在当代的教育之中。大同思想、修齐治平思想，是我们宝贵的财富，应当发扬光大。还有孝，是我国文化的精华之一。

（三）诸子百家思想与学术对当代文明构建也有重要价值

例如《墨子》的"兼爱""非攻"，《孙子兵法》"不战而屈人之兵，善之善者也"的思想，都具有世界意义。管子的经济思想，医家传下来的大量中医验方、经络理论等都在当今发挥有益的作用。如孙武打了一辈子仗，最后确认为不打才是最高明的。他是军事家，同时也是哲学家，他的军事实践上升到了形而上学。巴顿没有达到这一点，所以没仗打了，就消沉下去，无所事事。孙武才是当之无愧的世界级军事家。

（四）《二十四史》是治理国家的一面镜子

"以史为鉴"绝不只是一种口号，中国之所以延续如此长久，与中国的政体分不开，这对稳定当代社会有一定借鉴意义。历史上多民族的团结，也是维护当前国家统一的历史借鉴。西周初年分封诸侯，结果是诸侯大于天子，形成春秋战国的分裂状态。秦统一了天下，儒生们都要他分封，可秦始皇最明白该不该分封，从他的角度看，儒生们简直可笑。当然秦始皇的手段不可取，焚书坑儒，留下骂名。西汉又翻过来了，分封诸侯，结果吴楚七国之乱，晁错被杀，削藩成了西汉前期的重要任务。后来的朝廷没再分封。明代没把握好，分封了，结果燕王打到南京，夺了权，后来对藩王的管束十分严厉。

（五）丰富的古典文学遗产，在当代仍是为人民提供精神食粮的取之不尽的源泉

从神话的女娲补天、嫦娥奔月，到《诗经》的"关关雎鸠，在河之洲"，从唐诗的"举头望明月，低头思故乡"，到宋词的"但愿人长久，千里共婵娟"，从四大小说《西游记》《水浒传》《三国演义》《红楼梦》，到公案小说的《包公案》《海公案》，无处不见传统国学的存在。

对于个人而言，学习国学可以提升自己的文化素养、道德修养（修身、养性、齐家、治国、平天下），学会如何为人处事；开拓自己的思维，将传承了数千年的文化延续下去。

四、怎样学国学

现在人们开始关注国学，这是好事，能亲近好的道理，本来是引人向善的。但目前在对待国学上，人们似乎存在着一些认识上的偏差，比较明显的一点就是认为国学是很深的，把它作为一门深奥的理论来研究，似乎用一种功利的态度去理解国学的实用价值。

《论语》首句就是"学而时习之，不亦说乎……"什么是学，学并非单指书本上的。古人说，行千里路，读万卷书，是说明除了书本上的知识，实际生活中的见识经历都是学问。人学到知识就应该常常去实践，去体悟，这就是古人说的修身。儒学在"修身、齐家、治国、平天下"中把修身放在第一位，可知涵养正气、修炼品德、开启人的智慧是非常重要的一个环节，也是立业之基础。

现在有许多人把国学作为一门学科来学习，象学化学物理一般，似乎能背下来，了解意义就说学懂了。所以他们喜欢追寻文字中的奥义，谈玄论道，但不喜欢去实践，认为这些太简单了。更有一些人喜欢研究玄妙之学，以为是脑子灵光，但究其实其基础很薄弱。他们这种做学问的态度是不正确的，没有领悟到国学的深刻道理。孔子说，如果他五十岁以后能学《易》，就能无大过了。可见孔子学《易》的目的是为了明人生，使自己的修为中少犯过错。孔子如此大的学问，他要像普通人一样学《易》还不容易，但他学《易》是

想确确实实提高自己的道德，并有以前深厚的修为，去详研易理而深悟宇宙，最后而知天命。孔子的修养是一步一步的，不可能一步登天。0w&m'I1e8^2E

学习国学其实并不难，非常简单，如扔一块石头一般。佛家有一小故事，有位禅师对僧人们说，学佛其实很简单，就像举起自己的双手一样容易，这些僧人就开始练习举手，日日练习，不得间断。这些僧人开始还都在练习，日子一长就怀疑了，说这不是佛法，都不练了。只有一位僧人，他不顾别人，独自一人坚持不懈。终于这位禅师对坚持练习的僧人说，你已经悟到佛法真谛了，并传其衣钵。《论语》中一些理也非常简单，如不要巧言，要时时省察自己，对朋友要讲信等，人人都能做得到，是平常朴素平凡的道理。但正因为其理朴素而平凡，却包含着真理。人可以一时能行善，但要坚持行善就难。坚持就是修养，克服自己暴露出来的缺点，使自己心态趋向于安和镇定，而少为外界私心所干扰。

中国的国学博大精深。孔孟的儒、老庄的道、六祖慧能的禅，还有孙子的兵法，韩非子的法术势，鬼谷子的谋略，黄帝的养生之道等等。这些古圣先贤的思想精髓能使学习者在接受熏陶的同时，还开发人的潜质、完善人的品格，树立民族自信心、爱心、自豪感，并能增加人的智慧，让人以积极的人生态度和理想去生活。既能弘扬民族精神，又能防止过快的西化给中华民族带来不良影响。反对者则认为，"亲亲尊尊长长"几乎是儒家伦理道德的全部内容，"畏天命，畏大人，畏圣人之言。"固化的"儒家伦理"决定了中国的固化的政治体制，也同时决定了中国的几乎永远固化的巨大"部落"（假亲族）型的（动物性）"社会"，这其实也即是中国所谓"国家"名称的来历，它与全人类现代的哲学宪政型的平等、民主、自由的社会相差不啻十万八千里。反对者还认为"儒家伦理"不具有任何"真理"基础。这是因为，全人类"伦理"的最伟大真理，就是无条件的"人人平等"，也正是这个真理，构成了全人类现代"宪政"的最根本的哲学基础。因此，儒家的伦理道德非但不能培养人们的文化自觉和独立人格，反而会培养出没有独立人格的奴才来。认为在世界人类历史之中，能够与西方的摩西、耶稣、柏拉图以及东方的佛陀在人类文明"道德"的意义上齐名的中国古人，只有伟大的老子，甚至墨子也比孔丘更合乎条件。因此，主张国学要学，但必须"取其精华，去其糟粕"，要有"扬弃"的态度。因为这是一个关系到政治走向和民族发展方向的大问题。说白了，这是一个靠感情治国还是靠法制治国、人与人之间的关系平等还是不平等的大问题。所以必须旗帜严明，是非抉择，不能与非正义苟同。现代社会知识爆炸，信息共享，学习什么文化，怎样学习文化，构成了一个多元的文化社会。一个社会，除了政治，还有经济和更广泛的自由文化。要想培养真正的文化自觉和独立人格，绝不是国学一学所能解决的，而是多元的、自由的文化才能解决的。所以，学习国学，一定要明白我们学习的目的是什么，否则很容易让人回到尊儒复古的老路上去。

那么，国学到底怎么学，学什么，这是学习者首先要面对的问题。带进来外来文化思想对国学的认识，因此，这种渐进的国学，一定也是与时俱进的国学。

按照传统的国学学习方法，一定得从《大学》学起。这是因为宋朝大儒程伊川曾经在《大学》的开始留下了这样的话："大学，孔氏之遗书，而初学入德之门也。于今可见古人为学次第者，独赖此篇之存，而论、孟次之。学者必由是而学焉，则庶乎其不差矣。"意思是说：大学是孔子留传下来的书，是初学者进修德行的门径，到如今还能够看出古人做学问先后次序的，全靠这本书的存在；至于《论语》和《孟子》，研读的顺序应在其后。学习的人必须从这本书学起，那就差不多，不会有错了。

国学到底应该怎么学，学什么，这是个很重要的话题。到现在为止，就没有一个人能说清国学的概念或者范围的。流行的也有两种观点，一种是说，国学是指以儒学为主体的中华传统文化与学术。以学科分，应分为哲学、史学、宗教学、文学、礼俗学、考据学、伦理学、版本学等，其中以儒家哲学为主流；以思想分，应分为先秦诸子、儒道释三家等，儒家贯穿并主导中国思想史，其他列从属地位；国学以《四库全书》分，应分为经、史、子、集四部，但以经、子部为重，尤倾向于经部。国学大师章太炎则是此观点的代表人物。他在《国学讲演录》里分为小学、经学、史学、诸子和文学。在《国学概论》中称：国学之本体是经史非神话，经典诸子非宗教、历史非小说传奇。治国学之方法为辨书记的真伪、通小学、明地理、知古今人情的变迁及辨文学应用。可见目的很明确，就是做学问用的。另一种是国粹派邓实在1906年《国粹学报》第19期撰文《国学讲习记》里说："国学者何？一国所有之学也。有地而人生其上，因以成国焉，有其国者有其学。学也者，学其一国之学以为国用，而自治其一国也。"主要强调了国学的经世致用性。

五、国学所涉及的经典著作和相关文献

国学所涉及的经典著作实在是数不胜数，关于国学知识系统论述，有钱穆先生《国学概论》、章太炎先生《国学演讲录》二书，但《国学演讲录》是以文言文书写的，《国学概论》好读一些，但是繁体竖版。现代版白话有两本书应较适合我们，一是《中国传统文化荟要》，一是《国学词典》，比较不错。

上面四本只是国学的总体大致轮廓，真正深入学习国学，还需读古书原著。《四库全书》是我国古代最大的丛书，《四库全书》书目可分为四部：经部，主要是儒家经典和注释研究儒家经典的名著。其中儒学十三经：《周易》《尚书》《周礼》《礼记》《仪礼》《诗经》《春秋左传》《春秋公羊传》《春秋谷梁传》《论语》《孝经》《尔雅》《孟子》；史部重要书目如：《史记》《汉书》《后汉书》《三国志》《资治通鉴》《战国策》《宋元明史纪事本末》等等；子部分为重要书目如：《老子》《墨子》《庄子》《荀子》《韩非子》《管子》《尹文子》《慎子》《公孙龙子》《淮南子》《抱朴子》《列子》《孙子》《山海经》《艺文类聚》《金刚经》《四十二章经》等等；集部重要书目如：《楚辞》《全唐诗》《全宋词》《乐府诗集》《楚辞》《文选》《李太白集》《杜工部集》《韩昌黎集》《柳河东集》《白香山集》等等。

如果要将《四库全书》中书目一一读遍，实在较为困难。正因如此，近代梁启超先生曾将国学入门书目最低限度列为经部：《四书》《易经》《书经》《诗经》《礼记》《左传》；史部：《战国策》《史记》《汉书》《后汉书》《三国志》《资治通鉴》（或《通鉴纪事本末》）《宋元明史纪事本末》；子部：《老子》《墨子》《庄子》《荀子》《韩非子》；集部：《楚辞》《文选》《李太白集》《杜工部集》《韩昌黎集》《柳河东集》《白香山集》。

梁任公并认为："以上各书，无论学矿、学工程报……皆须一读，若并此未读，真不能为中国学人矣。"

只是如今现代快节奏式的生活潮流，要一一去阅读这些古文，恐也不是易事。

1978 年，香港中文大学新亚书院举办"钱宾四先生学术文化讲座"，请钱穆作了系列讲座。在讲演中钱穆指出有 7 部书是"中国人所人人必读的书"——《论语》《孟子》《老子》《庄子》《六祖坛经》《近思录》《传习录》。钱穆先生所说前五书，是为国人学子必读书。

当然，对于我们青年学子而言，我们可以把一些对我们来说苦涩死板的古书（如《尚书》《易经》《诗经》）先放一边，先选读一些较富趣味性的古书。

经部：一般来说，现代政界与学术界反孔非儒的神经已经疲软，因而现在通行的四书五经里很少再有扭曲儒学的歪解。四书五经的版本很多，都还可以。值得一提的是，台湾学者南怀瑾先生的《论语别裁》与《孟子旁通》（这两本较有意思，在领悟圣人微言大义时，或犹能会心一笑）当足一读。宋代学者兼儒家大师二程曾说："学者须先读《论》《孟》，穷得《论》《孟》，自有要约处，以此观其他经则省力也。"（《近思录》）二程甚至认为，《论语》和《孟子》学好了，其他经也可以不学。在此，姑不论学好《论语》《孟子》是否便不必再学其他儒家经典这一问题，于中可见《论语》《孟子》之要。

史部：太史公的《史记》相信一定有很多人读过。其他史籍凭各人爱好，我们要是喜欢历史，大可读遍《二十四史》。不过便是不喜欢历史，那前四史（《史记》《汉书》《后汉书》《三国志》）还是要读的吧？

子部：《庄子》一书走笔峋丽，其文恣肆，应可助长我们的文采，五四前后，著名教授兼作家施蛰存还建议青年读《庄子》（和《文选》），可见其要；《墨子》虽也有点难懂，不过墨子是位杰出的思想家，要了解墨家学说，请读《墨子》；读《韩非子》一书，可以了解法家之八九；当然还有道家著作《老子》。

集部：首推《文选》；其次所谓文尊韩柳，诗推李杜，所以《韩昌黎集》《柳河东集》《李太白集》《杜工部集》应当读读。但既是国学最低书目，那韩、柳、李、杜任选两本也便是了。

六、《四库全书》指的是什么

《四库全书》是乾隆皇帝亲自组织的中国历史上规模最大的一部丛书。该书从 1772 年开始，经十年编成。丛书分经、史、子、集四部，故名四库。据文津阁藏本，该书共收录古籍 3503 种、79337 卷、装订成三万六千余册，保存了丰富的文献资料。"四库"之名源于初唐。初唐官方藏书分为经、史、子、集四个书库，号称"四部库书"或"四库之书"。经史子集四分法是古代图书分类的主要方法，它基本上囊括了古代所有图书，故称"全书"。清代乾隆初年，学者周永年提出"儒藏说"，主张把儒家著作集中在一起，供人借阅。

（一）四库全书的编纂历史

乾隆三十七年（1772）十一月，安徽学政朱筠提出《永乐大典》的辑佚问题，得到乾隆皇帝的认可，接着便诏令将所辑佚书与"各省所采及武英殿所有官刻诸书"汇编在一起，名曰《四库全书》。这样，由《永乐大典》的辑佚便引出了编纂《四库全书》的浩大工程，成为编纂《四库全书》的直接原因。

《四库全书》的编纂过程共分四步：

第一步是征集图书。征书工作从乾隆三十七年（1772 年）开始，至乾隆四十三年（1778 年）结束，历时七年之久。为了表彰进书者，清廷还制定了奖书、题咏记名等奖励办法："奖书"即凡进书 500 种以上者，赐《古今图书集成》一部；进书 100 种以上者，赐《佩文韵府》一部。"题咏"，即凡进书百种以上者，择一精醇之本，由乾隆皇帝题咏简端，以示恩宠。"记名"即在提要中注明采进者或藏书家姓名。在地方政府的大力协助和藏书家的积极响应下，征书工作进展顺利，共征集图书 12237 种，其中江苏进书 4808种，居各省之首；浙江进书 4600 种，排名第二。私人藏书家马裕、鲍士恭、范懋柱、汪启淑等也进书不少。

第二步是整理图书。《四库全书》的底本有六个来源：内府本，即政府藏书，包括武英殿等内廷各处藏书；赞撰本，即清初至乾隆时奉旨编纂的书，包括帝王的著作；各省采进本，即各省督抚征集来的图书；私人进献本，即各省藏书家自动或奉旨进呈的书；通行本，即采自社会上流行的书；《永乐大典》本，即从《永乐大典》中辑录出来的佚书。四库馆臣对以上各书提出应抄、应刻、应存的具体意见。应抄之书是认为合格的著作，可以抄入《四库全书》。应刻之书是认为最好的著作，这些著作不仅抄入《四库全书》，而且还应另行刻印，以广流传。应存之书是认为不合格的著作，不能抄入《四库全书》，而在《四库全书总目》中仅存其名，列入存目。对于应抄、应刻的著作，要比较同书异本的差异，选择较好的本子作为底本。一种图书一旦定为四库底本，还要进行一系列加工，飞签、眉批就是加工的产物。飞签也叫夹签，是分校官改正错字、书写初审意见的纸条。这种纸条往往贴于卷内，送呈纂修官复审。纂修官认可者，可用朱笔径改原文，否则不作改动。然后送呈总纂官三审，总纂官经过分析之后，可以不同意纂修官的复审意见，而采用分校官的初审意见。三审之后，送呈御览。

第三步是抄写底本。抄写人员初由保举而来，后来发现这种方法有行贿、受贿等弊病，又改为考查的办法。具体做法是：在需要增加抄写人员时，先出告示，应征者报名后，令当场写字数行，品其字迹端正与否，择优录取。考查法虽比保举法优越，但也有不便之处，因此最后又改为从乡试落第生徒中挑选，择其试卷字迹匀净者予以录用。这样，先后选拔了 3826 人担任抄写工作，保证了抄写《四库全书》的需要。为了保证进度，还规定了抄写定额：每人每天抄写 1000 字，每年抄写 33 万字，5 年限抄 180 万字。五年期满，抄写 200 万字者，列为一等；抄写 165 万字者，列为二等。按照等级，分别授予州同、州判、县丞、主簿等四项官职。发现字体不工整者，记过一次，罚多写 10000 字。由于措施得力，赏罚分明，所以《四库全书》的抄写工作进展顺利，每天都有 600 人从事抄写工作，至少可抄 60 余万字。

第四步是校订。这是最后一道关键性工序。为了保证校订工作的顺利进行，四库全书馆制定了《功过处分条例》，其中规定：所错之字如系原本讹误者，免其记过；如原本无讹，确系誊录致误者，每错一字记过一次；如能查出原本错误，签请改正者，每一处记功一次。各册之后，一律开列校订人员衔名，以明其责。一书经分校，复校两关之后，再经总裁抽阅，最后装潢进呈。分校、复校、总裁等各司其职，对于保证《四库全书》的质量确实起了重要作用。

乾隆皇帝为了存放《四库全书》，效仿著名的藏书楼"天一阁"的建筑风格建造了南北七阁。乾隆四十六年（1781 年）十二月，第一部《四库全书》终于抄写完毕并装潢进呈。接着又用了将近三年的时间，抄完第二、三、四部，分贮文渊阁、文溯阁、文源阁、文津阁珍藏，这就是所谓"北四阁"。从乾隆四十七年（1782 年）七月到乾隆五十二年（1787 年）又抄了三部，分贮江南文宗阁、文汇阁和文澜阁珍藏，这就是所谓"南三阁"。每部《四库全书》装订为 36300 册，6752 函。七阁之书都钤有玺印，如文渊阁藏本册首钤"文渊阁宝"朱文方印，卷尾钤"乾隆御览之宝"朱文方印。

在编纂《四库全书》的过程中，还编了《四库全书荟要》《四库全书总目》《四库全书简明目录》《四库全书考证》《武英殿聚珍版丛书》等。这几种书可以看做是编纂《四库全书》的副产品。

《四库全书荟要》是《四库全书》的精华，收书473种、19931卷，开本大小和装帧形式与《四库全书》相同，乾隆四十三年（1778年）共抄两部：一部放在宫中御花园的摛藻堂，一部放在圆明园东墙外长春园内的味腴书屋。

《四库全书总目》二百卷是《四库全书》收录书和存目书的总目录。该目录前有"凡例"，经史子集四部之首冠以总序，大类之前又有小序，每书之下都有著者介绍、内容提要、版本源流等考证文字。由于这些考证文字出于纪昀、戴震、姚鼐、邵晋涵等著名学者之手，因而具有重要的学术价值。

《四库全书简明目录》二十卷是《四库全书总目》的简编本，它不列存目书，只列《四库全书》收录的图书，每种书的提要也写得比较简单。

《四库全书考证》一百卷是四库馆臣对应抄，应刻各书校勘字句的记录汇编，该书对于校订古籍有较高的参考价值。

《武英殿聚珍版丛书》是用木活字印成的。它包括《四库全书》中138种"应刻"之书。该丛书在刻印4种之后，主持人金简通过比较，认为木活字花钱少，实用价值高，改为木活字印刷出版。金简把木活字印刷过程写成《钦定武英殿聚珍版程式》一书，并收入《四库全书》，它是古代印刷史上的重要文献，已被译成德文、英文等流传世界。

（二）《四库全书》的功过

《四库全书》保存了中国历代大量文献。所据底本中，有很多是珍贵善本，如宋元刻本或旧抄本；还有不少是已失传很久的书籍，在修书时重新发现的；也有的是从古书中辑录出来的佚书，如从永乐大典中辑出的书有385种。《四库全书》的编纂，无论在古籍整理方法上，还是在辑佚、校勘、目录学等方面，都给后来的学术界带来巨大的影响。但是，《四库全书》毕竟是乾隆皇帝以"稽古右文"为名推行文化专制政策的产物，乾隆借纂修《四库全书》之机向全国征集图书，贯彻"寓禁于征"的政策，对不利于清朝统治的书籍，分别采取全毁、抽毁和删改的办法，销毁和篡改了大批文献。《四库全书》突出了儒家文献和反映清朝统治者"文治武功"的文献，把儒家著作放在突出的位置。把儒家经典放在四部之首，把一般儒家著作放在子部之首；轻视科技著作，认为西方现代科学技术，是"异端之尤"，可以"节取其技能，禁传其学术"，除了农家、医家和天文算法类收录少数科技著作之外，一般科技著作是不收录的；排斥了有民主色彩或敢于批评儒家思想的文献及戏曲和通俗小说如宋元杂剧、话本小说、明代传奇等。

（三）《四库全书》的命运

《四库全书》完成至今的两百年间中国历经动乱，《四库全书》也同样饱经沧桑，多份抄本在战火中被毁。其中文源阁本在1860年英法联军攻占北京，火烧圆明园时被焚毁，文宗阁、文汇阁本在太平天国运动期间被毁；杭州文澜阁藏书楼1861年在太平军第二次攻占杭州时倒塌，所藏《四库全书》散落民间，后由藏书家丁氏兄弟收拾、整理、补抄，才抢救回原书的四分之一，于1881年再度存放入修复后的文澜阁。文澜阁本在民国时期又有一次大规模修补，目前大部分内容已经恢复。因此《四库全书》今天只存3套半，其中文渊阁本原藏北京故宫，后经上海、南京转运至台湾，现藏台北故宫博物院（也是保存较为完好的一部）。文溯阁本1922年险些被卖给日本人，现藏甘肃省图书馆，近些年对这部书是否要归还沈阳，甘肃、辽宁两省一直未能达成一致。避暑山庄文津阁本于1950年代由中央政府下令调拨到中国国家图书馆，这是目前唯一一套原架原函原书保存的版本。而残缺的文澜阁本则藏于浙江省图书馆。

1966年10月，当时正处于中苏关系紧张时，为了保护《四库全书》安全，林彪下令将文溯阁《四库全书》秘密从沈阳运至兰州，藏于戈壁沙漠中。目前，辽宁有关人士要求归还，以书阁合璧。甘肃方面也修建藏书楼，加强保护。文溯阁《四库全书》其最终归属仍处争议中。

民国初期，商务印书馆影印了《四库全书珍本初集》，台湾商务印书馆影印出版了文渊阁本《四库全书》，上海古籍出版社曾将之缩印。1999年香港的迪志文化出版有限公司分别与上海人民出版社以及香港中文大学在中国大陆及香港出版发行文渊阁本《四库全书》电子版。

（四）《四库全书》的流传情况

从《四库全书》修成至今已有200余年。七部之中，文源阁本、文宗阁本和文汇阁本已荡然无存，只有文渊阁本、文津阁本、文溯阁本和文澜阁本传世至今。文渊阁本今藏台湾省，文津阁本今藏北京图书馆，文溯阁本今藏甘肃省图书馆。文澜阁本在战火中多所残阙，后来递经补抄，基本补齐，今藏浙江省图书馆。

《四库全书》可以称为中华传统文化最丰富最完备的集成之作。中国文、史、哲、理、工、医，几乎所有的学科都能够从中找到它的源头和血脉，几乎所有关于中国的新兴学科都能从这里找到它生存发展的泥土和营养。从那时开始，作为国家正统、民族根基的象征，已成为中国乃至东方读书人安身立命梦寐以求的圭臬和后代王朝维系统治弘扬大业的"传国之宝"。《四库全书》共收书3460多种、79000多卷、36000多册，分为经、史、子、集四部。其中"经部"分为易、书、诗、礼、春秋、孝经、五经总义、四书、乐、小学等10类；"史部"分为正史、编年、纪事本末、别史、杂史、诏令奏议、传记、史钞、载记、时令、地理、职官、政书、目录、史评等15类；"子部"分为儒家、兵家、法家、农家、医家、天文算法、术数、艺术、谱录、杂家、类书、小说家、释家、道家等14类；"集部"分为楚辞、别集、总集、诗文评、词曲等5类。总共44类。为了保存这批精典文献，由皇帝"御批监制"，从全国征集3800多文人学士，集中在京城，历时十年，用工整的正楷抄书七部，连同底本，共八部。建阁深藏，世人难得一见。虽然由数千人抄写，但字体风格端庄规范，笔笔不苟，如出一人。所以，无论从内容上还是从形式上看，都具有十分难得的研究、收藏和欣赏价值。后几经战乱，损毁过半，更使这套世界出版史上的巨制成为举世罕见的无价之宝。

《四库全书》是我国现存最大的一部官修丛书，是清乾隆皇帝诏谕编修的我国乃至世界最大的文化工程。全书分经、史、子、集四部，收书3503种，79309卷，存目书籍6793种，93551卷，分装36000余册，约10亿字。相当于同时期法国狄德罗主编《百科全书》的44倍。清乾隆以前的中国重要典籍，许多都收载其中。由于编纂人员都是当时的著名学者，因而代表了当时学术的最高水平。乾隆编修此书的初衷虽是"寓禁于征"，但客观上整理、保存了一大批重要典籍，开创了中国书目学，确立了汉学在社会文化中的主导地位，具有无与伦比的文献价值、史料价值、文物价值与版本价值。

乾隆三十八年（1773年）二月，《四库全书》正式开始编修，以纪昀、陆锡熊、孙士毅为总纂官，陆费墀为总校官，下设纂修官、分校官及监造官等400余人。名人学士，如戴震（汉学大师），邵晋涵（史学大师）及姚鼐、朱筠等亦参与进来。同时，征募了抄写人员近4000人，鸿才硕学荟萃一堂，艺林翰海，盛况空前，历时10载。至1782年，编纂初成；1793年始全部完成。耗资巨大，是"康乾盛世"在文化史上的具体体现。乾隆三十八年（1773后）三月，《四库全书》馆设立不久，总裁们考虑到这部书囊括古今，数量必将繁多，便提出分色装潢经、史、子、集书衣的建议。书成后它们各依春、夏、秋、冬四季，分四色装潢，即经部绿色，史部红色，子部月白色，集部灰黑色，以便检阅。因《四库全书总目》卷帙繁多，翻阅不易，乾隆帝谕令编一部只记载书名、卷数、年代、作者姓名，便于学者"由书目而寻提要，由提要而得全书"的目录性图书。乾隆三十九年（1774年），总纂官纪昀、陆锡熊等人遵照乾隆帝的谕令，将抄入《四库全书》的书籍，依照经史子集四部分类，逐一登载。有需要特别加以说明的问题，则略记数语。此书于乾隆四十六年告竣，共20卷。它实际上是《四库全书总目》的简编本。中国古典文化典籍的分类，始于西汉刘向的《七略》。到了西晋荀勖，创立了四部分类法，即经、史、子、集四大部门。隋唐以后的皇家图书馆及秘书省、翰林院等重要典藏图书之所，都是按照经、史、子、集分四库贮藏图书的，名为"四库书"。清乾隆开"四库全书馆"，使成编时，名为《四库全书》。因为有了《四库全书》的编纂，清乾隆以前的很多重要典籍才得以较完整地存世。《四库全书》誊缮七部，分藏于紫禁城内的文渊阁、盛京（今沈阳）宫内的文溯阁、北京圆明园的文源阁、河北承德避暑山庄的文津阁，此为北四阁，又称为内廷四阁，仅供皇室阅览。另三部藏于扬州的文汇阁、镇江的文宗阁、杭州的文澜阁，即浙江三阁，又称南三阁，南三阁允许文人入阁阅览。中国近代，由于战乱不断，七部《四库全书》中完整保存下来的仅存三部。文汇阁、文宗阁藏本毁于太平天国运动时期；文源阁藏本被英法联军焚毁；文澜阁所藏亦多散失，后经补抄基本得全，然已非原书。1948年，国民党政府撤离大陆，前往台湾，将故宫博物院的一些珍贵藏品运往台湾时，将《四库全书》中最为珍贵的藏本文渊阁《四库全书》带到台湾，文渊阁《四库全书》现存藏于台北故宫博物院内。

七、经、史、子、集四部包含的内容

（一）经　部

　　经部：包括儒家的经典《周易》《尚书》《诗经》《周礼》《仪礼》《礼记》《春秋左氏传》《春秋公羊传》《春秋谷梁传》《孝经》《论语》《孟子》《尔雅》，以上共13种，称"十三经"。宋代朱熹把《论语》《孟子》以及《礼记》中的《大学》《中庸》汇成一个整体，叫《四书》，作了简明扼要的注，叫《四书章句集注》。"四书"从此也成了经部的重要支派。宋元以来有"四书五经"之说，那就是《论语》《孟子》《大学》《中庸》《易》《书》《诗》《礼记》《左传》。这是我国封建社会最重要的书籍，是国家指导思想的依据和判断是非的依据。这些书大都是孔子曾当做教材的，或者是孔子后学编撰的。有人对这些书不满意，就会受到严厉惩罚。

　　经部中有个独特的小类——小学。小学就是识字之学，古人从小识字，所以称识字之学为小学。它包括讲字形的文字学，如《说文解字》等；讲字义的训诂学，如《尔雅》等；讲字音的音韵学，如《广韵》等。由于古人认为识字的目的是为了读懂经书，就是说小学是经学的工具，因而也就放在经部了。在国外语言文字还是独立的学科，所以这几十年来，逐步把古代语言文字学独立出来，归属于语言学了。

（二）史　部

　　史部：包括正史、编年、纪事本末、别史、杂史、传记、地理、政书、目录、金石等类。其中最重要的要数正史了。什么叫"正史"呢？正史是指封建帝王认定的前后衔接的一套"二十四史"：《史记》《汉书》《后汉书》《三国志》《晋书》《宋书》《南齐书》《梁书》《陈书》《魏书》《北齐书》《周书》《隋书》《南史》《北史》《旧唐书》《新唐书》《旧五代史》《新五代史》《宋史》《金史》《辽史》《元史》《明史》。也有加上北洋政府时修的《清史稿》称作"二十五史"的。这一组史书有显著特点，那就是内容前后相连，把中国从上古到近代的历史不间断地记录下来了。世界上有若干文明古国，如古希腊、古埃及、古罗马、古印度，他们都没有这样完整系统的历史，只有中国的历史是没有中断过的。中国不间断的历史不仅对中国有用，也对中国周边国家民族有记载，匈奴的历史在二十四史中有不少记载，如不是中国历史记载，匈奴史就不清楚了。中国是文明古国，但不称"古中国"，因为中国古今是一贯的，中间不曾间断。所以二十四史不仅是中国的宝贵文化遗产，而且是世界的宝贵遗产。

宋代有位司马光，修了一部《资治通鉴》。为什么修这部书呢？因为二十四史是纪传体的，纪指帝王的生平行事，传指大臣和历史人物的生平，总之都围绕着人来叙述。例如项羽和刘邦争天下的过程，在《史记》中分散在《高祖本纪》《项羽本纪》《萧相国世家》《留侯世家》《淮阴侯列传》等篇中，理不出先后线索。司马光就把所有的大事按年叙述，把整个历史按年月先后逐一叙述出来，成为编年体史书。这是一个伟大的创举。

宋代又有一位史学家袁枢，把《资治通鉴》这部书按一个个故事重新编排写成《通鉴纪事本末》。例如安史之乱历时多年，按编年体逐年叙述，必然与同时发生的其他事搅在一块。袁枢把安史之乱的内容单独挑出来，逐年叙述这一件大事的过程，就极为方便阅读了，这种编排方法叫纪事本末体。

还有杂史，也叫野史。什么叫"野史"呢？不是朝廷命令修的，在野的，就是"野史"。有些事，朝廷不想说出来，或不便说出来，野史中记下来了。还有些事太小，朝廷正史顾不上，也被野史记下来，这就保存了更多的历史。当然野史也有道听途说，不可信的。例如顺治帝有个董鄂妃，被传为秦淮名妓董小宛，经孟森先生考证，是不可信的。董小宛死于顺治八年正月初二日，活了28岁。顺治帝生于明崇祯十一年，这年董小宛十五岁。董小宛去世时，顺治皇帝才十四岁，是董小宛年龄的一半。董小宛死在如皋冒辟疆家，葬于影梅庵，史有记载。还有一件事是孝庄皇太后下嫁多尔衮，传得很广，但是经孟森先生考证，亦不存在。野史中有些记载是事实，但要设法确认。例如光绪皇帝之死，当时野史就怀疑被人害死，近年经过专家组的化验，证明光绪帝确实是被人毒死的，未来的《清史》大概要写进去了。可见野史是要分别对待的。当然正史也并不全可信，但比起野史，就重要得多了。

（三）子 部

子部：包括儒家、墨家、兵家、法家、农家、医家、术数、杂家、小说家、释家、道家等。

儒家的经典已进入经部，没入经部的则入儒家，例如《荀子》。宋代二程（程颢、程颐）、朱熹，明代王阳明等人都是大儒，他们的部分著作也归儒家。墨家的代表作是《墨子》。兵家的代表作是《孙子兵法》《孙膑兵法》。法家的代表作是《管子》《韩非子》《商君书》。农家的书传下来的少，北魏贾思勰的《齐民要术》比较有名。医家有《内经》《神农本草经》等。杂家有《吕氏春秋》《淮南子》等。小说家有《搜神记》《世说新语》等。道家则有《老子》《庄子》《列子》等。中国古代的天文学、历法、数学都很发达，有关成果也在子部，叫"天文算法类"。

（四）集 部

集部：我国是一个诗的国度，《诗经》已被列入经书。现存比较早的文学总集是梁昭明太子的《昭明文选》。清代康熙年间编的《全唐诗》也很有名。个人的作品集比较有名的如《陶渊明集》《李太白集》《杜工部集》《白居易集》《欧阳修集》《苏轼集》等。诗歌散文之外，集部也收录了词曲。宋词如辛弃疾《稼轩长短句》、李清照《漱玉词》都很有名。戏曲则有关汉卿《窦娥冤》、王实甫《西厢记》、孔尚任《桃花扇》等。还有小说，《水浒传》《三国演义》《西游记》《红楼梦》《聊斋志异》都是深受读者喜爱的名著。

除了以上经、史、子、集以外，非儒家系统还有佛教、道教的大量文献。佛教的结集为《大藏经》，道教的结集为《道藏》。佛经虽然来自印度，但翻译成汉语并经过长期流传，已经变成了中国传统学问的一部分，汉译佛经有1600余种。《道藏》则是中国土生土长的宗教道教的文献结集。据任继愈先生主编的《道藏提要》，明正统《道藏》和万历《续藏》共有1473种。这两大门类也应是传统国学的组成部分。

以上六部分在后来逐步形成的大的学科门类有：中国经学、中国史学、中国哲学、中国文学、中国佛教、中国道教，加上中国语言文字、中国科学技术史，已经基本上涵盖了国学的内容。

第二章　国学群经略说

一、什么是经和经学

（一）什么是经和经学

什么是"经"？许慎《说文解字》说，"经"本为织物的纵线、直线。班固《白虎通》将其引申为常道，即经久不变的义理、法度、原则。章太炎认为"经之训常，乃后起之义。《韩非·内外储》首冠经名，其意殆如后之目录，并无常义。今人书册用纸，贯之以线。古代无纸，以青丝绳贯竹简为之。用绳贯穿，故谓之经。经者，今所谓线装书矣。"（章太炎、陈柱《国学十六讲》）

什么是"经学"？经学是指中国古代研究儒家经典，解释其字面意义、阐明其蕴含义理的学问。经学是中国古代学术的主体，仅《四库全书》经部就收录了经学著作一千七百七十三部，共计二万零四百二十七卷。梁启超言："自顾亭林高标'经学即理学'之徽帜以与空谈性命之陋儒抗，于是二百年来学者家家谈经，著作汗牛充栋。"（梁启超《清代学者整理旧学之总成绩》）经学中蕴藏了丰富而深刻的思想，保存了大量珍贵的史料，是儒家学说的核心组成部分。

（二）经学的产生

所谓儒家经典，现在一般是指儒学十三经，亦即《周易》《尚书》《诗经》《周礼》《仪礼》《礼记》《春秋左氏传》《春秋公羊传》《春秋谷梁传》《论语》《孝经》《尔雅》《孟子》。但早期的儒家经典并不是这十三经。春秋末年（公元前6世纪—公元前5世纪），儒家的创始人孔子在长期的政治活动宣告失败后，返回故乡鲁国，编订和整理了一些传统文献，形成了六经（关于六经是否是孔子所作，长期以来一直有争议）。司马迁在《史记·孔子世家》里指出，孔子编辑了《书》，删定了《诗》，编订了《礼》和《乐》，作了《易》的一部分，并根据鲁国的史料创作了《春秋》。自此以后，儒生们就以六经为课本学习儒家思想。在春秋战国时期，六经就已被人们公认为宝典。

经学产生于西汉。由于秦始皇的焚书坑儒，以致大量先秦典籍散失，六经除了《易经》以外也未能幸免于难，所以汉初儒生们即以传习、解释五经（《乐经》完全散佚）为主业。汉武帝即位后，为了适应大一统的政治局面和加强中央集权统治，实行了"罢黜百家、独尊儒术"的政策，设五经博士。从此儒学独尊，《诗》《书》《礼》《易》《春秋》五经超出了一般典籍的地位，成为神圣的法定经典，也成为广大读书人必读的经典。

（三）经学的发展过程

1. 两汉经学

汉武帝时立五经博士，每一经都置若干博士，博士下又有弟子。博士与弟子传习经书，分成若干"师说"，也就是若干流派。武帝时的五经博士共有七家。武帝以后经学日益兴盛，博士的数量也逐渐增加。到了东汉光武帝时期，确定了十四家博士。这十四家都属于今文经学，其官学地位一直保持到东汉末年。

今文经学的特点是通过训诂章句为手段，阐发说明孔子的思想，继承和发扬儒家学说。今文经学以《春秋》当做孔子为万世立法的"元经"，其主流就是"春秋公羊学"。公羊学即为《春秋公羊传》里所阐发的微言大义，主要是三科九旨，包括存三统、张三世、异外内、大一统、大居正、大复仇、更化改制等。汉武帝时期出现了为大一统政治提供了完整的理论体系的公羊学大师董仲舒和善于把公羊学理论运用于现实政治中的政治家公孙弘。经过一代代今文经学学者的推阐与实践，以公羊学为代表的今文经学深受汉朝皇帝的重视，始终在汉朝政治中处于主导地位。今文经学发展到西汉后期出现了两种趋势：一方面由于董仲舒对于公羊学中灾异、符瑞、天人感应的阐发，今文经学由此逻辑发展的后果即是谶纬泛滥，再加之统治者的迷信与提倡，经学逐渐神学化；另一方面由于今文经学继承了较多的原初儒学的色彩，其理论内在地包含着对现实的批判，从而越来越不能为日渐加强的君主专制所容忍。在这种情况下，自西汉中期开始就已经在民间传授的古文经学逐渐兴起。

古文经学所依据的经书一般都是西汉中期以后在民间发现的古书，因其是用战国及以前的古文字所书写，故称之为古文经。古文经学与今文经学并不仅仅是文字篇章的差异，主要在于它们对经书的解释与治学方法的不同。今文经学认为孔子是"为汉制法"的"素王"，而古文经学认为孔子只是古典文献的整理保存者，是一位"述而不作、信而好古"的先师；今文经学认为六经都是孔子所作，是孔子政治思想所托，其中有许多微言大义，而古文经学则认为六经是上古文化典章制度与圣君贤相政治格言的记录；今文经学注重微言大义，古文经学注重对经文本义的理解和典章制度的阐明。古文经学的兴起最早起自《春秋谷梁传》，西汉后期曾为之设立博士。在王莽当政时期，刘歆极力鼓吹古文经学，并使之立为新朝的博士。东汉时期，古文经学虽然一直没有被立为博士，属于民间学说，但是其影响力越来越大，逐步超出并压倒了今文经学。

由于今文经学发展后期日趋繁琐，例如"曰若稽古"四个字可以解释十万字，又有所谓"师法""家法"的束缚，再加之其与谶纬纠缠过深，使得人们逐渐遗弃了今文经学。而古文经学一来较少受"师法""家法"的制约，较为自由也较为简明；二来与谶纬瓜葛较少，较为理性；三来其放弃了今文经学的批判性，对君主专制的维护更有优势，所以在今古文经学的长期斗争中，古文经学取得了最后的胜利。东汉的古文经学大师有贾逵、许慎、马融、服虔、卢植等，弟子众多，影响很大。而今文经学只有何休取得较大的成就，他的《春秋公羊解诂》是唯一一部完整流传至今的今文经。

"汉代今古之争，本由《尚书》而起。"（梁启超《清代学者整理旧学之总成绩》）在长期争辩过程中，互相也在逐渐地渗透，互相融合。东汉初年（公元79年）召开的白虎观会议实际上就是一个官方召开的企图弥合今古文经学异同的重要学术会议。会议的成果由班固写成《白虎通》一书。《白虎通》是以今文经学为基础，初步实现了经学的统一。东汉末年，古文经学的集大成者郑玄网罗众家、遍注群经，对今古文经学进行了全面总结，自成一家之言。郑玄虽以古文经学为基础，但又能吸收今文经学中的优点，态度严谨，实事求是，无征不信，从而超越了前人。自此以后郑学兴盛，这不仅标志着今古文经学之争的终结，也标志着汉代经学的衰亡，之后今文经学也随之消失。由此可见，汉朝是经学最为昌盛的时代，朝野内外诵读经书蔚然成风，《汉书·韦贤传》引民间谚语说"遗子黄金满籝，不如一经"。

2. 魏晋南北朝经学

魏晋南北朝时期是经学由衰落走向分离的时期。在曹魏时期，出现了王学与郑学之争。王学是指王肃所创立的经学体系。王肃是司马昭的外祖父，所以王学获得了司马氏的支持，他注解的《尚书》《诗》《论语》《三礼》和《左氏春秋》以及其父所作的《易传》都被列为官学。王学和郑学之间的纷争，并不是纯粹的学术争论，而带有强烈的政治斗争意味。这场纷争同时也标志着两汉经学的衰落。

魏晋时期在经学取得成就较大的还有王弼、何晏等。王弼注《周易》，摆脱了汉代用"象数"和谶纬解说《周易》的老路，开创了用义理、思辨哲学解说《周易》的新路，这是经学史上一次重大变革。何晏所作《论语集解》收集了汉以来各家之说，对后世影响很大。这一时期经学的特点是经学逐渐玄学化。

南北朝时期经学也随着政治上的南北对立而分立为南学和北学。据《北史·儒林传》记载，南学《周易》尊王弼，摒弃象数、发挥义理，《尚书》流行《孔传古文尚书》，《左传》盛行杜预撰《春秋左传集解》；北学《周易》、《尚书》主郑玄，《左传》主服虔。"南人简约，得其精华；北学深芜，穷其枝叶。"从学术风格上讲，南学受玄学和佛学影响比较大，能博取众家之长，又喜标新立异，反映了其哲学思辨能力的提高；而北学受北方游牧民族质朴风尚的影响，保持了汉朝经学以章句训诂为宗的特点。

唐代则以国家的力量来推行经学，孔颖达的《五经正义》是这时代的代表著作。宋代理学兴起，理学家们以重新诠释古代经典的方式阐发他们的主张。清代经学特别发达，尤其重视以大量的古代典籍以及文字学、声韵学、训诂学等方式来研究经书，甚至进一步考证某些经书的真伪。到民国时代以后，由于古代经书的权威性下降，经学也就逐渐式微。

总之，经学是中国文化的源头。历史、哲学、文学，包括唐诗宋词，所有这些，都是从经学这个源头出来的，有了这个源头才有了源远流长的中国文化。经学在中国传统学术中占有最高的地位，在历史上也发挥了重要的影响。经学在中国传承两千年，其内在的原因在于经学构成了中国人的核心价值观。

二、《四书》《五经》《十三经》的命名与排序

中国古代有"四书五经"，我们只要谈到中国传统文化，必然得提到"四书五经"。"四书五经"是中国传统文化的重要组成部分，是儒家思想的核心载体，更是中国历史文化古籍中的经典精华。儒家经典《四书五经》包含内容极其广泛、深刻，她在世界文化史、思想史上具有极高的地位。

《四书五经》翔实地记载了中华民族思想文化发展史上最活跃时期的政治、军事、外交、文化等各方面的史实资料及影响中国文化几千年的孔孟哲学思想。历代科举选仕，试卷命题无他，必出自《四书五经》，足见其对为官从政之道、为人处世之道的重要程度。时至今日，《四书五经》所载内容及哲学思想仍对我们现代人具有积极的意义和极强的参考价值。

（一）四　书

"'四书'之名是朱子以后才有的"（梁启超《清代学者整理旧学之总成绩》），是《大学》《中庸》《论语》《孟子》这四部著作的总称。据称它们分别出于早期儒家的四位代表性人物曾参、子思、孔子、孟子，所以称为《四子书》（也称《四子》），简称为《四书》。南宋光宗绍熙远年（1190年），当时著名理学家朱熹在福建漳州将《大学》《中庸》《论语》《孟子》汇集到一起，作为一套经书刊刻问世。

1.《大学》

《大学》原本是《礼记》中一篇，在南宋前从未单独刊印。传为孔子弟子曾参（公元前505年—公元前434年）作。自唐代韩愈、李翱维护道统而推崇《大学》（与《中庸》），至北宋二程（程颢、程颐）百般褒奖宣扬，其至称《大学》，孔氏之遗书而初学入德之门也"，再到南宋朱熹继承二程思想，便把《大学》从《礼记》中抽出来，与《论语》、《孟子》、《中庸》并列，到朱熹撰《四书章句集注》时，便成了《四书》之一。按朱熹和北宋著名学者程颐的看法，《大学》是孔子及其门徒留下来的书籍，是儒学的入门读物。所以，朱熹把它列为"四书"之首。

2.《中庸》

《中庸》原来也是《礼记》中一篇，在南宋前从未单独刊印。一般认为它

出自孔子的孙子子思（公元前 483 年—公元前 402 年）之手，《史记·孔子世家》称"子思作《中庸》"。自唐代韩愈、李翱维护道统而推崇《中庸》（与《大学》），至北宋二程百般褒奖宣扬，甚至认为《中庸》是"孔门传收授心法"，再到南宋朱熹继承二程思想，便把《中庸》从《礼记》中抽出来，与《论语》、《孟子》、《大学》并列，到朱熹撰《四书章句集注》时，便成了《四书》之一。从《中庸》和《孟子》的基本观点来看，也大体上相同的。不过，现存的《中庸》已经经过秦代儒者的修改，大致写定于秦统一全国后不久，所以每篇命名方式已不同于《大学》，不是取正义开头的两个字为题，而是撰取文章的中心内容为题了。

3. 《论语》

《论语》是记载孔子及其学生言行的一部书。孔子（公元前 551 年—公元前 479 年），名丘，字仲尼，春秋时鲁国陬邑（今山东曲阜）人，儒家学派创始人，中国古代最著名的思想家、政治家、教育家，对中国思想文化的发展有极其深远的影响。《论语》成书于春秋战国之际，是孔子的学生及其再传弟子所记录整理。《论语》是记载孔子及其学生言行的一部书，《论语》涉及哲学、政治、经济、教育、文艺等诸多方面，内容非常丰富，是儒学最主要的经典。在表达上，《论语》语言精练而形象生动，是语录体散文的典范。在编排上，《论语》没有严格的编纂体例，每一条就是一章，集章为篇，篇、章之间并无紧密联系，只是大致归类，并有重复章节出现。到汉代时，有《鲁论语》（20 篇）、《齐论语》（22 篇）、《古论语》（21 篇）三种《论语》版本流传。东汉末年，郑玄以《鲁论语》为底本，参考《齐论语》和《古文论语》编校成一个新的本子，并加以注释。郑玄的注本流传后，《齐论语》和《古论语》便逐渐亡佚了。以后各代注释《论语》的版本主要有：三国时魏国何晏《论语集解》、南北朝梁代皇侃《论语义疏》、宋代邢晏《论语注疏》、朱熹《论语集注》、清代刘宝楠《论语正义》等。

4. 《孟子》

《孟子》是记载孟子及其学生言行的一部书。孟子（约公元前 372 年—公元前 289 年），名轲，字舆，战国中期邹国（今山东邹县东南）人，是著名的思想家、政治家、教育家，孔子学说的继承者。《孟子》是记载孟子及其学生言行的一部书。和孔子一样，孟子也曾带领学生游历魏、齐、宋、鲁、滕、薛等国，并一度担任过齐宣王的客卿。由于他的政治主张也与孔子的一样不被重视，所以便回到家乡聚徒讲学，与学生万章等人著书立说，"序《诗》《书》，述仲尼之意，作《孟子》七篇。"（《史记·孟子荀卿列传》）赵岐在《孟子题辞》中把《孟子》与《论语》相比，认为《孟子》是"拟圣而作"。所以，尽管《汉书·艺文志》仅仅把《孟子》放在诸子略中，视为子书，但实际上在汉代人的心目中已经把它看作辅助"经书"的"传"书了。汉文帝把《论语》《孝经》《孟子》《尔雅》各置博士，便叫"传记博士"。到五代后蜀时，后蜀主孟昶命人楷书十一部经刻在石上，其中包括了《孟子》，这可能是《孟子》被列入"经书"的开始。到南宋孝宗时，朱熹编《四书》列入了《孟子》，正式把《孟子》提到了非常高的地位。元、明以后《孟子》又成为科举考试的内容，更是读书人的必读书了。

（二）五　经

《五经》是指《周易》《尚书》《诗经》《礼记》《左传》。

1.《周易》

也称《易》《易经》，列儒家经典之首。《周易》是占卜之书，其外层神秘玄奥，而内蕴的哲理至深至弘。作者应是筮官，经多人完成。其内容广泛记录了西周社会各方面，具有极大的史料价值、思想价值和文学价值。以前的人们对自然与圣人变幻规律的认识模式，从没有超越阴阳八卦的思维框架。相传龙马驮"河图"出现在黄河，上古圣人伏羲始作八卦；《史记》又称"盖文王拘，而演《周易》"（一说伏羲重卦，有说神农），并作爻辞（或谓周公）；后至春秋，又有孔圣作"十翼"之说，世称"人更三圣，世历三古"（《汉书·艺文志》）。《周易》包括《经》和《传》两部分。《经》文由六十四卦卦象及相应的卦名、卦辞、爻名、爻辞等组成。《传》一共七种十篇，有《彖》上下篇，《象》上下篇，《文言》《系辞》上下篇，《说卦》《杂卦》和《序卦》。古人把这十篇"传"合称"十翼"，意指"传"是附属于"经"的羽翼，即用来解说"经"的内容。

2.《尚书》

古时称《书》《书经》，至汉称《尚书》。"尚"便是指"上""上古"，该书是古代最早的一部历史文献汇编。记载上起传说中的尧舜时代，下至东周（春秋中期），时间跨度约 1500 多年。《尚书》的基本内容是古代帝王的文告和君臣谈话内容的记录，这说明作者应是史官。《史记·孔子世家》称孔子"序《书传》，上纪唐虞之际，下至秦缪，编次其事"，因此相传为孔子编定。《尚书》有两种传本，一种是《今文尚书》，一种是《古文尚书》，现通行的《十三经注疏》本，是今文尚书和伪古文尚书的合编。古时称赞人"饱读诗书"，"诗书"便是分别指《诗经》《尚书》。

3.《诗经》

先秦称《诗》，或《诗三百》，是中国第一本诗歌总集，汇集了从西周初年到春秋中期五百多年的诗歌三百零五篇（原三百一十一篇），是西周初至春秋中期的诗歌总集。"古者《诗》三千余篇，及于孔子，去其重……"（《史记·孔子世家》），据此传为孔子编定。《诗》分"风""雅""颂"三部分，"风"为土风歌谣，"雅"为西周王畿的正声雅乐，"颂"为上层社会宗庙祭祀的舞曲歌辞。此书广泛地反映了当时社会生活各方面的情况，被誉为古代社会的百科全书，对后世影响深远。

4.《礼记》

战国到秦汉年间儒家学者解释说明经书《仪礼》的文章选集，"《礼记》只是解《仪礼》"（《朱子语类·卷八十七》），是一部儒家思想的资料汇编。《礼记》虽只是解说仪礼之书，但由于涉及面广，其影响乃超出了《周礼》《仪礼》。《礼记》有两种传本，一种是戴德所编，有 85 篇，今存 40 篇，称《大戴礼记》；另一种，便是我们现在所见的《礼记》，是戴德之侄戴圣选编的四十九篇，称《小戴礼记》。

5.《左传》

也称《左氏春秋》《春秋古文》《春秋左氏传》，古代编年体历史著作。《史记》称《左传》的作者为春秋时左丘明，清代今文经学家认为系刘歆改编，近人又认为是战国初年人据各国史料编成（又有说是鲁国历代史官所写）。它的取材范围包括了王室档案、鲁史策书、诸侯国史等。记事基本以《春秋》鲁十二公为次序，内容包括诸侯国之间的聘问、会盟、征伐、婚丧、篡弑等，对后世史学和文学都有重要影响。《左传》本不是儒家经典，但自从它立于学官，后来又附在《春秋》之后，就逐渐被儒家学者当成经典。

（三）十三经

中国传统的图书目录，例分经史子集四部，以经部居首，而十三经为其冠冕（李学勤《十三经注疏（标点本）》序）。十三经是指在南宋最后形成的儒家的十三部经书,即《易》《书》《诗》《周礼》《仪礼》《礼记》《春秋左传》《春秋公羊传》《春秋谷梁传》《论语》《孝经》《尔雅》《孟子》。其形成过程为:汉立《诗》《书》《易》《礼》《春秋》于学官,为五经;唐加《周礼》《仪礼》《公羊》《谷梁》为九经;至开成年间刻石于国子学,又加《孝经》《论语》《尔雅》为十二经;宋复增《孟子》,因有十三经之称。

1. 缘 起

在孔子以前的书籍没有流传到现在。到了春秋时期,孔子开始将一些古代书籍拿来教授学生,于是古代书籍开始流传。孔子当时教授的书籍主要是距今三千年前的周朝到孔子那个时代流传了几百年的著作。

孔子以前的书籍流传到今天的只有四部,在汉代设立了学馆并使用这四部书加上孔子自己编写的《春秋》开始教授学生,称"五经"。这四部书是中国最古的书,时间可以追溯到距今三千年前的周朝。这四部书原名《诗》《书》《礼》《易》。现在它们已经改名为《诗经》《尚书》《仪礼》和《周易》。

流传到今天的我们可以看到的四本当年孔子教学生的课本是:(1)《尚书》,现存中国最早的历史文献集。(2)《周易》,现存中国最早的一部哲学著作,相传为周文王在监狱所作。(3)《诗经》,现存中国最早的一部诗集,感谢孔子,给我们留下了最早的一部文学作品集。(4)《仪礼》,记载中国古代礼仪的著作。

(注:孔子教学生的课本本来有六本,到了今天失传了两本,《乐》据说是被秦始皇焚书时烧掉了,有人认为《礼记》中第19篇的《乐记》可能是《乐》中的部分残稿,《春秋》在汉朝时还是学院里的课本,但现在也失传了,其文字则散见于《左传》《公羊传》《谷梁传》这三部书中。)

2. 地位确立

十三种儒家文献取得"经"的地位,经历了一个相当长的时期。在汉代,以《易》《诗》《书》《礼》《春秋》为"五经",官方颇为重视,立于学官。唐代有"九经",也立于学官,并用以取士。所谓"九经"包括《易》《诗》《书》《周礼》《仪礼》《礼记》和《春秋》三传。唐文宗开成年间于国子学刻石,所镌内容除"九经"外,又益以《论语》《尔雅》《孝经》。五代时蜀主孟昶刻"十一经",排除《孝经》《尔雅》,收入《孟子》,《孟子》

首次跻入诸经之列。南宋硕儒朱熹以《礼记》中的《大学》《中庸》与《论语》、《孟子》并列，形成了今天人们所熟知的《四书》，并为官方所认可，《孟子》正式成为"经"。至此，儒家的十三部文献确立了它的经典地位。清乾隆时期，镌刻《十三经》经文于石，阮元又合刻《十三经注疏》，从此，"十三经"之称谓及其在儒学典籍中的尊崇地位更加深入人心。

3. 思想内容

《十三经》的内容极为宽博，就传统观念而言，《易》《诗》《书》《礼》《春秋》谓之"经"，《左传》《公羊传》《谷梁传》属于《春秋经》之"传"，《礼记》《孝经》《论语》《孟子》均为"记"，《尔雅》则是汉代经师的训诂之作。这十三种文献，当以"经"的地位最高，"传""记"次之，《尔雅》又次之。

《周易》是占卜之书，其外层神秘，而内蕴的哲理至深至弘。

《尚书》是上古历史文件汇编，主要内容为君王的文告和君臣谈话记录。

《诗经》是西周初至春秋中期的诗歌集，内分"风""雅""颂"三部分，"风"为土风歌谣，"雅"为西周王畿的正声雅乐。"颂"为上层社会宗庙祭祀的舞曲歌辞。

《周礼》该书原名《周官》，西汉时在民间发现，创作年代大多数学者认为可能在战国时期。主要汇集周王室官制和战国时期各国制度。

《仪礼》主要记载春秋战国时代的礼制。

《礼记》是西汉的两位学者礼学家戴德和他的侄子戴圣编辑的战国至秦汉年间儒家学者解释说明经书《仪礼》的文章选集，是秦汉以前有关各种礼仪的论著汇编。

《春秋》三传是围绕《春秋》经形成的著作，《左传》可能是春秋末左丘明所作，但也有人认为是战国初的作品，重在史事的陈述。《公羊传》作者旧题是战国时齐人公羊高，他受学于孔子弟子子夏，后来成为传《春秋》的三大家之一，《谷梁传》其作者相传是子夏的弟子、战国时鲁人谷梁赤。起初也为口头传授，至西汉时才成书传世，后二传重在论议。

《论语》是春秋时孔子弟子对于孔子的语录笔记，是孔子及其门徒的言行录。

《孝经》是西汉在孔府墙壁中发现的藏书，可能为春秋时孔子或其弟子曾子所作，是论述封建孝道的专著。

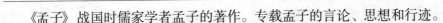

《孟子》战国时儒家学者孟子的著作。专载孟子的言论、思想和行迹。

《尔雅》战国到西汉的学者编写的一本可以用来学习儒家经典的词典，《尔雅》全书收词语4300多个训解词义，诠释名物，经学家多据此解经。

（注意：十三经中没有《春秋》这部书。现在的《春秋》已经失传了，其文字则散见于《左传》、《公羊传》、《谷梁传》这三部书中。该书最初原文约18000多字，现存版本则只有16000多字。）

4. 影 响

儒家文化在封建时代居于主导地位，《十三经》作为儒家文化的经典，其地位之尊崇，影响之深广，是其他任何典籍所无法比拟的。最高统治者不但从中寻找治国平天下的方针大计，而且对臣民思想的规范、伦理道德的确立、民风民俗的导向，无一不依从儒家经典。儒家经典施于社会的影响无时不在，无处不在。

此外，值得一提的是《十三经注疏》，《十三经注疏》是对中国13部儒家经典注疏的汇编本。即：《周易正义》10卷，《尚书正义》20卷，《毛诗正义》70卷，《周礼注疏》42卷，《仪礼注疏》50卷，《礼记正义》63卷，《春秋左传正义》60卷，《春秋公羊传注疏》28卷，《春秋谷梁传注疏》20卷，《论语注疏》20卷，《孝经注疏》9卷，《尔雅注疏》10卷，《孟子注疏》14卷，共416卷。《十三经注疏》最早的合刻本是南宋十行本，以后辗转翻刻，讹谬渐多。清嘉庆二十一年（1816年），由当时江西巡抚阮元主持，将南宋十行本残存的十一经，配补以宋刻《仪礼》、《尔雅》二书的单疏本，重刻于南昌学堂，并将阮元旧日罗致学者所作《十三经校勘记》分别摘录，附于各卷之后，世称"阮刻本"。1935年，世界书局曾将阮刻本圈点缩印为两巨册出版。1980年，中华书局又将世界书局本校正讹脱后，重新影印，仍为两巨册发行。

（四）从《五经》到《十三经》的排序关系

事实上，儒家本有六经，《诗经》《尚书》《仪礼》《乐经》《周易》《春秋》。秦始皇"焚书坑儒"，《乐经》从此失传，东汉在此基础上加上《论语》《孝经》，共七经；唐时加上《周礼》《礼记》《春秋公羊传》《春秋谷梁传》《尔雅》，共十二经；宋时加《孟子》，最后形成《十三经》。后有宋刻《十三经注疏》传世。

可见，十三经是由汉朝的五经逐渐发展而来的，最终形成于南宋。发展演变的具体过程是：

汉朝：五经

汉朝时，以《易》《诗》《书》《礼》《春秋》为"五经"，立于学官。

唐朝：九经

唐朝时，《春秋》分为"三传"，即《左传》《公羊传》《谷梁传》；《礼经》分为"三礼"，即《周礼》《仪礼》《礼记》。这六部书再加上《易》《书》《诗》，并称为"九经"，也立于学官，用于开科取士。

晚唐：十二经

唐文宗开成年间，在国子学刻石，内容除了"九经"之外，还加上了《论语》《尔雅》《孝经》。

五代：十一经（收入《孟子》）

五代十国时后蜀国主孟昶刻"十一经"，收入《孟子》，而排除《孝经》《尔雅》。

南宋：十三经正式形成

南宋时《孟子》正式成为"经"，和《论语》《尔雅》《孝经》一起，加上原来的"九经"，构成"十三经"。

《十三经》是儒家文化的基本著作，就传统观念而言，《易》《诗》《书》《礼》《春秋》谓之"经"，《左传》《公羊传》《谷梁传》属于《春秋经》之"传"，《礼记》《孝经》《论语》《孟子》均为"记"，《尔雅》则是汉代经师的训诂之作。

三、《大学》略说

（一）《大学》和《大学》的作者

1.《大学》简介

"大学"是相对"小学"而言，是说它不是讲"详训诂，明句读"的"小学"，而是讲治国安邦的"大学"。"大学"是大人之学。

《大学》原为《礼记》第四十二篇。宋朝程颢、程颐兄弟把它从《礼记》中抽出，编次章句。朱熹将《大学》《中庸》《论语》《孟子》合编注释，称为《四书》，从此《大学》成为儒家经典。

《大学》的版本主要有两个体系：一是经朱熹编排整理，划分为经、传的《大学章句》本；一是按原有次序排列的古本，即《礼记》中的《大学》原文。以朱熹《大学章句》本流传最广、影响最大，本篇就是采用的《大学章句》本。

《大学》为"初学入德之门也"。经一章提出了"明明德、亲民、止于至善"三条纲领，又提出了"格物、致知、诚意、正心、修身、齐家、治国、平天下"八个条目。八个条目是实现三条纲领的途径。在八个条目中，修身是根本的一条，"自天子以至于庶人，壹是皆以修身为本"。十章分别解释明明德、新民、止于至善、本末、格物致知、诚意、正心、修身、齐家、治国、平天下：明明德是指弘扬光明正大的品德；新民是指让人们革旧图新；止于至善是指要达到最好的境界；本末是指做事要分清主次，抓住根本；格物致知是指穷究事物的原理来获得知识；诚意就是"勿自欺"，不要"掩其不善而著其善"；正心就是端正自己的心思；修身就是加强自身修养，提高自身素质；齐家就是管理好自己的家庭、家族；治国平天下是谈治理国家的事。怎样治理国家呢？首先要作表率；自己讨厌的，不加给别人；要得众、慎得、生财、举贤。"得众则得国，失众则失国"；"有德此有人，有人此有土，有土此有财"；见贤能举，举而能先。

2.《大学》原文

大学之道，在明明德，在亲民，在止于至善。知止而后有定，定而后能静，静而后能安，安而后能虑，虑而后能得。物有本末，事有终始，知所先后，则近道矣。古之欲明明德于天下者，先治其国，欲治其国者，先齐其家；欲齐其家者，先修其身；欲修其身者，先正其心；欲正其心者，先诚其意；欲诚其意者，先致其知，致知在格物。物格而后知至，知至而后意诚，意诚而后心正，心正而后身修，身修而后家齐，家齐而后国治，国治而后天下平。自天子以至于庶人，壹是皆以修身为本。其本乱而末治者，否矣。其所厚者薄，而其所薄者厚，未之有也。

康诰曰："克明德。"大甲曰："顾諟天之明命。"帝典曰："克明峻德。"皆自明也。汤之盘铭曰："苟日新，日日新，又日新。"康诰曰："作新民。"诗云："周虽旧邦，其命维新。"是故君子无所不用其极。诗云：

"邦畿千里，唯民所止。"诗云："绵蛮黄鸟，止于丘隅。"子曰："于止，知其所止，可以人而不如鸟乎?"诗云："穆穆文王，于缉熙敬止。"为人君止于仁，为人臣止于敬，为人子止于孝，为人父止于慈，与国人交止于信。

诗云："瞻彼淇澳，绿竹猗猗，有斐君子，如切如磋，如琢如磨，瑟兮僩兮，赫兮喧兮，有斐君子，终不可煊兮。"如切如磋者，道学也；如琢如磨者，自修也；瑟兮僩兮者，恂慄也；赫兮喧兮则，威仪也；有斐君子，终不可煊兮者，道盛德至善，民之不能忘也。诗云："于戏！前王不忘。"君子贤其贤而亲其亲，小人乐其乐而利其利，此以没世不忘也。

子曰："听讼，吾犹人也，必也使无讼乎!"无情者不得尽其辞，大畏民志，此谓知本。

此谓知本，此谓知之至也。

所谓诚其意者，毋自欺也。如恶恶臭，如好好色，此之谓自谦。故君子必慎其独也。

小人闲居为不善，无所不至，见君子而后厌然，拚其不善，而著其善。人之视己，如见其肝肺然，则何益矣。此谓诚于中，形于外。故君子必慎其独也。

曾子曰："十目所视，十手所指，其严乎!"

富润屋，德润身，心广体胖，故君子必诚其意。

所谓修身在正其心者，身有所忿惕则不得其正，有所恐惧则不得其正，有所好乐则不得其正，有所忧患则不得其正。心不在焉，视而不见，听而不闻，食而不知其味，此谓修身在正其心。

所谓齐其家在修其身者，人之其所亲爱而辟焉，之其所贱恶而辟焉，之其所敬畏而辟焉，之其所哀矜而辟焉，之其所敖惰而辟焉，故好而知其恶，恶而知其美者，天下鲜矣。故谚有之曰："人莫之其子之恶，莫知其苗之硕。"此谓身不修，不可以齐其家。

所谓治国必齐其家者，其家不可教，而能教人者无之。故君子不出家而成教于国。孝者，所以事君也；弟者，所以事长也；慈者，所以使众也。康诰曰："如保赤子。"心诚求之，虽不中，不远矣。未有学养子而后嫁者也。一家仁，一国兴仁；一家让，一国兴让；一人贪戾，一国作乱，其机如此。此谓一言贲事，一人定国。尧舜率天下以仁，而民从之；桀纣率天下以暴，而民从之。其所令，反其所好，而民不从。是故君子有诸己而后求诸人，无诸己而后非诸人。所藏乎身不恕，而能喻诸人者，未之有也。故治国在齐其家。诗云："桃之夭夭，其叶蓁蓁，之子于归，宜其家人。"宜其家人而后可以教国人。诗云："宜兄宜弟。"宜兄宜弟，而后可以教国人。诗云："其仪不忒，正是四国。"其为父子兄弟足法，而后民法之也。此谓治国在齐其家。

所谓平天下在治其国者，上老老而民兴孝，上长长而民兴弟，上恤孤而民不倍，是以君子有絜矩之道也。所恶于上，毋以使下；所恶于下，毋以事上；所恶于前，毋以先后；所恶于后，毋以从前；所恶于右，毋以交于左；所恶于左，毋以交于右，此之谓絜矩之道。诗云："乐只君子，民之父母。"民之所好好之，民之所恶恶之，此之谓民之父母。诗云："节彼南山，维石岩岩，赫赫师尹，民具尔瞻。"有国者不可以不慎，辟则为天下僇矣。诗云："殷之未丧师，克配上帝，仪监于殷，峻命不易。"道得众则得国，失众则失国。是故君子先慎乎德，有德此有人，有人此有土，有土此有财，有财此有用。德者本也，财者末也。外本内末，争民施夺，是故财聚则民散，财散则民聚。是故言悖而出者，亦悖而入；货悖而入者，亦悖而出。康诰曰："唯命不于常。"道善则得之，不善则失之矣。楚书曰："楚国无以为宝，惟善以为宝。"舅犯曰："亡人无以为宝，仁亲为宝。"秦誓曰："若有一介臣，断断兮，无他技，其心休休焉，其为有容焉。人之有技，若己有之；人之彦圣，其心好之，不啻若自其口出。实能容之，以能保我子孙黎民，尚亦有利哉！人之有技媢嫉以恶之，人之彦圣，而违之俾不通。实不能容，以不能保我子孙黎民，亦曰殆哉！"唯仁人放流之，迸诸四夷，不与中国同。此谓唯仁人为能爱人，能恶人。见贤而不能举，举而不能先，命也。见不善而不能退，退而不能速，过也。好人之所恶，恶人之所好，是谓拂人之性，灾必逮夫身。是故君子有大道，必忠信以得之，骄泰以失之。生财有大道，生之者众，食之者寡，为之者疾，用之者舒，则财恒足矣。仁者以财发身，不仁者以身发财。未有上好仁而下不好义者也，未有好义其事不终者也，未有府库财非其财者也。孟献子曰："畜马乘，不察于鸡豚；伐冰之家，不畜牛羊；百乘之家，不畜聚敛之臣。与其有聚敛之臣，宁有盗臣。"此谓国不以利为利，以义为利也。长国家而务财用者，必自小人矣。彼为善之，小人之使为国家，灾害并至，虽有善者，亦无如之何矣。此谓国家不以利为利，以义为利也。

3. 《大学》译文

大学的宗旨在于弘扬光明正大的品德，在于使人弃旧图新，在于使人达到最完善的境界。知道应达到的境界才能够志向坚定；志向坚定才能够镇静不躁；镇静不躁才能够心安理得；心安理得才能够思虑周详；思虑周详才能够有所收获。每样东西都有根本有枝末，每件事情都有开始有终结。明白了这本末始终的道理，就接近事物发展的规律了。古代那些要想在天下弘扬光明正大品德的人，先要治理好自己的国家；要想治理好自己的国家，先要管理好自己的家庭和家族；先要修养自身的品性；要想修养自身的品性，先要端正自己的心思；要想端正自己的心思，先要使自己的意念真诚；要想使自己的意念真诚，先要使自己获得知识；获得知识的途径在于认识、研究万事万物。通过对万事万物的认识、研究后才能获得知识；获得知识后意念才能真诚；意念真诚后心思才能端正；心思端正后才能修养品性；品性修养后才能管理好家庭和家族；管理好家庭和家族后才能治理好国家；治理好国家后天下才能太平。上自国家元首，下至平民百姓，人人都要以修养品性为根本。若这个根本被扰乱了，家庭、家族、国家、天下要治理好是不可能的。不分轻重缓急，本末倒置却想做好事情，这也同样是不可能的！

《康诰》说："能够弘扬光明的品德。"《太甲》说："念念不忘这上天赋予的光明禀性。"《尧典》说："能够弘扬崇高的品德。"这些都是说要自己弘扬光明正大的品德。

商汤王刻在洗澡盆上的箴言说"如果能够一天新，就应保持天天新，新了还要更新。"《康诰》说："激励人弃旧图新。"《诗经》说："周朝虽然是旧的国家，但却禀受了新的天命。"所以，品德高尚的人无处不追求完善。

《诗经》说："京城及其周围，都是老百姓向往的地方。"《诗经》又说："'绵蛮'叫着的黄鸟，栖息在山冈上。"孔子说："连黄鸟都知道它该栖息在什么地方，难道人还可以不如一只鸟儿吗？"《诗经》说："品德高尚的文王啊，为人光明磊落，做事始终庄重谨慎。"做国君的，要做到仁爱；做臣子的，要做到恭敬；做子女的，要做到孝顺；做父亲的，要做到慈爱；与他人交往，要做到讲信用。《诗经》说："看那淇水弯弯的岸边，嫩绿的竹子郁郁葱葱。有一位文质彬彬的君子，研究学问如加工骨器，不断切磋；修炼自己如打磨美玉，反复琢磨。他庄重而开朗，仪表堂堂。这样的一个文质彬彬的君子，真是令人难忘啊！"这里所说的"如加工骨器，不断切磋"，是指做学问的态度；这里所说的"如打磨美玉，反复琢磨"，是指自我修炼的精神；说他"庄重而开朗"，是指他内心谨慎而有所戒惧；说他"仪表堂堂"，是指他非常威严；说"这样一个文质彬彬的君子，可真是令人难忘啊！"是指由于他品德非常高尚，达到了最完善的境界，所以使人难以忘怀。《诗经》说："啊啊，前代的君王真使人难忘啊！"这是因为君主贵族们能够以前代的君王为榜样，尊重贤人，亲近亲族，一般平民百姓也都蒙受恩泽，享受安乐，获得利益。所以，虽然前代君王已经去世，但人们还是永远不会忘记他们。

孔子说："听诉讼审理案子，我也和别人一样，目的在于使诉讼不再发生。"使隐瞒真实情况的人不敢花言巧语，使人心畏服，这就叫做抓住了根本，这就叫知识达到顶点了。

使意念真诚的意思是说，不要自己欺骗自己。要像厌恶腐臭的气味一样，要像喜爱美丽的女人一样，一切都发自内心。所以，品德高尚的人哪怕是在一个人独处的时候，也一定要谨慎。

品德低下的人在私下里无恶不作，一见到品德高尚的人便躲躲闪闪，掩盖自己所做的坏事而自吹自擂。殊不知，别人看你自己，就像能看见你的心肺肝脏一样清楚，掩盖有什么用呢？这就叫做内心的真实一定会表现到外表上来。所以，品德高尚的人哪怕是在一个人独处的时候，也一定要谨慎。

曾子说："十只眼睛看着，十只手指着，这难道不令人畏惧吗?!"

财富可以装饰房屋，品德却可以修养身心，使心胸宽广而身体舒泰安康。所以，品德高尚的人一定要使自己的意念真诚。

之所以说修养自身的品性要先端正自己的心思，是因为心有愤怒就不能够端正；心有恐惧就不能够端正；心有喜好就不能够端正；心有忧虑就不能够端正。

心思不端正就像心不在自己身上一样：虽然在看，但却像没有看见一样；虽然在听，但却像没有听见一样；虽然在吃东西，但却一点也不知道是什么滋味。所以说，要修养自身的品性必须要先端正自己的心思。

之所以说管理好家庭和家族要先修养自身，是因为人们对于自己亲爱的人会有偏爱；对于自己厌恶的人会有偏恨；对于自己敬畏的人会有偏向；对于自己同情的人会有偏心；对于自己轻视的人会有偏见。因此，很少有人能喜爱某人又看到那人的缺点，厌恶某人又看到那人的优点。所以有谚语说："人都不知道自己孩子的坏，人都不满足自己庄稼的好。"这就是不修养自身就不能管理好家庭和家族的道理。

之所以说治理国家必须先管理好自己的家庭和家族，是因为不能管教好家人而能管教好别人的人，是没有的，所以，有修养的人在家里就受到了治理国家方面的教育：对父母的孝顺可以用于侍奉君主；对兄长的恭敬可以用于侍奉官长；对子女的慈爱可以用于统治民众。

《康诰》说："如同爱护婴儿一样。"内心真诚地去追求，即使达不到目标，也不会相差太远。要知道，没有先学会了养孩子再去出嫁的人啊！

一家仁爱，一国也会兴起仁爱；一家礼让，一国也会兴起礼让；一人贪婪暴戾，一国就会犯上作乱。其联系就是这样紧密，这就叫做：一句话就会坏事，一个人就能安定国家。

尧舜用仁爱统治天下，老百姓就跟随着仁爱；桀纣用凶暴统治天下，老百姓就跟随着凶暴。统治者的命令与自己的实际做法相反，老百姓是不会服从的。所以，品德高尚的，总是自己先做到。然后才要求别人做到；自己先不这样做，然后才要求别人不这样做。不采取这种推己及人的恕道而想让别人按自己的意思去做，那是不可能的。所以，要治理国家必须先管理好自己的家庭和家族。

《诗经》说："桃花鲜美，树叶茂密，这个姑娘出嫁了，让全家人都和睦。"让全家人都和睦，然后才能够让一国的人都和睦。《诗经》说："兄弟和睦。"兄弟和睦了，然后才能够让一国的人都和睦。《诗经》说："容貌举止庄重严肃，成为四方国家的表率。"只有当一个人无论是作为父亲、儿子，还是兄长、弟弟时都值得人效法时，老百姓才会去效法他。这就是要治理国家必须先管理好家庭和家族的道理。

之所以说平定天下要治理好自己的国家，是因为，在上位的人尊敬老人，老百姓就会孝顺自己的父母，在上位的人尊重长辈，老百姓就会尊重自己的兄长；在上位的人体恤救济孤儿，老百姓也会同样跟着去做。所以，品德高尚的人总是实行以身作则，推己及人的"絜矩之道"。

如果厌恶上司对你的某种行为，就不要用这种行为去对待你的下属；如果厌恶下属对你的某种行为，就不要用这种行为去对待你的上司；如果厌恶在你前面的人对你的某种行为，就不要用这种行为去对待在你后面的人；如果厌恶在你后面的人对你的某种行为，就不要用这种行为去对待在你前面的人；如果厌恶在你右边的人对你的某种行为，就不要用这种行为去对待在你左边的人；如果厌恶在你左边的人对你的某种行为，就不要用这种行为去对待在你右边的人。这就叫做"絜矩之道"。

《诗经》说："使人心悦诚服的国君啊，是老百姓的父母。"老百姓喜欢的他也喜欢，老百姓厌恶的他也厌恶，这样的国君就可以说是老百姓的父母了。《诗经》说："巍峨的南山啊，岩石耸立。显赫的尹太师啊，百姓都仰望你。"统治国家的人不可不谨慎。稍有偏颇，就会被天下人推翻。《诗经》说："殷朝没有丧失民心的时候，还是能够与上天的要求相符的。请用殷朝作个鉴戒吧，守住天命并不是一件容易的事。"这就是说，得到民心就能得到国家，失去民心就会失去国家。

所以，品德高尚的人首先注重修养德行。有德行才会有人拥护，有人拥护才能保有土地，有土地才会有财富，有财富才能供给使用，德是根本，财是枝末，假如把根本当成了外在的东西，却把枝末当成了内在的根本，那就会和老百姓争夺利益。所以，君王聚财敛货，民心就会失散；君王散财于民，民心就会聚在一起。这正如你说话不讲道理，人家也会用不讲道理的话来回答你；财货来路不明不白，总有一天也会不明不白地失去。

《康诰》说："天命是不会始终如一的。"这就是说，行善便会得到天命，不行善便会失去天命。《楚书》说："楚国没有什么是宝，只是把善当作宝。"舅犯说，"流亡在外的人没有什么是宝，只是把仁爱当作宝。"

《秦誓》说："如果有这样一位大臣，忠诚老实，虽然没有什么特别的本领，但他心胸宽广，有容人的肚量，别人有本领，就如同他自己有一样；别人德才兼备，他心悦诚服，不只是在口头上表示，而是打心眼里赞赏。用这种人，是可以保护我的子孙和百姓的，是可以为他们造福的啊！相反，如果别人有本领，他就妒忌、厌恶；别人德才兼备，他便想方设法压制、排挤，无论如何容忍不得。用这种人，不仅不能保护我的子孙和百姓，而且可以说是危险得很！"因此，有仁德的人会把这种容不得人的人流放，把他们驱逐到边远的四夷之地去，不让他们同住在国中。这说明，有德的人爱憎分明，发现贤才而不能选拔，选拔了而不能重用，这是轻慢：发现恶人而不能把他驱逐得远远的，这是过错。喜欢众人所厌恶的，厌恶众人所喜欢的，这是违背人的本性，灾难必定要落到自己身上。所以，做国君的人有正确的途径：忠诚信义，便会获得一切；骄奢放纵，便会失去一切。

生产财富也有正确的途径；生产的人多，消费的人少；生产的人勤奋，消费的人节省。这样，财富便会经常充足。仁爱的人仗义疏财以修养自身的德行，不仁的人不惜以生命为代价去敛钱发财。没有在上位的人喜爱仁德，而在下位的人却不喜爱忠义的；没有喜爱忠义而做事却半途而废的；没有国库里的财物不是属于国君的。孟献子说："养了四匹马拉车的士大夫之家，就不需再去养鸡养猪；祭祀用殡的卿大夫家，就不要再去养牛养羊；拥有一百辆兵车的诸侯之家，就不要去收养搜刮民财的家臣。与其有搜刮民财的家臣，不如有偷盗东西的家臣。"这意思是说，一个国家不应该以财货为利益，而应该以仁义为利益。做了国君却还一心想着聚敛财货，这必然是有小人在诱导，而那国君还以为这些小人是好人，让他们去处理国家大事，结果是天灾人祸一齐降临。这时虽有贤能的人，却也没有办法挽救了。所以，一个国家不应该以财货为利益，而应该以仁义为利益。

4.《大学》的作者

关于《大学》的作者，程颢、程颐认为是"孔氏之遗言也"。朱熹把《大学》重新编排整理，分为"经"一章，"传"十章。认为，"经一章盖孔子之言，而曾子述之；其传十章，则曾子之意而门人记之也。"就是说，"经"是孔子的话，曾子记录下来；"传"是曾子解释"经"的话，由曾子的学生记录下来。

如同许多先秦文献一样，《大学》文本的作者及其成篇时代，也是一个因史料缺载而颇难论定的问题。最初编定包含《大学》一篇在内的传世本《礼记》的西汉戴圣，首先为《礼记》作注的东汉郑玄以及复为之作疏的初唐孔颖达，均未涉及《大学》的作者和时代问题。最先对《大学》的作者提出看法的大概是北宋二程，其曰："《大学》，孔氏之遗书，而初学入德之门也。"《大学章句》这应该是着眼于《大学》的思想内容而作出的判断。但是，由于《大学》中不仅引有孔子之言，而且引有曾子所论，因此，所谓"孔氏之遗书"就不当坐实为孔子本人着述，而只能理解为孔门之遗书，这样，二程对于《大学》作者的判断就只是一种泛论了。

真正落实《大学》作者的是南宋朱熹。在《大学章句序》中，朱熹指出：及周之衰，贤圣之君不作，学校之政不修，教化陵夷，风俗颓败。时则有若孔子之圣，而不得君师之位以行其政教，于是独取先王之法，诵而传之，以诏后世。若《曲礼》《少仪》《内则》《弟子职》诸篇，固小学之支流余裔，而此篇者，则因小学之成功，以着大学之明法，外有以极其规模之大，而内有以尽其节目之详者也。三千之徒，盖莫不闻其说，而曾氏之传独得其宗，于是作为传义，以发其意。

在《大学》首章之末，朱熹又说：右经一章，盖孔子之言，而曾子述之。其传十章，则曾子之意而门人记之也。（朱熹《四书集注》）。详按朱熹两处所言，似又微有凿枘。在《大学章句序》中，朱熹似言《大学》之经为孔子自著，其传则为曾子亲作；而首章之末按语又明言《大学》之经乃曾子记述孔子教言，其传则为曾门后学记述曾子之意。

这就大致确定了《大学》乃是根据孔、曾之意而由曾子及其弟子先后记述而成的作品，其时代也就是春秋战国之际。终宋明之世，尽管对于《大学》的章句和内容有过许许多多争论，但几乎无人疑及朱熹关于《大学》作者的说法。王守仁力攻朱熹"合之以敬而益缀，补之以传而益离"，但却也承认《大学》出于孔子（《王阳明全集》："圣人惧人之求之于外也，而反覆其辞。"）。

冯友兰先生通过对《大学》与《荀子》之《不苟》《非相》《解蔽》诸篇文句和文义的比较，认为《大学》出于荀子后学，其时代为秦汉之际（《中国哲学史》）。冯氏关于《大学》形成时代的看法也是大致可以接受的，但将《大学》归于荀学作品，很难判定《大学》与《荀子》诸篇文句和文义的相似就一定是前者袭取后者。关于第一点，唐君毅剖论甚详（《中国哲学原论·导论篇》）。唐君毅认为，《大学》应为七十子后学之宗奉孟子之学者在酌取墨子、庄子、荀子思想的基础上所完成的作品，其时代在"二千数百年前"，当即先秦战国时期。唐氏对《大学》形成时代的推论同样大致可以接受，但他将《大学》归入孟子一系，则问题很多，实际上也与他自己的论述不甚融洽。关于第二点，当今学者梁涛依据郭店楚简做出了与冯氏不同的论述。梁涛基于《大学》明引曾子之言及其孝行、忠恕之论与曾子思想的切合，乃至《中庸》对《大学》修齐治平之论的承接等论据，得出了《大学》"应成于曾子或其弟子之手"的结论（《〈大学〉早出新证》），在作者问题上，采取了介于朱熹与崔述之间的立场，而更多是向朱熹的回归。

应该说，朱熹将《大学》的作者坐实为曾子及其弟子的说法是很有吸引力的。这样一来，《论语》《大学》《中庸》《孟子》"四书"就构成为孔、曾、思、孟之间没有缺环的完整的思想谱系，从而由孔子上承尧、舜、禹、汤、文、武、周公的"浑无罅缝"的教言，直到孟子关于内圣外王和心性天道的"十字打开"的论说，再到标举"四书学"的程、朱的阐发，便形成一个基于学统递续而贯通为一体的严密道统。诚如此，当然是儒门的莫大幸事。然而问题是，朱熹毕竟是在距曾子1 600多年以后，在缺乏文献根据的情况下，对《大学》作者做出的论断，这就不能不使后人对之有所保留。那种通过传世文献的文句和文义的分析比较来证明朱熹论断的做法，充其量也还是推测，实在坐实不得。在尚未发现确凿证据之前，将《大学》作者及其成篇时代置于一个相对合理且具有回旋余地的时段之中，或许是解决这一问题的比较妥当的办法。

《大学》载有曾子"十目所视，十手所指，其严乎"一语，孔颖达疏曰："作记之人引曾子之言以证之。"《礼记·大学》朱熹也注曰："引此以明上文之意。"《大学章句》均说明是《大学》作者引述曾子，故《大学》当非曾子自著，而是其后学作品。退一步说，即使确如朱熹所谓《大学》之"经"乃"孔子之言而曾子述之"，但毕竟其"传"还是"曾子之意而门人记之"，因此《大学》成篇必于曾子后学之手。据《史记·仲尼弟子列传》记载，曾子少孔子46岁，故其生年当为公元前505年。复据清孔继汾《阙里文献考》记载"曾子年七十而卒"，则其卒年当为公元前436年（钱穆《先秦诸子系年》）。据此，则无论是曾子及门弟子或是再传弟子著定《大学》，无疑都须以公元前436年前后作为上限。

至于《大学》成篇的下限，究竟是谁首先辑得包含《大学》在内的131篇，这在目前是一个难以考定、但也不必考定的问题。宽泛地说，131篇见于西汉初期，其中包含的《大学》也必定成篇于西汉初期以前，它应该是战国中前期至西汉初期二三百年间的作品。至于它的作者，就其内容来看，应该是既细微区别于致思心、性天道的思孟学派，更大异于强调重知隆礼的荀子学派，而特重德行亦即内圣外王之道的曾子的后学。

（二）三纲八目的内涵

1. 原文陈述

大学之道，在明明德，在亲民，在止于至善。知止而后有定，定而后能静，静而后能安，安而后能虑，虑而后能得。物有本末，事有终始，知所先后，则近道矣。古之欲明明德于天下者，先治其国，欲治其国者，先齐其家；

欲齐其家者，先修其身；欲修其身者，先正其心；欲正其心者，先诚其意；欲诚其意者，先致其知，致知在格物。物格而后知至，知至而后意诚，意诚而后心正，心正而后身修，身修而后家齐，家齐而后国治，国治而后天下平。自天子以至于庶人，壹是皆以修身为本。其本乱而末治者，否矣。其所厚者薄，而其所薄者厚，未之有也。

2. 译文陈述

大学的宗旨在于弘扬光明正大的品德，在于使人弃旧图新，在于使人达到最完善的境界。知道应达到的境界才能够志向坚定；志向坚定才能够镇静不躁；镇静不躁才能够心安理得；心安理得才能够思虑周详；思虑周详才能够有所收获。每样东西都有根本有枝末，每件事情都有开始有终结。明白了这本末始终的道理，就接近事物发展的规律了。古代那些要想在天下弘扬光明正大品德的人，先要治理好自己的国家；要想治理好自己的国家，先要管理好自己的家庭和家族；要想管理好自己的家庭和家族，先要修养自身的品性；要想修养自身的品性，先要端正自己的心思；要想端正自己的心思，先要使自己的意念真诚；要想使自己的意念真诚，先要使自己获得知识；获得知识的途径在于认识、研究万事万物。通过对万事万物的认识、研究后才能获得知识；获得知识后意念才能真诚；意念真诚后心思才能端正；心思端正后才能修养品性；品性修养后才能管理好家庭和家族；管理好家庭和家族后才能治理好国家；治理好国家后天下才能太平。上自国家元首，下至平民百姓，人人都要以修养品性为根本。若这个根本被扰乱了，家庭、家族、国家、天下要治理好是不可能的。不分轻重缓急，本末倒置却想做好事情，这也同样是不可能的！

3. 内涵解读

这里所展示的，是儒学三纲八目的追求。

所谓三纲，是指明德、亲民、止于至善。它既是《大学》的纲领旨趣，也是儒学"垂世立教"的目标所在。所谓八目，是指格物、致知、诚意、正心、修身、齐家、治国、平天下。它既是为达到"三纲"而设计的条目工夫，也是儒学为我们所展示的人生进修阶梯。纵览四书五经，我们发现，儒家的全部学说实际上都是循着这三纲八目而展开的。所以，抓住这三纲八目你就等于抓住了一把打开儒学大门的钥匙。循着这进修阶梯一步一个脚印，你就会登堂入室，领略儒学经典的奥义。就这里的阶梯本身而言，实际上包括"内修"和"外治"两大方面：前面四级"格物、致知，诚意、正心"是"内修"；后面三纲"齐家、治国、平天下"是"外治"。而其中间的"修身"一环，则是连结"内修"和"外治"两方面的枢纽，它与前面的"内修"项目连在一起，是"独善其身"；它与后面的"外治"项目连在一起，是"兼善天下"。两千多年来，一代又一代中国知识分子"穷则独善其身，达则兼善天下"（《孟子·尽心下》），把生命的历程铺设在这一阶梯之上。所以，它实质上已不仅仅是一系列学说品质的进修步骤，而是具有浓厚实践色彩的人生追求阶梯了。它铸造了一代又一代中国知识分子的人格心理，时至今日，仍然在我们身上发挥着潜移默化的作用。不管你是否意识明确，不管你积极还是消极，"格、致、诚、正，修、齐、治、平"的观念总是或隐或显地在影响着你的思想，左右着你的行动，使你最终发现，自己的人生历程也不过是在这儒学的进修阶梯上或近或远地展开。事实上，作为中国知识分子，又有几人是真正出道入佛的野鹤闲云、隐逸高士呢？说到底，依然是十人九儒，如此而已。

（三）治国平天下的三条标准

1. 原文陈述

所谓平天下在治其国者，上老老而民兴孝，上长长而民兴弟，上恤孤而民不倍，是以君子有絜矩之道也。所恶于上，毋以使下；所恶于下，毋以事上；所恶于前，毋以先后；所恶于后，毋以从前；所恶于右，毋以交于左；所恶于左，毋以交于右，此之谓絜矩之道。

2. 三条标准的解读

第一，所谓平天下在治其国者：上老老而民兴孝。

处在上位的高层领导人，能做到尊重老人，先要孝敬自己的老人，包括父母以上的祖父母辈，乃至父母以上上辈中的叔伯等老人，都能敬重孝养。为君者能真有孝德，孝敬自己的父辈及上老老辈，扩而充之，就能善养天下的老人，犹如历史所推崇的"西伯昌（周文王）善养老人"，便是此例。那么，你所统治下的社会人民，自然都会效法你的行为，做到孝顺父母和上辈了。

天下广大而遥远，但都是大道所主宰，天地人万物都有大道所赋予的德性，皆与道同体同心，就看治国之君如何以自己的德行去教化引导。若果人主上能善事父母，而老吾之老，那么全国人民也必会兴起孝道。孝、弟、慈这三项，处在上位的领导者能身先垂范，带头而行，国人也必会得到感化，行善立德。一国的百姓都能修德累善，这种美德必会传播到国外，穿过高山，越过国界，遍及到天下。所以一个国家的领导者能自己修德，并能以德治国，使本国人民都能有道德，必将会给普天下的百姓带来道德福音，其功德无量。

　　第二，上长长，而民兴弟。

　　要天下太平舒顺，在于领导者以德治国。处于高位的国家领导者，能敬重老人，则民众就会兴起孝道。为人主者能做到尊重比自己年长的父兄长辈之人，自然人民都会效法你的行为，做到善事长者，社会就会兴起兄弟之间的友善之风。

　　第三，上恤孤，而民不倍。

　　"倍"字，在古文字中，包含有"违背"的意思。为君者能体恤孤儿，使社会上的幼孤皆有所养，有如自己亲出躬行。那么人民都会效法这种德行，视君如民众的父母，便不会生起背离的念头。一个道德有素的领导者，能明白如何以道德规范去做人行事，才能堪称为民之师。

　　最后说：是以君子有絜矩之道也。

　　大人君子们，必须要有公平中正的内德修养，才能"智周万物"，"量同太虚"，可以包容涵养万民，泽及苍生。"絜矩"之道，也就是子思所著的《中庸》之谓"中"的由来。简言之，"中庸"就是"絜矩"之道的发挥。

　　人生存在社会上，各自都扮演着不同的社会角色，有在我上的，也有在我下的，也有在我前后左右的，但我皆以一心而善待之。一个人无论身处上位，不管是做皇帝，或是为辅臣，也无论是做政府的各级领导人，乃至当厂长、做经理、为人师，包括做父母、为兄长的人，凡是居于人上位的，都有自己的禀性好恶，都有自己愿意、喜欢做的事，也有不愿意、不喜欢做的事。如果自己不愿做，却指使别人去做，将责任转嫁于别人，这便是缺德。

　　相反，如果身居人之下，自己本不愿做的厌恶之事，但为了讨好在上者，花言巧语，把坏的成分掩盖起来，怂恿上级去做，借以掩盖自己的过错，故意诿过于上级。那就是"意不诚、心不正"的最大"缺德"。

　　如果厌恶上司对你的某种行为，就不要用这种行为去对待你的下属；如果厌恶下属对你的某种行为，就不要用这种行为去对待你的上司；如果厌恶在你前面的人对你的某种行为，就不要用这种行为去对待在你后面的人；如果厌恶在你后面的人对你的某种行为，就不要用这种行为去对待在你前面的人；如果厌恶在你右边的人对你的某种行为，就不要用这种行为去对待在你左边的人；如果厌恶在你左边的人对你的某种行为，就不要用这种行为去对待在你右边的人。这就叫做"絜矩之道"。

四、《中庸》略说

（一）《中庸》的作者

《中庸》是儒家又一重要经典，原属《礼记》的一篇，宋代把它和《礼记》中的《大学》独立出来，同《论语》《孟子》配合称《四书》。从方法论的角度看，它的价值远远超过《大学》。程颐说："此篇乃孔门传授心法，子思恐其久而差也，故笔之于书，以授孟子。其书始言一理，中散为万事，末复合为一理；放之则弥六合，卷之则退藏于密，其味无穷，皆实学也。"

子思（公元前483年—公元前402年），孔子之孙，他是战国初人，相传《中庸》为子思所作。但就其内容考察，此书不可能成于《易传》之前，至少是同时代的作品。而且"孔门心法"的说法也不确切，因为孔子当时还没有这样深刻系统的思想。为了弥缝其中的矛盾，朱熹作《中庸章句序》时将其加以虚化，不提孔子，并将这种"心法"的由来上推至尧舜。朱熹说："《中庸》何为而作也，子思子忧道学之失其传而作也。盖自上古圣人，继天立极，而道统之传有自来矣。其见于经，则'允执厥中'者，尧之所以授舜也。'人心惟危，道心惟微，惟精惟一，允执厥中'者，舜之所以授禹也。尧之一言，至矣尽矣，而舜复益之以三言者，则所以明夫尧之一言，必如是而后可庶几也。"《中庸》的作者究竟是谁，向有不同看法。司马迁在《史记·孔子世家》中说："子思……尝困于宋……作《中庸》。"郑玄在《目录》中也说："《中庸》者……孔子之孙子作之，以昭明圣祖之德。"清人崔述以"《中庸》独探赜索隐"、"《中庸》之文独繁而晦"断言"《中庸》必非子思所作"。近人冯友兰曾认为今本《中庸》的中段多言人事，发挥孔子的学说，文为记言体，似为子思所作《中庸》的原貌，其首末二段多言天人关系，似就孟子哲学中的神秘主义倾向加以发挥，其文为论著体裁，乃后儒所加。近来也有学者根据《史记》所说，并引《荀子·非十二子》中批评思孟学派的言论为旁证，肯定子思作《中庸》，但书中类似"车同轨，书同文，行同伦"等语，则是秦统一后增补的文字。

（二）子思对孔子思想的继承和发展

关于子思的生平，文献记载很少。《史记?孔子世家》载，"孔子生鲤，字伯鱼。……伯鱼生伋，字子思，年六十二。尝困于宋。子思作《中庸》。"寥寥数语，非常简单。他的学业，据说主要得之于孔子的弟子曾参，所以孟子曾经说，"曾子、子思同道"（《孟子·离娄下》）。这种说法，应该是可信的。根据《史记》中子思"尝困于宋"和《孟子》中"子思居于卫"等语，子思很可能有过游历的经历，曾经在宋、卫等国居住，以宣扬儒学、"昭明圣祖之德"（郑玄《目录》），并于晚年返回鲁国。

《孟子》对子思的事迹也有零星的记述。《公孙丑下》载："昔者鲁缪公无人乎子思之侧，则不能安子思。"说鲁缪公如果没有人在子思身边伺候，就不能够安留子思。《万章下》还载："费惠公曰：'吾与子思，则师之矣。'"此外，《万章下》还提到过两件事：一件是鲁缪公屡次派人赠送鼎肉给子思，子思很不高兴，认为鲁缪公把他当成犬马一样来蓄养，表明他追求的是政治上的信任，借以行道，而非贪图生活上的优待；另一件是子思与鲁缪公的对话，他认为国君对贤者应事之如师，而不应视之为友。从这些零星的记述可以看出，子思当时已经是一个颇有名望的贤者，所以才能受到鲁缪公、费惠公的尊重和礼遇；但另一方面，子思所宣扬的儒道似乎并没有得到这些国君真正的知遇，因此子思同孔子一样，始终未受到重用。

关于子思的著述情况，司马迁说"子思作《中庸》"，《汉书·艺文志》则著录有《子思》二十三篇，后来遗失了。汉唐儒者如郑玄、孔颖达等人认为《小戴礼记》中的《中庸》即为子思所作，宋儒大都肯定这一说法。程朱一派对《中庸》尤为尊崇，认为"此篇乃孔门传授心法"（《四书集注》），所以朱熹将其从《礼记》中抽出，同《大学》《论语》《孟子》合为"四书"，成为儒家最重要的典籍，对中国此后七百年时间里的社会意识形态产生了重要的影响。但是，《中庸》中的一些内容特别是用词，如"今天下车同轨，书同文，行同伦"等等，明显是在秦汉之间才可能有的，不可能是子思时代的语言。所以，正如郭沫若在《十批判书?儒家八派的批判》中所说的，《中庸》在传抄的过程中已经为后人所润色窜易是毫无疑问的。尽管如此，《中庸》的基本思想仍然是子思的，是研究子思思想的可靠资料。

"中庸"就是以中和为用，是儒家思想的重要内容，最早由孔子提出。孔子说："中庸之为德也，其至矣乎。"（《论语·雍也》）在孔子学说体系中，"中庸"是占有中心地位的思想方法，是孔子仁、礼思想和智慧的集中体现。子思《中庸》三十三章的中心思想也是"致中和"。"致"就是"达到、极尽"的意思，"致中和"就是"达到中和"或"极尽中和"，体现的正是以中和为用的中庸之道。《中庸》一书以"致中和"为立论关键，从各个方面对孔子思想进行了阐释和发扬。

子思首先从"天道"与"人性"两个基本问题出发，为"致中和"寻找了一个理论前提。孔子说过"天生德于予"，认为道德来源于天。顺着这一思路，子思进一步提出了"天命之谓性"的观点，即人性由天命所赋予。这里的"天"既含有自然意义，又含有伦理意义；"性"按照朱熹的解释则指包括人和物在内的"万物"之性。那么天所赋予的万物之性是什么呢？在子思看来，就是"中和"："中也者，天下之大本也；和也者，天下之达道也。"这样，就把孔子所倡导的中和之德提高到了哲学本体论的高度，人、物之性就成为对"中和"本质的必然体现。由此，也就为"致中和"的主张找到了理论前提。在这个意义上，"中和"又被称为"诚"。《中庸》说："诚者，天之道也；诚之者，人之道也。"天道和人性由"诚"相沟通，天道所赋予的中和之德，体现于人性即为"诚"，人能存诚尽性，则可"与天地参"，达到天人合一的境界。

子思认为，只有"尊德性"和"道问学"两者同时兼顾，才能达到"诚身"或"致中和"的目的。而一旦做到这一点，就能对自身、国家乃至天地万物起到神奇的作用。对于自身，可以知进退，无论"居上"还是"为下"，都能审时度势，进退有度，绝不至于发生骄横和悖礼的情形；对于国家，则能自觉处理好君臣、父子、夫妇、昆弟、朋友等各方面的社会关系，做到"人存政举"，国治民安；对于天地万物，"能尽物之性，则可以赞天地之化育；可以赞天地之化育，则可以与天地参矣"，最终使"天地位焉，万物育焉"。

《中庸》的篇幅虽然不长，但在儒学发展史上的作用和影响却不可低估。

子思"致中和"的一整套理论，以"天人合一"为前提，通过倡导"尊德性"和"道问学"，极力把人与外在社会的矛盾，通过"反求诸己"，转移为自身的"内省"和"慎独"，为儒家的伦理学说提供了理论依据，使之更为完备、系统和富有哲理性。所以韩非子在其《显学》中论"孔子死后"，"儒分为八"，"子思之儒"正是其中重要的一派。可以说，子思正是以"中庸"为理论切入点，完成了对孔子学说的继承和阐扬。子思述"圣"更为重要的意义还在于，他的人性论还开启孟子的"心性"之说，由此形成了先秦时代的思孟学派，对"孔孟之道"的形成起到了巨大的促进作用。

子思还以当时流行的"五行"学说包装孔子思想，将仁、义、礼、智、圣并称为儒家"五行"，仁、义、智、圣是内在化的范畴，而礼在孔子思想中主要指外在社会规范，子思把"礼"纳入五行，实际上是将此范畴内在化，即为秩序的合法性找到内在心性之依据。孔子偏执于周公之治，把礼的合理性仅置放于历史资源，子思以儒家"五行"为依据，找寻人类存续、发展及其社会秩序的先验依据，并以"圣"为内在超越之目标。孟子更注重儒学的实践性，故将仁、义、礼、智称为"四端"，"四端"相合即为人道（仁道），而"五行"相合即为"天道"：判断外在秩序合理性的依据是人心，而秩序合于天道，才会有超越的一面。

总之，子思在儒家学派的发展史上占有重要的地位，他上承孔子中庸之学，并发展了孔子的思想，由此对宋代理学产生了重要的影响。因此；北宋徽宗年间，子思被追封为"沂水侯"；元朝文宗至顺元年（1330年），又被追封为"述圣公"，后人由此而尊他为"述圣"。

（三）《中庸》中的五伦三德

1. 五伦

五伦即五达道。五达道主要是运用中庸之道调节五种人际关系。这五种基本人际关系是君臣、父子、夫妻、兄弟以及朋友的交往，将君臣关系视为上下关系，这五种人际关系就是天下通行的人际关系。

《中庸》第十二章详细论述了夫妇的人际关系，将夫妇关系提到了非常高的地位。其文云："君子之遇而隐。夫妇之愚，可以与知焉；及其至也，虽圣人亦有所不知焉。夫妇之不肖，可以能行焉；及其至也，虽圣人亦有年不能焉君子之道，造端乎夫妇，及其至也，察乎天地。"第十三章论述了父子、君臣、兄弟、朋友之达道。综观斯两章，五达道备焉。五伦就是天下通行的五种人际关系。通过正确处理这五种人际关系，达到太平和合的理想境界。

2. 三　德

调节这些人际关系靠什么？靠人们内心的品德和智慧，因而就有了三达德。三达德，就是智、仁、勇。智、仁、勇是天下通行的品德，是用来调节上下、父子、夫妻、兄弟和朋友之间的关系的。智、仁、勇靠什么来培植呢？靠诚实、善良的品德意识来培植加固。

（四）"诚"的多重内涵

《中庸》是先秦儒学的哲学纲领，它既是先秦儒学的总结，又是其发展。尽管它以"中庸"名篇，而"诚"却是《中庸》思想体系的核心观念。"诚"在《中庸》里是贯通天人、连接物我的一个重要哲学范畴，并且被赋予了伦理与哲学的双重意蕴，构成了儒学哲学伦理化较为完备的思想体系。

有关"诚"字的意义：《说文解字》"诚，信也。从言，成声。""诚"为形声字，以"言"为形旁，表其意；以"成"为声旁，表其音。"言"为会意字，在甲骨文中已出现，主要为告祭之意。"诚"的意义主要是在言字的基础上衍生出来的。甲骨文中，"言"表示告祭，是指在对祖先、神的告祭活动中不能有丝毫的欺蒙和亵渎之心，必须始终处于一种虔诚的宗教情感和心理状态才能完成告祭与祖先神灵相通。"诚"的观念正是在原始宗教活动中应运而生的。

"诚"最早见于周代的古籍《尚书》《诗经》《周易》等书中，多为此种用法。《尚书·太甲》："鬼神无常享，享于克诚。"《周易》中"诚"即信的观念，多作"孚"，《易·杂卦传》说："中孚，信也。"所以"孚"就是诚信的意思，一个人只要有这种"孚"，就"勿问，元吉"（《周易·益卦九五》），不用问都大为吉利。而且，"有孚维心，享，行有尚"（《周易·坎卦》），即做到内心有诚，就能得到与神通，凡事顺利，行事都能取得很高成就。"孚"，《周易》凡四十二见，而以诚信义为最多，也最重要。

"诚"字起源中的这种意义一直保留在我们的用语中，作为一种情感状态的描述，表示真实不妄，诚实之意。最初它强调的是，祭祀者对于祖先、神的诚信不欺，虔敬。到后来则发展为专指人的一种内心状态，比如在据说出自子思之前的曾子的《大学》中，有"诚意"一章，"所谓诚其意者，毋自欺也，如恶恶臭，如好好色，此之谓自谦，故君子必慎其独也！小人闲居为不善，无所不至，见君子而后厌然，揜其不善，而著其善。人之视己，如见其肺肝然，则何益矣。此谓诚于中，形于外，故君子必慎其独也。曾子曰：'十目所视，十手所指，其严乎！'富润屋，德润身，心广体胖，故君子必诚其意。"（《大学》）其中的"诚"字就可以解为人对自己的内在诚实无妄，这种无妄是对着"意"讲的，而且"诚意"的意思也主要地落在了对"意"的解释上。但无论此处的"意"怎么解释，都不能改变"诚"在这里的含义，它指的是对人的内在意识而言的不妄。

　　而仅以"虔敬"之"诚"、"诚意"之"诚"来作为《中庸》中"诚"的理解，即仅以一种情感状态的描述来解释《中庸》之"诚"，虽有其字源学上的基础，也较为常见，却不能很恰当地说明《中庸》中对"诚"的意义的扩充和提升。

　　"诚"在其最初产生的时候从"言"而来的意义，仅仅是指一种内在的情感状态，一直到《大学》中"诚意"这种用法，仍然是一种内在心理状况的表示。但是在子思那里，"诚"变为一个哲学上的概念时，它具有了一种本体化的形态。这并不是要取消掉"诚"作为内在真实的意味，子思从一个内在情感丰富的词"诚"入手，赋予它作为最高本体意义的做法，本身就是一种独特的思想道路，这不仅将诚确立为一个最高存在，也因而保证了这种作为内在情感的诚的真实意义。

　　《中庸》认为诚是人的道德品性和道德境界，是沟通天人、连接物我的桥梁。《中庸》探讨天道之诚，其目的就是为人伦物理找到本体论上的依据，使人道合于天道。所谓"诚者天之道也，诚之者人之道也"，就天道而言，诚既是万物的本质，又是宇宙万物运动的属性；就人道而言，"诚之者"就是努力求诚，以合于天道。这就是"人之道"。《中庸》认为这是一个"择善固执之"的过程。具体而言即"博学之、审问之、慎思之、明辨之、笃行之"，通过"学、问、思、辨、行"而求得的诚。

　　天道就是诚，人道就是追求诚。这就是原天以启人，尽人以合天。也就是要求人道与天道相吻合。《中庸》说："诚者，天之道也。诚之者，人之道也。诚者，不勉而中，不思而得，从容中道，圣人也。诚之者，择善而固执之者也。"

　　郑玄说："言诚者天性也，诚之者，学而诚之者也。"孔颖达说："此经明至诚之道，天之性也。则人当学其诚之性，是上天之疲乏不为而诚，不思而得，若天之性，有生杀信著四时，是天之道。诚之者人之道也者，言人能勉力学此至诚，是人之道也。不学则不得，故云人之道。诚者不勉而中，不思而得，从容中道，圣人也者，此复说上文诚者天之道也。唯圣人能然，谓不勉励而自中当于善，不思虑而自得于善，闲暇而自中乎道，以圣人性合于天道自然，故云圣人也。诚之者，择善而固执之者也，此复说上文诚之者，人之道也。谓由学而致此至诚，谓贤人也。言选择善事而坚固执之，行之不已，遂致至诚也。"

按照郑玄和孔颖达的解释，中庸之道的天道与人道合一为两种类型：一是圣人的天人合一，二是贤人的天人合一。圣人的天人合一是本能的天人合一。贤人的天人合一是通过学习而达到的天人合一。应该说，还有凡人的天人合一。《中庸》说："或生而知之，或学而知之，或困而知之，及其知之，一也。或安而行之，或利而行之，或勉强而行之，及其成功，一也。"可以说，生而知之、安而行之的是圣人，学而知之、利而行之的是贤人，困而知之、勉强而行之的是凡人。不论是圣人、贤人，还是凡人，都能达到至诚、至善的天人合一境界。惟困而不学者不能致天人合一之境界也。

五、《论语》略说

（一）《论语》题解

《论语》是儒家学派的经典著作之一，它以语录体的形式记录了孔子及其弟子言行，集中体现了孔子的伦理思想、道德观念、政治主张和教育原则等。关于《论语》的命名，历代众说纷纭。

《汉书·艺文志》说："《论语》者，孔子应答弟子，时人及弟子相与言而接闻于夫子之语也。当时弟子各有所记，夫子既卒，门人相与辑而论纂，故谓之《论语》。"

《释名·释典·艺》说："论，伦也；有伦理也。语，叙也；叙己所欲言也。"即"有条理地叙述自己的话"。

《经典释文》说"论"是"纶也，轮也，理也，次也，撰也。"

邢昺认为："以此书可以经纶世务，故曰纶也；圆转无穷，故曰轮也。"

郑玄在《周礼注》中说："答述曰语。以此书所载皆仲尼应答弟子及时人之辞，故曰语。"

《文选·辨命论注》引《傅子》也说："昔仲尼既没，仲弓之徒追论夫子之言，谓之《论语》。"

何异孙在《十一经问对》中把"论"解释为"讨论"，说《论语》是"讨论文义"的书。

王充在《论衡·正说篇》说："初，孔子孙孔安国以教鲁人扶卿，官至荆州刺史，始曰《论语》。"

杨伯峻在《论语译注》中指出提出了较为可信的观点。他认为，第一，"论语"的"论"是"论纂"的意思，"论语"的"语"是"语言"的意思。"论语"就是把"接闻于夫子之语""论纂"起来的意思。第二，"论语"的名字是当时就有的，不是后来别人给它的。

简言之，"论语"这一书名是当时的编纂者给它命名的，意义是语言的论纂。

（二）《论语》的编者和成书时代

《论语》的作者也令学者们做了一番研究。

《论语》由若干前后没有什么必然联系的篇章组成，而且这些篇幅不多的篇章又出自众人之手。翻阅论语，我们可以看到不少次重复的章节。这种重复有以下几种情况。第一是其中有字句完全相同的，如"巧言令色鲜矣仁"一章，先见于学而篇第一，又重出于阳货篇第十七；"博学于文"一章，先见于雍也篇第六，又重出于颜渊篇第十二。第二是基本上是重复，只是详略不同；如"君子不重"章，学而篇第一多出十一个字，子罕篇第九只载"主忠信"以下的十四个字；"父在观其志"章，学而篇第一多出十字，里仁篇第四只载"三年"以下的十二字。第三是，虽是一个意思，却有各种记载的，如里仁篇第四说："不患莫已知，求为可知也。"宪问篇第十四又说："不患人之不已知，患其不能也。"卫灵公篇第十五又说："君子病无能焉，不病人之不已知也。"如果加上学而篇第一的"人不知而不愠，不亦君子乎"，便是重复四次。对于这种重复的现象，杨伯峻认为，孔子的言论，当时弟子各有记载，后来才汇集成书。所以《论语》一书绝不能看成某一个人的著作（《论语译注》）。

那么，编成《论语》的这些"众人"是一些什么人呢？刘向说，《论语》"皆孔子弟子记诸善言也"（何晏《论语集解序》引）；刘歆说："《论语》者，孔子应答弟子，时人及弟子相与言而接闻于夫子之语也。当时弟子各有所记，夫子既卒，门人相与辑而论撰，故谓之《论语》"（《汉书·艺文志》）；匡衡说："《论语》，《孝经》圣人言行之要，宜究其意。"（《汉书·匡衡传》）；王充说："夫《论语》者，弟子共纪孔子言行"（《论衡·正说篇》）；郑玄说："论语乃仲弓，子夏等所撰定"；《论语崇爵谶》说"子夏六十四人共撰仲尼微言，以事素王"；赵歧说："七十子之畴，汇集夫子之言，以为《论语》"。柳宗元在《论语辩》认为："曾参最少，少孔子四十六岁；曾子老而死；是书记曾子之死，则去孔子也远矣。曾子之死，孔子弟子略无存者矣。吾意曾子弟子之为也。"（《柳河东集》卷四）；程颐在曾子弟子之外，又加上又子弟子，以为"成于有子，曾子之门人，故书独二子以子称"（朱熹《论语集注序说》引程子语）。永亨凭借《论语》对闵损称字不称名的现象，认为出于闵氏（《经义考》卷二百十一引）。近代学者郭沂认为《论语》的编撰者主要是孔门中"德行"与"文学"两科的学生和他们的门人，即闵损、冉伯牛、仲弓、子游、子夏等等。

各家的具体说法虽然不同，但《论语》为孔门弟子编撰确实可以确定的。

《论语》一书由孔门弟子编撰而成，自然在成书年代上也存在先后之别。"论语"二字被当做书名或篇名首度引用是在《礼记》中的《坊记》："子云，君子驰其亲之过而敬其美。论语曰'三年无改于父之道，可谓孝矣'。"据此我们可以推断，《论语》的问世必然早于《坊记》。而自柳宗元以来，很多学者都疑心《论语》是由曾参的学生所编定的。理由如下，第一《论语》不但对曾参无一处不称"子"，而且记载他的言行和孔子其他弟子比较起来为最多。除和孔子问答之词以外，单独记载曾参言行的，还有《学而篇》两章，《泰伯篇》五章，《颜渊篇》一章，《宪问篇》和孔子的话合并的一章，《子张篇》四章，总共十三章。第二，在孔子弟子中不但曾参最年轻，而且有一章还记载着曾参将死之前对孟敬子的一段话。那么，这一事的叙述者一定是在孟敬子死后才著笔的。《论语》所叙的人物和事迹，再没有比这更晚的，那么，《论语》的编定者或者就是曾参的学生。因此，《论语》的著笔当开始于春秋末期，而编辑成书则在战国末期（《论语译注》）。持此种观点的还有清代学者刘宝楠（《论语正义》）。

近代学者钱穆认为《论语》成书于战国末年（"则论语之编辑，或在周末秦时？今考书中多有战国末年人串乱之迹"，见《论语要略》）；日本学者山下寅次认为《论语》成书于公元前479年（孔子卒年）至公元前400年（子思卒年）之间。

还有学者认为，《论语》前十篇（从《学而》到《乡党》）是第一次编纂而成的。其特色是"义理精纯，章节简短，文字简约"。所以大部分是孔子的言论，对孔子称"子"。后十篇（从《先进》到《尧曰》）是第二次续编而成的，义理较驳杂，其中不少篇章与史实有相违之处，章简与字"长而多"，即前十篇大约成书于子思时代，后十篇约成书于子思弟子时代（刘兆佑著《国学导读》）。

（三）《论语》的版本和演变

和许多先秦古籍一样，《论语》经过秦火和战乱曾一度失传，至汉代出现若干个传本，最著名的就是《齐论语》、《鲁论语》和《古论语》三大流派，它们在文字、篇名及篇数上都有差异。

《鲁论语》有二十篇，汉代的龚奋，夏厚生、夏后建、萧望之、韦贤、宣城、扶卿等人传授之。由于主要在鲁地的学者中传习，故谓之《鲁论语》，汉时还有《论语解》十九篇，均已亡佚。现有关《鲁论语》的版本有清于鬯撰《新定鲁论语述》二十卷，钟文丞撰《鲁论语》一卷，徐养原撰《鲁论语续考》一卷。

《齐论语》主要在齐地的学者中传习，全书二十二篇，其中二十篇的章句很多和《鲁论语》相同，只是多出《问王》和《知道》两篇。有汉代的王卿、庸生、王吉、朱畸、贡禹等人传授。此书也已亡佚，现有清马国翰辑《齐论语》一卷，清王少兰辑《齐论语问王知道逸文补》一卷。

《鲁论语》和《齐论语》最初各有师传，到西汉末年，安昌侯张禹先学了《鲁论语》，后来又讲习《齐论语》，于是他把两个本子融合为一，但是篇目仍以《鲁论语》为根据，"采获所安"，号为《张侯论》。张禹是汉成帝的师傅，所以他的这一个本子便为当时一般儒生所尊奉，后世也皆用此本，于是《齐论语》渐渐消亡了。

《古论语》是在汉景帝时鲁恭王刘余为拓展宅邸而在孔子旧宅中发现，因其字为蝌蚪文，故谓之《古论语》，当时并没有流传开来，仅孔安国为之训解。何晏《论语集解·序》说："《古论语》，唯博士孔安国为之训解，而世不传。"此书已亡佚。现有清马国翰辑《古论语》六卷。

古今中外，关于《论语》的注疏可谓"汗牛充栋"，日本学者林泰辅博士在论语年谱中所著录的达三千种之多。

东汉末年，大学者郑玄以《鲁论语》为基础，参考《齐论语》，《古论语》，编校成一个新的本子《论语注》，并加以注释。该注本在唐代以后失传，现有敦煌遗书本残卷。

魏国时，何晏等五人著《论语集解》十卷成为汉朝以来《论语》的集大成著作，自成书后留传不废，为现传最古的《论语》完整注本。

南朝时，梁代皇侃编纂《论语义疏》十卷。它是在《论语集解》基础上作疏，也是南北朝义疏之作完整流传至今的唯一的一部书。

唐朝时，贾公彦做《论语疏》，已失传。

宋朝时，邢昺等人编纂的《论语注疏》（又称《论语正义》），原为十卷，后人析为二十卷。其单疏本现已不传，只传有注疏合刻本，以阮元南昌府学本为最佳，并附有校勘记。

南宋朱熹著《论语集注》，共十卷。是宋代《论语》注释的集大成者。现传最早的《论语集注》刻本是马光祖刊印的《四书集注》本，后又有与《孟子集注》合刻本，而通行的多为《四书集注》和刻本。

清朝时，毛奇龄著《四书改错》，针对朱熹四书注中的错误而著。

黄式三著《论语后案》。

刘宝楠著《论语正义》，二十四卷。该书是清朝《论语》的集大成者，堪称《论语》整理研究的经典之作。

近代时，程树德编纂《论语集释》，四十卷。又是一部集大成的作品。

杨树达编纂《论语疏证》，二十卷。是一部很有丛刊价值的书，强调以《论语》证《论语》。

杨伯峻著《论语译注》。此书中作者做了大量考证性的简明注释，而且对全书做了今译，书后并附有《论语词典》。

钱穆著《论语新解》，前十篇为上编、后十篇为下编。

孙钦善著《论语注译》。

李泽厚著《论语今读今译》。

六、《孟子》略说

(一) 《孟子》题解

《孟子》一书是孟子的言论汇编，由孟子及其弟子共同编写而成，记录了孟子的语言、政治观点（仁政、王霸之辨、民本、格君心之非，民贵君轻）和政治行动的儒家经典著作。孟子曾仿效孔子，带领门徒游说各国。但不被当时各国所接受，退隐与弟子一起著书。《孟子》有七篇传世：《梁惠王》上下；《公孙丑》上下；《滕文公》上下；《离娄》上下；《万章》上下；《告子》上下；《尽心》上下。其学说出发点为性善论，提出"仁政"、"王道"，主张德治。南宋时朱熹将《孟子》与《论语》《大学》《中庸》合在一起称"四书"，《孟子》是四书中篇幅最大的部头最重的一本，有三万五千多字.从此直到清末，"四书"一直是科举必考内容。孟子的文章说理畅达，气势充沛并长于论辩，逻辑严密，尖锐机智，代表着传统散文写作最高峰。

1.《孟子》的作者

关于《孟子》的作者，历史上有三种不同的观点。

第一种观点是"孟子与弟子合著说"。司马迁《史记·孟子荀卿列传》说："孟轲乃述唐、虞、三代之德，是以所如者不合。退而与万章之徒序《诗》、《书》，述仲尼之意，作《孟子》七篇。"即《孟子》成书是孟子与其弟子共同努力的结果。

清朝周广业说："此书叙次数十年之行事，综述数十人之问答，断非辑自一时，出自一手。其始章丑之徒追随左右，无役不从；于孟子之言动，无不熟察而详记之。每章冠以'孟子曰'者，重师训，谨授受，兼法《论语》也。观公孙丑美大之称，几及挈挈之言，屋庐子喜于得间数节，当日师弟情事毕见矣。迨还自青齐，既难必于行道，而孟子亦欲垂教后世，取向所进说时王传授弟子者，润饰而删定之，以为有王者起，必来取法，托诸空言，不若载诸事实之深切著明也。老游梁鲁，其例亦同。岂竟孟子自著哉？"（周广业《孟子四考四·孟子出处时地考》）

第二种观点是"孟子自著说"。赵岐《孟子题辞》断定《孟子》是孟子自己写的："此书，孟子之所作也，故总谓之孟子。""孟子亦自知遭苍姬之讫录，值炎刘之未奋，进不得佐兴唐虞雍熙之和，退不能信三代之余风，耻没世而无闻焉，是故垂 宪言以诒后人。仲尼有云："我欲托之空言，不如载之行事之深切著明也。"于是退而论集所与高第弟子公孙丑、万章之徒难疑答问，又自撰其法度之言，著书七篇。"

后人又进一步论证了"孟子自著说"。首先从文风来看。宋朝王应麟《困学纪闻》引朱熹语说："熟读七篇，观其笔势，如熔铸而成，非缀辑所就也。"翁元圻注《困学纪闻》亦引朱熹语说："《论语》，多门弟子所集，故言语时有长短不类处。《孟子》疑自著之书，故首尾文字一体，无些子瑕疵。不是自下手，安得如此好？"（王应麟《困学纪闻》）其次从容貌记载来看。清代阎若璩从《孟子》中没有孟子容貌的记载，说明《孟子》确为自著之书："《论语》成于门人之手，故记圣人容貌甚悉；七篇成于己手，故但记言语或出处耳。"（阎若璩《孟子生卒年月考》）魏源也认为："至七篇中无述孟子容貌言动，与《论语》为弟子记其师者不类，当为手著无疑。"（魏源《孟子年表》）

第三种观点是"弟子追述说"。唐朝的韩愈首先提出此种观点。王应麟《困学纪闻》卷八引韩愈的话说："轲之书非自著。"唐代林慎思《续孟子》也说："《孟子》书，先自其徒记言而著。"

宋代晁公武对此加以阐明："此书韩愈以为弟子所会集，非轲自作；今考于轲书，则知愈之言非妄发也。其书载孟子所见诸侯皆称谥，如齐宣王、梁惠王、梁襄王、滕定公、鲁平公是也。夫死然后有谥，轲著书时所见诸侯不应皆死。且惠王元年，至平公之卒年，凡七十七年，孟子见梁惠王，王目之曰叟，必已老矣，决不见平公之卒也。故予以愈言为然。"（《郡斋读书志校证·子类·儒家类》）

清代崔述除此之外又增加了两个证据。首先，"《孟子》七篇之文往往有可议者，如'禹决汝、汉，排淮、泗而注之江'，'伊尹五就汤，五就桀'之属，皆于事理未合。果孟子所自著，不应疏略如是。"其次，"七篇中，于孟子门人多以子称之，如乐正子、公都子、屋庐子、徐子、陈子皆然；不称子者无几。果孟子所自著，恐未必自称其门人皆曰子。"他由此得出结论说："细玩此书，盖孟子门人万章、公孙丑等所追述，故二子问答之言在七篇中为最多，而二子在书中亦皆不以'子'称也。"（崔述《孟子事实录》，《崔东壁遗书》）

近人罗根泽进一步提出自称为子的问题，他说："《孟子》书中，皆称孟子，古无自己称子之例（墨子庄子中之称子墨子庄子者，皆门人弟子或后人所记）；且于门弟子亦时称子，更不合理，故朱子自著之说，不能立也。"（罗根泽《孟子评传》）

2.《孟子》行文的特点

《孟子》一书的行文特点，概括起来，主要有以下几个方面：（1）文体基本一致，但有细微差异；（2）文章长展，文风浩然；（3）没有关于孟子容貌的记载；（4）自称为子；（5）除万章、公孙丑外，门人皆称子；（6）所见诸侯称谥；（7）文中有史实之误；（8）大量引用《诗》《书》。

《孟子》虽文体基本一致，但如果仔细分析的话，就会发现其间也存在一些细微的差异。这个差异主要表现在两个方面：

首先，以《离娄篇》为界，此前诸章以孟子游历各国的史实为主，多记载孟子与时王的对话，如孟子与梁惠王、齐宣王、滕文公的对话等等，而此后诸章以孟子回答弟子提问为主，如回答万章关于舜之不告而娶之问，公都子关于匡章不孝之问，公孙丑关于乐正子何人之问等等。

其次，有些章句的语气存在一些差异。这些差异比较细微，需要慢慢体会才能发现。如下面这两章就是很好的例子：

梁惠王曰："寡人愿安承教。"孟子对曰："杀人以梃与刃，有以异乎？"……

孟子见梁襄王，出，语人曰："望之不似人君，就之而不见所畏焉。卒然问曰：'天下恶乎定？'吾对曰：'定于一。'"……

前面一章反映了孟子与梁惠王谈话的实际内容，是一种比较客观的记述，所以文中用"孟子对曰"。后面一章反映了孟子见梁襄王的感觉，是弟子对孟子当时所说语言的忠实记录，所以文中用"吾对曰"。"孟子对曰"和"吾对曰"用现代文法术语表达，一个是"间接引语"，一个是"直接引语"，在行文上是不同的。

再比如"齐人有一妻一妾"章，前面并没有"孟子曰"三字。朱熹《孟子集注》认为："章首当有'孟子曰'字，阙文也"。而从文体上看，这是一则相当完整的寓言故事，与揠苗助长的故事相近，与《告子篇》、《尽心篇》回答弟子提问明显有别。

另外，有学者指出，上述的第七个特点，本身并不能算是一个问题。

"决汝、汉,排淮、泗而注之江","五就汤五就桀者伊尹也",固然有可商榷处,但汝汉之事孟子只是借以说明大禹治水的功绩,并不介意于地理知识,伊尹之事只是说明伊尹的品德,数乃虚拟而非实指。退一步说,即使是明显有悖史实,也不能作为否定《孟子》作者的证据。圣人也是人,是人就会有错误,怎么能因为孟子地位高了,就认为他的话完全正确,一有错误就大惊小怪呢?崔述以此为证否定《孟子》为自著,与其疑古精神有关。崔述对疑古有大贡献,顾颉刚对其推崇甚重。但崔述疑古也有过头的倾向,以"汝汉淮泗"怀疑《孟子》为自著,即是一例。正如罗根泽所说:"崔述疑古太甚,故有此进退失据之怀疑也。"(《孟子评传》)

杨泽波在《孟子评传》论证了《孟子》大量引用《诗》《书》这一行文特点。

《孟子》引《诗》《书》,一是数量多,引《诗》33 则,引《书》25 则。虽然先秦儒家典籍都惯于引用《诗》《书》,但是就数量之多而言,《孟子》是相当突出的。二是引文长,如"天降下民,作之君,作之师……"一节凡 35 字,"经始灵台,经之营之,庶民攻之,不日成之……"一节凡 48 字。三是误差小,尽管《孟子》引《诗》《书》很多,但误差却很小。如"经始灵台,经之营之"一章,字数很多,但除了一个假借字不同外,与今本《诗经》完全一致。"舜流共工于幽州"一条与今本《尚书·舜典》、"杀越人于货"一条与今本《尚书·康诰》都基本相同。

(二)孟子的"民本"与"仁政"思想

在中国两千年的封建社会中,儒家思想一直占据思想文化的主导地位,其中孟子的思想主张更具有特殊的历史影响。孟子主张以"仁政"治国,以民为本。民本、仁政是孟子思想的出发点和落脚点。

1. 孟子的民本思想

(1)以性善为理论基础

孔子提出"性相近也,习相远也"。孟子从这一思想出发,提出人性本善的理论。他认为人与生俱来是善的,具有"不学而能"、"不虑而知"的良能和良知,仁、义、礼、智就是良能、良知的起端,即"四端"。人在后天成长中具有自觉向内心探求"善"的优良品德,探求程度的不同造成了社会中人与人之间的差别。圣人、君主与民众同为人类,四体一致,心性也就自然同善，所不同的是圣人和君主负有着治理天下的职责，他们完成这一职责的实质就是帮助民众向善的心性完全复归，即"求放心"。孟子说："凡有四端于我者，智皆扩而充之矣，若火之始燃，泉之始达。苟能充之，足以保四海，苟不充之，不足以事父母。"也就是说，民本思想的核心内容是要求统治者通过帮助民众向善性的完全复归来实现政治统治。在具体的社会现实当中，体现为君民之间的关系，正如孟子所说"民为贵，社稷次之，君为轻"。

（2）以人口为自然基础

民本思想的成立必须以一定数量的人口存在为基础。在我国春秋中期到战国时代，人口数量虽然出现了一定的增加，但仍无法满足当时各国统治者对于劳动力和兵力的要求，更有甚者影响到了国家的政治统治。孟子继承并发扬了儒家立足王道仁政以吸引兼并人口的主张，

提出"诸侯之宝三，土地、人民、政事"。孟子要求，为了吸引兼并人口，统治者要做的是对士人"尊贤使能"，对商旅之人"讥而不征"，对农人"助而不税"。唯有如此，天下民众就甘愿接受统治，国家也就"无敌于天下"，"然而不王者，未之有也。"，孟子所说的士、商、旅、农是对古代社会广义民众的细分，这一认识的前提条件是人口观念的强化，其最终归宿是民本思想。

除政治措施之外，孟子也强调了自然繁衍在人口增殖中的积极作用，并赋予人口生产以儒家"教"的伦理意义。他说："不孝有三，无后为大"。在孟子看来，生育后代不仅仅是人类的自然本能，更主要是它扩大了家庭，延续了种族，符合"孝"的道德伦理。这种人口观念不仅保证了人口资源的绵延不绝，而且使劳动生产和军事组织等各项社会事业的人力投入成为可能。

（3）以义利为现实要求

物质财富再生产是社会经济的发展得以顺利进行的重要先决条件。中国古代社会经济发展的模式是小农经济，它对于天时、地利以及人和均提出了很高的要求，任何一部分的匮乏或者三者之间关系的不协调，都将造成十分严重的恶果，所以农业和农产品在物质财富再生产中的利用就显得尤为重要，成为满足各种社会需求的唯一源泉。可见，民本思想又与以农为本的经济理论有着密不可分的关系，即农业是民本之本。孟子说："五亩之宅，树之以桑"，"鸡豚狗彘之畜，无失其时"，"百亩之田勿夺其时"。这些都是小农经济的基本组成部分，同时也是进行物质财富再生产的前提条件。孟子将此称

为"制民之产","若民则无恒产，因无恒心；苟无恒心，放辟，邪侈，无不为已"。

这里的"制民之产"就是要保证民众最基本的生活和生产的需要，这些东西对于民众来说是小利，但对于统治来说却是最大的利，也就是义。正确对待义利关系，不仅是社会经济秩序正常运行的要求，而且也是社会政治秩序安定的内在要求。从民本思想的角度考虑社会经济发展，孟子认为统治者应当去利取义或先义后利，舍弃对物质欲望的一味贪求，让利于民，最终必定会称王天下，获得真正恒久的利。他说："去仁义，怀利以相接，然而不亡者，未之有也……去利，怀仁义以相接也，然而不王者，未之有也"。

孟子民本思想指导下的义利观首先是一种政治策略，具有批判现实的针对性，但同时又影响到当时及后世的人格修养、价值取向等多方面，深深地渗入了中华民族的性格当中。

（4）以教育为发展途径

孔子开创"私学"之后，教育社会化和平民化的趋势得到一定程度发展，为民众自我意识的历史觉醒创造了条件。孟子继承和发扬了孔子"私学"的教育思想和教育活动，并以"善教得民心"来概括儒家教育的主旨精神和民本特征。孟子说，"仁言不如仁声之人人深也，善政不如善教之得民也。善政，民威之；善教，民爱之。善政得民财，善教得民心。""民心"是民众自觉意识的体现，也是民本思想的最高价值追求。有什么样的教育就必然有什么样的人才。孟子民本思想下的教育原则决定了民众必然是人才产生的本源和取舍标准。评价一个人贤与不贤、可与不可、杀与不杀，统治者周边的臣子以及诸大夫等并不一定能做出准确的判断，而只有"国人"民众的评判才是可信的。按照民意取舍人才，在很大程度上打破了传统的尊卑亲疏的氏族血缘纽带，为民本思想的进一步发展和国民阶级的不断壮大更加拓宽了道路。这样的人才，也必然会为民请命，成为民本思想的代言人。这也正是儒家民本教育思想的深意所在。

2. 孟子的"仁政"思想

孟子继承孔子的思想，提出了"仁政"主张。他认为，仁政是一种最理想的政治，如果统治者实行仁政，可以得到人民的衷心拥护；反之，如果不顾人民死活，推行虐政，将会失去民心而变成独夫民贼，被人民推翻。

（1）重民的思想

孟子根据战国时期的经验，总结各国治乱兴亡的规律，提出"民为贵，社稷次之，君为轻"的伟大思想。孟子十分重视民心的向背，通过大量历史事例反复阐述这是关乎得天下与失天下的关键问题。重民思想乃是"仁政"思想的核心。孟子同情下层人民，批判当时社会现实，指出："桀纣之失天下也，失其民也；失其民者，失其心也。得天下有道：得其民，斯得天下矣；得其民有道：得其心，斯得民矣；得其心有道：所欲与之聚之，所恶勿施，尔也。民之归仁也，犹水之就下，兽之走圹也。"（《孟子·离娄上》）即统治者要取得政权、维护社会安定必须以民心向背为基础。特别需要说明的是，这里所说的"民"是指与当政者相对而言的庶民。

孟子在君权至上的传统观念根深蒂固的时代，能够站在庶民的立场上提出"民贵君轻"的思想，具有伟大的历史进步意义。除此之外，孟子还指出要与民同乐，"为民上而不与民同乐者，亦非也。乐民之乐者，民亦乐其乐；忧民之忧民者，民亦忧其忧；乐以天下，忧以天下，然而不王者，未之有也。"（《孟子·梁惠王上》关于与民同乐的标准，孟子在问齐宣王时说："文王之囿，方七十里刍荛者往焉，雉兔者往焉，与民同之，民以为小，不亦宜乎?臣始至于境，问国之大禁然后敢入。臣闻郊关之内有囿方四十里，杀其麋鹿者如杀人之罪，则是方四十里为阱于国中，民以为大，不亦宜乎?"（《孟子·梁惠王上》）孟子要求国君与民同乐思想的实质上是对国君腐朽生活的一种限制从而达到缓和日益尖锐的阶级矛盾。这一思想的影响是十分深远的，它成为之后开明君主调整国家统治与民众关系的准绳，也成为有识之士抨击暴君污吏，限制专制统治和缓和阶级矛盾的思想武器，在调节封建专制制度方面发挥了重要作用。

（2）注重发展生产

孟子说："庖有肥肉，厩有肥马。民有饥色，野有饿莩。此率兽而食人也。兽相食，且人恶之；为民父母，行政，不免于率兽而食人，恶在其为民父母也?"（《孟子·梁惠王上》）所以他游说梁惠王时，要求他首先做到"不违农时，谷不可胜食也；数罟不入洿池，鱼鳖不可胜食也；斧斤以时入山林，材木不可胜用也。谷与鱼鳖，不可胜食，材木不可胜用，是使民养生丧死无憾也。养生丧死无憾，王道之始也。"

"七十者衣帛食肉，黎民不饥不寒，然而不王者，未之有也。"（《孟子·

梁惠王上》）可见关心人民的生老病死，是实行"仁政"的重要内容。具体落实在经济上，孟子主张"制民之产"，让百姓能够活下去，以保持小生产者的相对稳定。他说："是故明君制民之产，必使仰足以事父母，俯足以畜妻子，乐岁终身饱，凶年免于死亡，然后驱而从善，故民之从也轻。"（《孟子·滕文公上》）又由于一般人如果没有固定的收入，就会缺乏道德观念，便会违法作乱，铤而走险，所以必须"制民之产"。他说："民之为道也，有恒产者有恒心，无恒产者无恒心，苟无恒心，放辟邪侈，无不为己。"（《孟子·滕文公上》）孟子认为，恒产是恒心的基础。有了恒产才会有恒心，有了恒心社会秩序才会安定。如果连这些起码的条件都达不到，人民就会流离失所，造成父子不相见、兄弟妻子离散的惨剧，就会招致人民的诅咒和怨恨，导致社会动乱。孟子还对制民之产提出了具体的设想："五亩之宅，树之以桑，五十者可以衣帛矣，鸡豚狗彘之畜无失其时，七十者可以食肉矣；百亩之田，勿夺其时八口之家可以无饥矣。谨庠序之教，申之以孝悌之义，颁白者不负戴于道路矣。老者衣帛食肉，黎民不饥不寒，然而不王者，未之有也。"（《孟子·梁惠王上》）有了这些恒产作为生活保障，百姓就会有恒心，"养生丧死无憾"。

（3）反对不义战争，渴求和平安定

孟子的战争观念也是"仁政"思想的重要组成部分。孟子从"仁政"思想出发，对于春秋战国的连年战争给社会和人民造成的灾难寄以极大的同情因此提出"春秋无义战"（《孟子·尽心下》）"善战者服上刑"（《孟子·离娄上》）的看法。孟子云"争地以战，杀人盈野，争城以战，杀人盈城。此所谓率土地而食人肉，罪不容于死。故善战者服上刑，连诸侯者次之，辟草莱、任土地者次之。"（《孟子·离娄上》）他对兼并战争给社会和人民造成的灾难寄以同情，认为凡是战争都是不仁的。他曾批评梁惠王曰："不仁哉，梁惠王也，仁者以其所爱及其所不爱，不仁者以所不爱及其所爱。"公孙丑问："何谓也?""梁惠王以土地之故，糜烂其民而战之，大败，将复之，恐不能胜，故驱其所爱子弟以殉之，是之谓以其所不爱及其所爱也。"（《孟子·尽心下》）

总之，"仁政"是反对战争的，不主张以征战王天下，主张"保民而王。"（《孟子·梁惠王上》）行仁政者才能统一天下。

（4）注重道德教化

在孟子的仁政思想体系中，道德教化同样居于十分重要的地位。在早期儒家思想发展中，重视道德教化一直是儒家思想最重要的核心内容之一，如孔子就十分重视对民众百姓的教化作用，认为在百姓富庶以后就必须实施教化。孟子同样把道德教化作为其仁政思想的重要组成部分，重视道德教化的社会功能。他认为，统治者在做到使百姓生产生活稳定、丰衣足食后，接下来就要对百姓灌输一些必要的思想观念和价值理念。孟子主张对百姓要"谨庠序之教，申之以孝悌之义"；"圣人治天下，使有菽粟如水火；菽粟如水火，而民焉有不仁者乎？"（《孟子·尽心上》）目的在于使民众在满足最基本的生存需要后，使之受到良好的道德教育和人伦教化，使之懂得"父子有亲，君臣有义，夫妇有别，长幼有序，朋友有信"（《孟子·滕文公上》）的道理，使五伦关系和谐圆融。孟子认识到了良好的道德教育对民众的教化熏染作用是一般刑罚、暴力统治难以企及的，要使民众具有良好的道德意识，要使民众能自觉自愿地接受国家意识形态的约束和教化，唯有通过教育教化的方式才能办到，靠外力强压只能使民众畏惧，很难使民众心服。孟子构筑了一条善教与得民心之间的纽带，善教的理论基础是孟子所主张的性善论。正因为人人具有四端之心，具有善的本性，故人都可得而教之。当然孟子并不是道德教化至上主义者，他也意识到道德教化具有不可克服的局限性，认为道德教化不是万能有效的，若教化无效，则须施以刑罚，刑罚是道德教化的必要补充，但刑罚不可滥用。从以上论述可以看出，孟子的仁政思想在以攻伐兼并为主流的战国时代显得非常不合时宜。他错误地片面地把当时所出现的一切社会矛盾归之于统治者的不仁，于是构建了一套以仁政为价值核心的治国方案，试图以此方案游说各诸侯，以为按其方案实施就会很容易得天下而王之。孟子的仁政方案只能是理想主义的幻想，在当时是根本行不通的。孟子的仁政思想在战国时期注定只能是一种无法实现的乌托邦式的幻想，既没有这种思想产生的社会基础，也没有达到这一理想境界的有效途径和方法。但孟子认识到了广大民众与统治者之间的矛盾，提出其仁政学说以缓和尖锐的矛盾冲突，不失为一种解决矛盾的方法。并且"仁政"对发展社会生产力、推动社会进步确实起过一定的历史作用。然而，我们应该认识到"仁政"总是有阶级性的、具体的，从来都没有超阶级的"仁政"。它总是封建地主阶级剥削压迫农民的手段。其次，历代封建统治者都没有实行过纯粹的"仁政"，而是"仁政"与暴政并行，欺骗与镇压相结合的。由于对立阶级利益迥异，因而也就无法从根本上消除统治者与被统治者的阶级矛盾，统治者要制止人民的反抗和不满，就必然会采取暴政来强化自己的统治、施行镇压。

第三章　国学经典阅读指导与阅读实践

一、《大学》的内容举要与名篇选读建议

（一）内容提要

《大学》原本是《礼记》中的一篇，相传为孔子弟子曾参（公元前505年—公元前434年）所作，是儒家学派的入门读物。朱熹把它列为"四书"之首。

对"大学"一词的解读，自古以来就众说纷纭。郑玄、孔颖达、司马光等皆将"大学"释为能够"正心修身齐家治国以至盛德著明于天下"的"学之大者"，认为"大学"讲的就是治国从政之学，是一种高层次的学问；朱熹则以年龄作为划分大小的基础，认为"大学者，大人之学也"；古代学制中的"大学"或"太学"，即古代的高等教育机构。

我们认为，《大学》统篇旨在阐释一种修己治人之道，亦即内圣外王之道。它以明明德、亲民、止于至善为修养的目标，后人称之为"三纲领"，又提出实现天下大治的八个步骤——格物、致知、诚意、正心、修身、齐家、治国、平天下，后人称之为"八条目"。"三纲八目"是两条最基本的道德修养原则，在中国文化发展史上具有举足轻重的作用。

（二）名篇选读

1. 三纲八目

【原文】

大学之道 [1]，在明明德 [2]，在亲民 [3]，在止于至善。知止 [4] 而后有

定；定而后能静；静而后能安；安而后能虑；虑而后能得[5]。物有本末，事有终始。知所先后，则近道矣。古之欲明明德于天下者，先治其国；欲治其国者，先齐其家[6]；欲齐其家者，先修其身[7]；欲修其身者，先正其心；欲正其心者，先诚其意；欲诚其意者，先致其知[8]；致知在格物[9]。物格而后知至；知至而后意诚；意诚而后心正；心正而后身修；身修而后家齐；家齐而后国治；国治而后天下平。自天子以至于庶人[10]，壹是皆以修身为本[11]。其本乱而末治者否矣[12]。其所厚者薄，而其所薄者厚[13]，未之有也[14]！

【注释】

[1] 大学之道：大学的宗旨。"大学"一词在古代有两种含义：一是"博学"的意思；二是相对于小学而言的"大人之学"。"道"的本义是道路，引申为规律、原则等，在中国古代哲学、政治学里，也指宇宙万物的本原、个体，一定的政治观或思想体系等，在不同的语境里有不同的意思。

[2] 明明德：前一个"明"作动词，有使动的意味，即"使彰明"，也就是发扬、弘扬的意思。后一个"明"作形容词，明德也就是光明正大的品德。

[3] 亲民：根据后面的"传"文，"亲"应为"新"，即革新、弃旧图新。亲民，也就是新民，使人弃旧图新、去恶从善。

[4] 知止：知道目标所在。

[5] 得：收获。

[6] 齐其家：管理好自己的家庭或家族，使家庭或家族和和美美，蒸蒸日上，兴旺发达。

[7] 修其身：修养自身的品性。

[8] 致其知：使自己获得知识。

[9] 格物：认识、研究万事万物。

[10] 庶人：指平民百姓。

[11] 壹是：都是。本：根本。

[12] 末：相对于"本"而言，指枝末、枝节。

[13] 厚者薄：该重视的不重视。薄者厚：不该重视的加以重视。

[14] 未之有也：即未有之也。没有这样的道理（事情、做法等）。

【译文】

大学的宗旨在于弘扬光明正大的品德，在于使人弃旧图新，在于使人达到最完善的境界。知道应达到的境界才能够志向坚定；志向坚定才能够镇静不躁；镇静不躁才能够心安理得；心安理得才能够思虑周详；思虑周详才能够有所收获。每样东西都有根本有枝末，每件事情都有开始有终结。明白了这本末始终的道理，就接近事物发展的规律了。古代那些要想在天下弘扬光明正大品德的人，先要治理好自己的国家；要想治理好自己的国家，先要管理好自己的家庭和家族；要想管理好自己的家庭和家族，先要修养自身的品性；要想修养自身的品性，先要端正自己的心思；要想端正自己的心思，先要使自己的意念真诚；要想使自己的意念真诚，先要使自己获得知识；获得知识的途径在于认识、研究万事万物。通过对万事万物的认识、研究后才能获得知识；获得知识后意念才能真诚；意念真诚后心思才能端正；心思端正后才能修养品性；品性修养后才能管理好家庭和家族；管理好家庭和家族后才能治理好国家；治理好国家后天下才能太平。上自帝王，下至平民百姓，人人都要以修养品性为根本。若这个根本被扰乱了，家庭、家族、国家、天下要治理好是不可能的。不分轻重缓急，本末倒置却想做好事情，这也同样是不可能的！

2. 诚　意

【原文】

所谓诚其意者[1]，毋[2]自欺也。如恶恶臭[3]，如好好色[4]，此之谓自谦[5]。故君子必慎其独也[6]！

小人闲居[7]为不善，无所不至，见君子而后厌然[8]，掩[9]其不善，而著[10]其善。人之视己，如见其肺肝然，则何益矣。此谓诚于中[11]，形于外。故君子必慎其独也。

曾子曰："十目所视，十手所指，其严乎！"富润屋[12]，德润身[13]，心广体胖[14]。故君子必诚其意。

(传六)

【注释】

[1] 诚其意：使意念真诚。

[2] 毋：不要。

[3] 恶（wù）恶（è）臭（xiù）：厌恶腐臭的气味。臭，气味，较现代单指臭味的含义宽泛。

[4] 好（hào）好（hǎo）色：喜爱美丽的女子。好色，美女。

[5] 谦：心安理得的样子。

[6] 慎其独：在独自一人时也谨慎不苟。

[7] 闲居：即独处。

[8] 厌然：躲躲闪闪的样子。

[9] 掩：遮掩，掩盖。

[10] 著：显示。

[11] 中：指内心。下文的"外"指外表。

[12] 润屋：装饰房屋。

[13] 润身，修养自身。

[14] 心广体胖（pán）：心胸宽广，身体舒泰安康。胖，大，舒坦。

【译文】

使意念真诚的意思是说，不要自己欺骗自己。要像厌恶腐臭的气味一样，要像喜爱美丽的女人一样，一切都发自内心。所以，品德高尚的人哪怕是在一个人独处的时候，也一定要谨慎。

品德低下的人在私下里无恶不作，一见到品德高尚的人便躲躲闪闪，掩盖自己所做的坏事而自吹自擂。殊不知，别人看你自己，就像能看见你的心肺肝脏一样清楚，掩盖有什么用呢？这就叫做内心的真实一定会表现到外表上来。所以，品德高尚的人哪怕是在一个人独处的时候，也一定要谨慎。

曾子说："十只眼睛看着，十只手指着，这难道不令人畏惧吗?!"财富可以装饰房屋，品德却可以修养身心，使心胸宽广而身体舒泰安康。所以，品德高尚的人一定要使自己的意念真诚。

3. 修身在正心

【原文】

所谓修身在正其心者，身有所忿懥[1]，则不得其正；有所恐惧，则不得其正；有所好乐，则不得其正；有所忧患，则不得其正。

心不在焉，视而不见，听而不闻，食而不知其味。此谓修身在正其心。

（传七）

【注释】

[1] 身：程颐认为应为"心"。忿懥（zhì）：愤怒。

【译文】

之所以说修养自身的品性要先端正自己的心思，是因为心有愤怒就不能够端正；心有恐惧就不能够端正；心有喜好就不能够端正；心有忧虑就不能够端正。

心思不端正就像心不在自己身上一样：虽然在看，但却像没有看见一样；虽然在听，但却像没有听见一样；虽然在吃东西，但却一点也不知道是什么滋味。所以说，要修养自身的品性必须要先端正自己的心思。

4. 齐 家

【原文】

所谓齐其家在修其身者，人之其所亲爱而辟焉[1]，之其所贱恶而辟焉，之其所畏敬而辟焉，之其所哀矜[2]而辟焉，之其所敖惰[3]而辟焉。故好而知其恶，恶而知其美者，天下鲜矣！故谚有之曰："人莫知其子之恶，莫知其苗之硕[4]。"此谓身不修不可以齐其家。

(传八)

【注释】

[1] 之：即"于"，对于。辟：偏颇，偏向。

[2] 哀矜：同情，怜悯。

[3] 敖，骄傲。惰：怠慢。

[4] 硕：大，肥壮。

【译文】

之所以说管理好家庭和家族要先修养自身，是因为人们对于自己亲爱的人会有偏爱；对于自己厌恶的人会有偏恨；对于自己敬畏的人会有偏向；对于自己同情的人会有偏心；对于自己轻视的人会有偏见。因此，很少有人能喜爱某人又看到那人的缺点，厌恶某人又看到那人的优点。所以有谚语说："人都不知道自己孩子的坏，人都不满足自己庄稼的好。"这就是不修养自身就不能管理好家庭和家族的道理。

5. 治国先齐家

【原文】

所谓治国必先齐其家者，其家不可教而能教人者无之。故君子不出家而成教于国：孝者，所以事君也；悌者[1]，所以事长也；慈者[2]，所以使众也。

《康诰》曰："如保赤子[3]。"心诚求之，虽不中[4]，不远矣。未有学养子而后嫁者也！

一家仁，一国兴仁；一家让，一国兴让；一人贪戾，一国作乱。其机如此[5]。此谓一言偾事[6]，一人定国。

尧舜[7]帅[8]天下以仁，而民从之；桀纣[9]帅天下以暴，而民从之。其所令反其所好，而民不从。是故君子有诸[10]己而后求诸人，无诸己而后非诸人。所藏乎身不恕[11]，而能喻[12]诸人者，未之有也。故治国在齐其家。

《诗》云："桃之夭夭，其叶蓁蓁。之子于归，宜其家人[13]。"宜其家人，而后可以教国人。《诗》云："宜兄宜弟[14]。"宜兄宜弟，而后可以教国人。《诗》云："其仪不忒，正是四国[15]。"其为父子兄弟足法，而后民法之也。此谓治国在齐其家。

(传九)

【注释】

[1] 悌（tì）：指弟弟应该绝对服从哥哥。

[2] 慈：指父母爱子女。

[3] 如保赤子：《尚书·周书·康诰》原文作"若保赤子。"这是周成王告诫康叔的话，意思是保护平民百姓如母亲养护婴孩一样。赤子，婴孩。

[4] 中（zhòng）：达到目标。

[5] 机：本指弩箭上的发动机关，引申指关键。

[6] 偾·(fèn)：败坏。

[7] 尧舜：传说中父系氏族社会后期部落联盟的两位领袖，即尧帝和舜帝，历来被认为是圣君的代表。

[8] 帅：同"率"，率领，统帅。

[9] 桀（jié）：夏代最后一位君主。纣：即殷纣王，商代最后一位君主。二人历来被认为是暴君的代表。

[10] 诸："之于"的合音。

[11] 恕：即恕道。孔子说："己所不欲，勿施于人。"意思是说，自己不想做的，也不要让别人去做，这种推己及人，将心比心的品德就是儒学所倡导的恕道。

[12] 喻：使别人明白。

[13] "桃之夭夭"句：引自《诗经·周南·桃夭》。夭夭（yāo），鲜嫩，美丽。蓁蓁（zhēn），茂盛的样子。之子，这个女子。于归，指女子出嫁。

[14] "宜兄宜弟"：与兄弟合心友爱，引自《诗经·小雅·蓼萧》。

[15] "其仪不忒"句：引自《诗经·曹风·鸤鸠》。仪，仪表，仪容。忒（tè），差错。

【译文】

之所以说治理国家必须先管理好自己的家庭和家族，是因为不能管教好家人而能管教好别人的人是没有的。所以，有修养的人在家里就受到了治理国家方面的教育：对父母的孝顺可以用于侍奉君主；对兄长的恭敬可以用于侍奉官长；对子女的慈爱可以用于统治民众。

《康诰》说："保护平民百姓就像母亲爱护婴儿一样。"内心真诚地去追求，即使达不到目标，也不会相差太远。要知道，没有先学会了养孩子再去出嫁的人啊！

一家仁爱，一国也会兴起仁爱；一家礼让，一国也会兴起礼让；一人贪婪暴戾，一国就会犯上作乱。其联系就是这样紧密，这就叫做：一句话就会坏事，一个人就能安定国家。

尧、舜用仁爱统治天下，老百姓就跟随着仁爱；桀、纣用凶暴统治天下，老百姓就跟随着凶暴。统治者的命令与自己的实际做法相反，老百姓是不会服从的。所以，品德高尚的人，总是自己先做到，然后才要求别人做到；自己先不这样做，然后才要求别人不这样做。不采取这种推己及人的恕道而想让别人按自己的意思去做，那是不可能的。所以，要治理国家必须先管理好自己的家庭和家族。

《诗经》说："桃花鲜美，树叶茂密，这个姑娘出嫁了、让全家人都和睦。"让全家人都和睦，然后才能够让一国的人都和睦。《诗经》说："兄弟和睦。"兄弟和睦了，然后才能够让一国的人都和睦。《诗经》说："容貌举止庄重严肃，成为四方国家的表率。"只有当一个人无论是作为父亲、儿子，还是兄长、弟弟时都值得人效法时，老百姓才会去效法他。这就是要治理国家必须先管理好家庭和家族的道理。

（三）阅读建议

对于阅读《四书》的次序和要求，朱熹的《朱子语类》中有一段话说得很明白："某要人先读《大学》，以定其规模，次读《论语》，以立其根本。次读《孟子》，以观其发越。次读《中庸》，以求古人之微妙处。《大学》一篇，有等级次第，总作一处易晓，宜先看。《论语》却实，但言语散见，初亦难看。《孟子》有感激兴发人心处。《中庸》亦难读，看三书后，方宜读之。"朱熹这段话的意思是，读《四书》有先后次序，应先读《大学》，再读《论语》，然后读《孟子》，最后读《中庸》，这个次序既考虑到《四书》之间的有机联系，又考虑到《四书》理解上的难易程度。所谓"定其规模"就是定下三纲领、八条目的修己治人的思想规模；"立其根本"就是打下儒学的理论基础，"观其发越"就是理解儒家学说的进一步发挥；"求古人之微妙处"就是探索古圣人"微妙而难见"的道心。

作为"初学入德之门"的《大学》，思想蕴含丰富。上述所列之内容仅为其"三纲八目"之部分，尚有"格物""致知"等方面的阐述没有涉及，故建议全文阅读，以求全面理解。另外，阅读《大学》亦可与个体的学习经历或人生感悟相结合，以求更加深刻地理解"大学之道"。

二、《中庸》的内容举要与名篇选读建议

（一）内容提要

《中庸》起初也是《礼记》中的一篇，一般认为是孔子之孙子思（公元前483年—公元前402年）所作。《中庸》是一篇儒家哲学论文，其中心思想是儒学中的中庸之道，其主旨在于修养人性，而并非现代人所普遍理解的中立、平庸。其中既包括学习的方式：博学之，审问之，慎思之，明辨之，笃行之；也包括儒家做人的规范如"五达道"（君臣也，父子也，夫妇也，昆弟也，朋友之交也）和"三达德"（智、仁、勇）等。

中庸所追求的修养的最高境是至诚或称至德，而对人的欲望则应以反身自省来除去，强调"慎独"，时刻以道德规范约束自己，因此必须进行修行，使道成为天下人遵从的普遍原则，使人的喜怒哀乐的表达合乎法度，让

人的行为处世依其本性，从而达到中和的境界。

（二）名篇选读

1. 中和为本

【原文】

天命之谓性[1]，率性之谓道[2]，修道之谓教。

道也者，不可须臾离也，可离非道也。是故君子戒慎乎其所不睹，恐惧乎其所不闻。莫见乎隐，莫显乎微[3]。故君子慎其独也。

喜怒哀乐之未发，谓之中[4]；发而皆中节[5]，谓之和。中也者，天下之大本也；和也者，天下之达道也。致[6]中和，天地位焉，万物育焉。

（第一章）

【注释】

[1] 天命：天赋。朱熹《中庸章句》解释说："天以阴阳五行化生万物，气以成形，而理亦赋焉，犹命令也。"所以，这里的"天命"（天赋）实际上就是指人的自然禀赋，并无神秘色彩。

[2] 率性：遵循本性。率，遵循，按照。

[3] 莫：在这里是"没有什么更……"的意思。见（xiàn）：显现，明显。乎：于，在这里有比较的意味。

[4] 中（zhòng）：符合。

[5] 节：节度法度。

[6] 致：达到。

【译文】

人的自然禀赋叫做"性"，顺着本性行事叫做"道"，按照"道"的原则修养叫做"教"。

"道"是不可以片刻离开的，如果可以离开，那就不是"道"了。所以，品德高尚的人在没有人看见的地方也是谨慎的，在没有人听见的地方也是有所戒惧的。越是隐蔽的地方越是明显，越是细微的地方越是显著。所以，品德高尚的人在一人独处的时候也是谨慎的。

喜怒哀乐没有表现出来的时候，叫做"中"；表现出来以后符合节度，叫做"和"。"中"，是人人都有的本性；"和"，是大家遵循的原则，达到"中和"的境界，天地便各在其位了，万物便生长繁育了。

【原文】

子曰："中庸其至矣乎！民鲜能久矣[1]！"

(第三章)

【注释】

[1] 鲜：少，不多。

【译文】

孔子说："中庸大概是最高的德行了吧！大家缺乏它已经很久了！"

2. 中立不倚，过犹不及

【原文】

仲尼曰[1]："君于中庸[2]，小人反中庸。君子之中庸也，君子而时中。小人之中庸也[3]，小人而无忌惮也[4]。

(第二章)

【注释】

[1] 仲尼：即孔子，名丘，字仲尼。

[2] 中庸：即中和。庸，"常"的意思。

[3] 小人之中庸也：应为"小人之反中庸也"。

[4] 忌惮：顾忌和畏惧。

【译文】

仲尼说："君子中庸，小人违背中庸。君于之所以中庸，是因为君子随时做到适中，无过无不及；小人之所以违背中庸，是因为小人肆无忌惮，专走极端。"

3. 君子之道

【原文】

君子之道费而隐[1]。夫妇[2]之愚，可以与知焉[3]，及其至也，虽圣人亦有所不知焉。夫妇之不肖，可以能行焉，及其至也，虽圣人亦有所不能焉。天地之大也，人犹有所憾。故君子语大，天下莫能载焉；语小，天下莫能破焉[4]。《诗》云："鸢飞戾天，鱼跃于渊[5]。"言其上下察也[6]。君子之道，造端乎夫妇[7]，及其至也，察乎天地。

(第十二章)

【注释】

[1] 费：广大。隐：精微。

[2] 夫妇：匹夫匹妇，指普通男女。

[3] 与：动词，参与。

[4] 破：分开。

[5] "鸢飞戾天"句：引自《诗经·大雅·旱麓》。鸢，老鹰。戾，到达。

[6] 察：昭著，明显。

[7] 造端：开始。

【译文】

君子的道广大而又精微。普通男女虽然愚昧，也可以知道君子的道；但它的最高深境界，即便是圣人也有弄不清楚的地方，普通男女虽然不贤明，也可以实行君子的道，但它的最高深境界，即便是圣人也有做不到的地方。天地如此之大，但人们仍有不满足的地方。所以，君子说到"大"，就大得连整个天下都载不下；君子说到"小"，就小得连一点儿也分不开。《诗经》说："鸢鸟飞向天空，鱼儿跳跃深水。"这是说上下分明。君子的道，开始于普通男女，但它的最高深境界却昭著于整个天地。

【原文】

君子之道，辟[1]如行远，必自迩[2]；辟如登高，必自卑[3]。《诗》曰："妻子好合，如鼓瑟琴。兄弟既翕，和乐且耽。宜尔室家，乐尔妻帑[4]。"子曰："父母其顺矣乎！"

（第十五章）

【注释】

[1] 辟：同"譬"。

[2] 迩：近。

[3] 卑：低处。

[4] "妻子好合"句：引自《诗经·小雅·常棣》。妻子，妻与子。好合，和睦。鼓，弹奏。翕（xī），和顺，融洽。耽，《诗经》原作"湛"，安乐。帑（nú），通"孥"，子孙。

【译文】

君子实行中庸之道，就像走远路一样，必定要从近处开始；就像登高山一样，必定要从低处起步。《诗经》说："妻子儿女感情和睦，就像弹琴鼓瑟一样。兄弟关系融洽，和顺又快乐。使你的家庭美满，使你的妻儿幸福。"孔子赞叹说："这样，父母也就称心如意了啊！"

4.至诚尽性

【原文】

诚者，天之道也；诚之者，人之道也。诚者，不勉而中，不思而得，从容中道，圣人也。诚之者，择善而固执之者也：博学之，审问之，慎思之，明辨之，笃行之。有弗学，学之弗能弗措也[1]；有弗问，问之弗知弗措也；有弗思，思之弗得弗措也；有弗辨，辨之弗明弗措也；有弗行，行之弗笃弗措也。人一能之，己百之；人十能之，己千之。果能此道矣，虽愚必明，虽柔必强。

(第二十章)

【注释】

[1] 弗措：不罢休。弗，不。措，停止，罢休。

【译文】

真诚是上天的原则，追求真诚是做人的原则。天生真诚的人，不用勉强就能做到，不用思考就能拥有，自然而然地符合上天的原则，这样的人是圣人。努力做到真诚，就要选择美好的目标执著追求：广泛学习，详细询问，周密思考，明确辨别，切实实行。要么不学，学了没有学会绝不罢休；要么不问，问了没有懂得绝不罢休；要么不想，想了没有想通绝不罢休；要么不分辨，分辨了没有明确绝不罢休；要么不实行，实行了没有成效绝不罢休。别人用一分努力就能做到的，我用一百分的努力去做；别人用十分的努力做到的，我用一千分的努力去做。如果真能够做到这样，虽然愚笨也一定可以聪明起来，虽然柔弱也一定可以刚强起来。

【原文】

诚者，自成也[1]；而道，自道也[2]。诚者，物之终始，不诚无物。是故君于诚之为贵。诚者，非自成己而已也[3]，所以成物也。成己，仁也；成物，知也。性之德也，合外内之道也，故时措[4]之宜也。

(第二十五章)

【注释】

[1] 自成：自我成全，也就是自我完善的意思。

[2] 自道：自我引导。道，通"导"。

[3] 已：停止。

[4] 措：实施，施行。

【译文】

真诚是自我的完善，道是自我的引导。真诚是万事万物的发端和归宿，没有真诚就没有了事物。因此君子以真诚为贵。不过，真诚并不是自我完善就够了，还要去完善万事万物。自我完善是仁，完善外物是智。仁和智是出于本性的德行，是融合自身与外物的准则，所以任何时候施行都是适宜的。

【原文】

故至诚无息[1]，不息则久，久则征[2]，征则悠远，悠远则博厚，博厚则高明。博厚，所以载物也；高明，所以覆物也；悠久，所以成物也。博厚配地，高明配天，悠久无疆[3]。如此者，不见而章[4]不动而变，无为而成。

天地之道，可一言而尽也[5]：其为物不贰[6]，则其生物不测。天地之道，博也，厚也，高也，明也，悠也，久也。今夫天，斯昭昭之多[7]，及其无穷也，日月星辰系焉，万物覆焉。今夫地，一撮土之多，及其广厚，载华岳[8]而不重，振[9]河海而不泄，万物载焉。今夫山，一卷石[10]之多，及其广大，草木生之，禽兽居之，宝藏兴焉。今夫水，一勺之多，及其不测[11]，鼋、鼍、蛟、龙、鱼、鳖生焉，货财殖焉。

《诗》云[12]："维天之命，於穆不已！"盖曰天之所以为天也。"於乎不显，文王之德之纯！"盖曰文王之所以为文也，纯亦不已。

（第二十六章）

【注释】

[1] 息：止息，休止。

[2] 征：征验，显露于外。

[3] 无疆：无穷无尽。

[4] 见（xiàn）：显现。章：即彰，彰明。

[5] 一言：即一字，指"诚"字。

[6] 不贰：诚是忠诚如一，所以不贰。

[7] 斯：此。昭昭：光明。

[8] 华岳：即华山。

[9] 振：通"整"，整治，引申为约束。

[10] 一卷（quán）石：一拳头大的石头。卷：通"拳"。

[11] 不测：不可测度，指浩瀚无涯。

[12]《诗》云：以下两句诗均引自《诗经·周颂·维天之命》。维，语气词。於，语气词。穆，深远。不已，无穷。不显，"不"通"丕"，即大；显，即明显。

【译文】

所以，极端真诚是没有止息的。没有止息就会保持长久，保持长久就会显露出来，显露出来就会悠远，悠远就会广博深厚，广博深厚就会高大光明。广博深厚的作用是承载万物；高大光明的作用是覆盖万物；悠远长久的作用是生成万物。广博深厚可以与地相比，高大光明可以与天相比，悠远长久则是永无止境。达到这样的境界，不显示也会明显，不活动也会改变，无所作为也会有所成就。

天地的法则，简直可以用一个"诚"字来囊括：诚本身专一不二，所以生育万物多得不可估量。天地的法则，就是广博、深厚、高大、光明、悠远、长久。今天我们所说的天，原本不过是由一点一点的光明聚积起来的，可等到它无边无际时，日月星辰都靠它维系，世界万物都靠它覆盖。今天我们所说的地，原本不过是由一撮土一撮土聚积起来的，可等到它广博深厚时，承载像华山那样的崇山峻岭也不觉得重，容纳那众多的江河湖海也不会泄漏，世间万物都由它承载了。今天我们所说的山，原本不过是由拳头大的石块聚积起来的，可等到它高大无比时，草木在上面生长，禽兽在上面居住，宝藏在上面储藏。今天我们所说的水，原本不过是一勺一勺聚积起来的，可等到它浩瀚无涯时，蛟龙鱼鳖等都在里面生长，货物财宝就在其中源源不断地产生。

《诗经》说，"天命多么深远啊，永远无穷无尽！"这大概就是说的天之所以为天的原因吧。"多么显赫光明啊，文王的品德纯真无二！"这大概是说，周文王能够成为被人尊敬的周文王，因为他不断地使自己的道德趋于纯粹。

（三）阅读建议

阅读《中庸》，建议注意两点。

1. 搞清《中庸》一书的基本结构

全书共 33 章，朱熹曾对其主要内容进行过概括性的总结和说明："其首章，子思推本先圣所传之意以立言，盖一篇之体要。而其下十章则引先圣之所尝言者以明之也。至十二章又子思之言，而其下八章复以先圣之言明也。二十一章以下至于卒章则又皆子思之言，反复推说，互相发明，以尽所传之意者也。"意即第一章是《中庸》一书的纲领，"首明道之本原出于天而不可易，其实体备于己而不可离，次言存养省察之要，终言圣神功化之极。"以下十章是子思引述孔子的话，来说明第一章的主旨。第十二章是子思对"道不可离"的论述，下面八章，则是援引孔子的话对这一问题加以阐述。第二十一章是子思就孔子所说天道人道的旨意而加以论说。从这以后十二章，都是子思的话，以反复推论阐明这一章的意思。第三十三章则是对《中庸》一书的主旨加以总结说明。

2. 弄懂"中庸之道"的三个原则

一是慎独自修，这一原则要求人们在自我修养的过程中，坚持自我教育、自我监督、自我约束。二是忠恕宽容，这一原则要求人们将心比心、互相谅解、互相关心、互不损害、忠恕宽容、体仁而行、并行而不相悖。这一原则分别见《中庸》第十三章、三十章。三是至诚尽性。这一原则是通往理想境界的重要途径。只有坚持至诚原则，才能充分发挥自己或感化他人善良的天性，进而发挥一切人和万物的善良天性，那样就可以参与天地化育万物了，也便达到了至仁至善或同天地并列为三的境界。这就是坚持至诚尽性原则所达到的理想境界。

三、《论语》的内容举要与名篇选读建议

（一）内容提要

《论语》是儒家学派的经典著作之一，由孔子的弟子及其再传弟子编纂而成。它以语录体和对话体为主，记录了孔子及其弟子言行，集中体现了孔子

的政治主张、伦理思想、道德观念及教育原则等。关于孔子的思想核心或《论语》的中心思想，学界至今尚无定论，除却有代表性的仁学说、礼教说、仁礼并重等说以外，尚有中庸说、仁礼中庸并重说、忠说、孝说、仁孝相因说、忠恕说、仁恕说等等。

若从内容上概而言之，《论语》涉及哲学伦理、政治、经济、教育、文艺等诸多领域。其中，哲学伦理类语录阐述了礼、仁、孝、义、忠、恕、道、德等伦理学范畴以及中庸、天命、鬼神、人与自然等哲学命题；政治类语录论述了远古时期大同的社会理想以及主张礼乐教化的治国方略；经济类语录表达了反对苛征暴敛、主张富足均平的积极愿望；教育类语录阐述了因材施教、循循善诱、举一反三等教学方法以及学以致用、言行一致、不耻下问的学习态度；文艺类语录则重点论述了文艺与道德、政治的关系以及确立了文学批评的标准。在表达上，《论语》语言精练而形象生动，是语录体散文的典范。在形式编排上，《论语》没有严格的编纂体例，每一条就是一章，集章为篇，篇、章之间并无紧密联系，只是大致归类，并有重复章节出现。

（二）名篇选读

1. 哲学伦理类

（1）礼

【原文】

有子[1]曰："礼之用，和[2]为贵。先王之道，斯为美；小大由之[3]。有所不行，知和而和，不以礼节之[4]，亦不可行也。"

（学而篇第一·第十二章）

【注释】

[1] 有子：孔子的学生，姓有，名若。

[2] 和：《礼记·中庸》："喜怒哀乐之未发谓之中，发而皆中节谓之和。"适合，恰当，恰到好处。

[3] 小大：小事和大事。由：遵循。

[4] 节：节制，制约。

【译文】

有子说："礼的作用，以遇事都做得恰当为可贵。过去圣明君王的治理国家，可宝贵的地方就在这里；他们小事大事都做得恰当。但是，如有行不通的地方，便为恰当而求恰当，不用一定的规矩制度来加以节制，也是不可行的。"

【原文】

子曰："居上不宽，为礼不敬[1]，临丧不哀，吾何以观之哉[2]？"

（八佾篇第三·第二十六章）

【注释】

[1] 敬：严肃认真。

[2] 何以观之：说法不一。一说以什么标准来观察其所行；一说看不出有何可取之处；一说怎么看得下去呢。按文意，似应从第一说。

【译文】

孔子说："居于统治地位不宽宏大量，行礼的时候不严肃认真，参加丧礼的时候不悲哀，这种样子我该用什么标准去观察他的言行呢？"

（2）仁

【原文】

子贡曰："如有博施于民而能济众，何如？可谓仁乎？"子曰："何事于仁！必也圣乎！尧舜其犹病诸[1]！夫仁者，己欲立而立人，己欲达而达人。能近取譬[2]，可谓仁之方也已。"

（雍也篇第六·第三十章）

【注释】

[1] 病：忧虑，犯难，感到为难。

[2] 能近取譬："近"，指身边切近的事实。"譬"，此指浅显的事例中包含的深刻道理。

【译文】

子贡说："假若有这么一个人，广泛地给人民以好处，又能帮助大家生活得很好，怎么样？可以说是仁道了吗？"孔子说："哪里仅是仁道！那一定是圣德了！尧、舜或者都难以做到哩！仁是什么呢？自己要站得住，同时也使别人站得住；自己要事事行得通，同时也使别人事事行得通。能够就眼下的事实选择例子一步步去做，可以说是实践仁道的方法了。"

（3）孝

【原文】

子曰："父在，观其[1]志；父没[2]，观其行；三年[3]无改于父之道^[4]，可谓孝矣。"

（学而篇第一·第十一章）

【注释】

[1] 其：指儿子，不是指父亲。

[2] 没：同"殁"，死亡。

[3] 三年：古人这种数字，有时不要看得太机械。它经常只表示一种很长的期间。

[4] 道：有时候是一般意义的名词，无论好坏、善恶都可以叫做道。但更多时候是积极意义的名词，表示善的好的东西。这里译为"合理部分"。

【译文】

孔子说："当他父亲活着，（因为他无权独立行动，）要观察他的志向；他父亲死了，要考察他的行为；若是他对他父亲的合理部分，长期地不加改变，可以说做到孝了。"

（4）忠恕

【原文】

子曰："参乎！吾道一以贯^[1]之。"曾子曰："唯^[2]。"子出，门人问曰："何谓也？"曾子曰："夫子之道，忠恕^[3]而已矣。"

（里仁篇第四·第十五章）

【注释】

[1] 贯：贯穿、统贯。

[2] 唯：与"诺"都是恭敬的应答词。

[3] 忠恕："恕"，孔子自己下了定义："己所不欲，勿施于人。""忠"则是"恕"的积极一面，用孔子自己的话，便应该是："己欲立而立人，己欲达而达人。"

【译文】

孔子说："参呀！我的学说贯穿着一个基本观念。"曾子说："是。"孔子走出去以后，别的学生便问曾子道："这是什么意思？"曾子说："他老人家的学说，只是忠和恕罢了。"

(5) 中庸

【原文】

子曰："中庸[1]之为德也，其至矣乎！民[2]鲜久矣。"

(雍也篇第六·第二十九章)

【注释】

[1] 中庸：这是孔子的最高道德标准。"中"，折中，无过，也无不及，调和；"庸"，平常。孔子拈出这两个字，就表示他的最高道德标准。

[2] 民：这"民"字不完全指老百姓，应以"大家"译之。

【译文】

孔子说："中庸这种道德，该是最高的了，大家已经是长久地缺乏它了。"

(6) 道

【原文】

子曰："朝闻道，夕死可矣。"

(里仁篇第四·第八章)

【译文】

孔子说："早晨得知真理，要我当晚死去都可以。"

【原文】

子曰："笃信好学，守死善道[1]。危邦不入，乱邦不居。天下有道则见[2]，无道则隐。邦有道，贫且贱焉，耻也；邦无道，富且贵焉，耻也。"

(泰伯篇第八·第十三章)

【注释】

[1] 善道：正道。

[2] 见：同"现"。

【译文】

孔子说："坚定地相信我们的道，努力学习它，誓死保全它。不进入危险的国家，不居住祸乱的国家。天下太平，就出来工作；不太平，就隐居。政治清明，自己贫贱，是耻辱；政治黑暗，自己富贵，也是耻辱。"

（7）德

【原文】

子张曰："执德不弘[1]，信道不笃，焉能为有？焉能为亡[2]？"

（子张篇第十九·第二章）

【注释】

[1] 弘：此"弘"字就是今之"强"字。

[2] 焉能：怎能。为：算是。亡：同"无"。全句意谓这种人无足轻重。

【译文】

子张说："对于道德，行为不坚强，信仰不忠实，（这种人）有他不为多，没他不为少。"

（8）信

【原文】

子曰："人而无信，不知其可也。大车无輗，小车无軏[1]，其何以行之哉？"

（为政篇第二·第二十二章）

【注释】

[1] 輗（ní）、軏（yuè）：古代用牛力的车叫大车，用马力的车叫小车。两者都要把牲口套在车辕上。车辕前面有一道横木，就是驾牲口的地方。那横木，大车上的叫做鬲，小车上的叫做衡。鬲、衡两头都有关键（活销），輗就是鬲的关键，軏就是衡的关键。车子没有它，自然无法套住牲口，那怎么能走呢？

【译文】

孔子说："做为一个人，却不讲信誉，不知那怎么可以。譬如大车子没有安横木的輗，小车子没有安横木的軏，如何能走呢？"

2. 政治经济类

【原文】

子曰："道[1]之以政，齐[2]之以刑，民免[3]而无耻[4]；道之以德，齐之以礼，有耻且格[5]。"

（为政篇第二·第三章）

【注释】

[1] 道：同"导"，治理，引导。

[2] 齐：整治，约束。

[3] 免：避免，指避免犯罪。

[4] 无耻：没有（或缺乏）羞耻心。

[5] 格：规矩，此当动词，有规矩，按规矩，懂规矩。

【译文】

孔子说："用政法来诱导他们，使用刑罚来整顿他们，人民只是暂时地免于罪过，却没有廉耻之心。如果用道德来诱导他们，使用礼教来整顿他们，人民不但有廉耻之心，而且人心归服。"

【原文】

子张问于孔子曰："何如斯可以从政矣？"子曰："尊五美，屏[1] 四恶，斯可以从政矣。"子张曰："何谓五美？"子曰："君子惠而不费，劳而不怨，欲而不贪[2]，泰而不骄，威而不猛。"子张曰："何谓惠而不费？"子曰："因民之所利而利之，斯不亦惠而不费乎？择可劳而劳之，又谁怨？欲仁而得仁，又焉贪？君子无众寡，无小大，无敢慢，斯不亦泰而不骄乎？君子正其衣冠，尊其瞻视，俨然人望而畏之，斯不亦威而不猛乎？"子张曰："何谓四恶？"子曰："不教而杀谓之虐；不戒视成谓之暴；慢令致期谓之贼；犹之与人也，出纳[3] 之吝谓之有司[4]。"

（尧曰篇第二十·第二章）

【注释】

[1] 屏：通"摒"，摒除。

[2] 欲而不贪：有一般人性中的欲望，却不贪婪。

[3] 出纳：出和纳（入）是两个意义相反的词，这里虽然在一起连用，却只有"出"的意义，没有"纳"的意义。

[4] 有司：古代管事者之称，职务卑微，这里意译为"小家子气"。

【译文】

子张向孔子问道："怎样做就可以从政了呢？"孔子说："尊崇五美，摒除四恶，就可以从政了。"子张问："什么叫五美？"孔子说："君子给人以恩惠自己却不需什么耗费；役使老百姓，老百姓却没有怨恨；有欲望却不贪心；泰然自若却不骄傲；威严却不凶猛。"子张又问："什么叫给人以恩惠自己却不需什么耗费？"孔子说："借人民能够得利的事情而使他们得利，这不就是给人以恩惠自己却不需什么耗费吗？选择可以役使老百姓的时候去役使，谁会怨恨呢？想得仁便得到了仁，又有什么贪心呢？君子无论人多人少，事大事小，从不敢怠慢，这不就是泰然自若却不骄傲吗？君子衣冠整齐，目不斜视，庄重地让人望而生畏，这不就是威严却不凶猛吗？"子张又问："什么叫四恶？孔子说："不加以教育而加以杀戮叫做虐；不加申诫而督查成绩叫做暴；政令松懈而限期紧迫叫做贼；用给人东西作比，出手吝啬叫做小气。"

3. 教育类

【原文】

子曰："默而识[1]之，学而不厌，诲人不倦，何有[2]于我哉？"

（述而篇第七·第二章）

【注释】

[1] 识（zhì）：记。

[2] 何有：有什么，意思是没有什么了。

【译文】

孔子说："默默地牢记知识，勤奋学习不厌烦，教诲别人不厌倦。对我来说，除了这些还有什么呢？"

【原文】

子曰："不愤[1]不启，不悱[2]不发，举一隅[3]不以三隅反[4]，则不复[5]也。"

（述而篇第七·第八章）

【注释】

[1] 愤：指想弄懂而还没有弄懂的心理状态。

[2] 悱：指想用语言表达什么意思而还没有找到合适的言词的状态。

[3] 隅：方。

[4] 反：反过来证明，也就是类推的意思。

[5] 复：重复，反复。

【译文】

孔子说："不到他想弄懂而弄不懂的时候不去启发他；不到他想说什么

而说不出的时候不去引导他；告诉他一方，他不能类推其余的三方，也就不再重复告诉他了。"

4. 文艺类

【原文】

子曰："《诗》三百[1]，一言以蔽之[2]，曰："思无邪[3]。"

（为政篇第二·第二章）

【注释】

[1]《诗》三百：《诗》指《诗经》，《诗经》共有诗305篇。这里说"三百"是举其整数。

[2] 蔽：概括。

[3] 思无邪：原本是《诗经·鲁颂·駉》中的一句，孔子借来评论整部《诗经》。"思"在《駉》篇里本是无义的语首词，但孔子却引用它当"思想"解。

【译文】

孔子说："《诗经》三百篇，用一句话来概括它，那就是思想纯正无邪。"

【原文】

子曰："《关雎》[1] 乐而不淫[2]，哀而不伤。"

（八佾篇第三·第二十章》）

【注释】

[1]《关雎》：《诗经》的第一篇，写男主人公追求心上人的忧思，并想象追求到以后的快乐。

[2] 淫：即过度的意思。

【译文】

孔子说："《关雎》这首诗，快乐而不过分，忧愁而不悲伤。"

（三）阅读建议

阅读《论语》需要注意以下三点。

1. 选择相对权威性的注疏版本

建议主要阅读朱熹《四书章句集注》，用钱穆《论语新解》或杨伯峻《论语译注》做基本参考和入门书，文字上有疑惑时参考程石泉《论语读训》和王书林《论语译注及异文校勘》。待有一定基础之后，可以广泛阅读历代有代表性的《论语》注本和各种有关于《论语》解释的文字。阅读以上这么多书不是要搞研究，而是要更好地领悟圣人的用心。

2. 将《论语》学习与个体的为人为学结合起来

《论语》是儒学最重要的经典，其中包含了儒学的基因，是中华民族精神的源头活水；当下社会所谓建设精神家园，核心问题是回答为什么活着？怎么活着？做什么样的人等问题。《论语》思想的核心，正是对这些问题的探讨，就是讲做人的道理。因此，我们当下的读者阅读《论语》，其重点应该是领悟和传承儒家经典中的为人为学之道。

3. 《论语》是一本传统经典，阅读它也要和时代联系在一起

即一要民族性与时代性相结合。传承儒学精华，适应时代需要，做到批判、继承、发展、创新相统一；二是提倡"和而不同"。支持不同学术观点，鼓励学术争鸣；普通读者要理性辨别，兼收并蓄。

四、《孟子》的内容举要与名篇选读建议

（一）内容提要

《孟子》是儒家经典之一，记述了战国中期的思想家、教育家孟子及其弟子的言论，由儒家学派重要代表人物孟子及其门人所著。《孟子》现存七篇，主要记载了孟子的政治活动、政治学说及其哲学伦理、教育思想等。孟子大力宣扬孔子学说，把孔子的"仁学"思想发展为"仁政"学说，他还提出"性善论"，并作为其"仁政"学说的理论基础；他主张法尧舜，制井田，提倡"尚贤""薄赋"，行"王道"；在君民关系上，他主张"民贵君轻"，具有浓厚的民本意识。

与《论语》一样，《孟子》也是以记言为主的语录体散文，但它比《论语》又有明显的发展。《论语》的文字简约、含蓄，《孟子》却有许多长篇大论，气势磅礴，议论尖锐、机智而雄辩。如果说《论语》给人的感觉是仁者的谆谆告诫，那么《孟子》给人的感觉就是侃侃而谈，对后世的散文写作产生了深刻的影响。

（二）名篇选读

1. 性善论

【原文】

告子[1]曰："性犹湍水[2]也，决诸东方则东流，决诸西方则西流。人性之无分于善不善也，犹水之无分于东西也。"

孟子曰："水信[3]无分于东西。无分于上下乎？人性之善也，犹水之就[4]下也。人无有不善，水无有不下。今夫水，搏而跃之，可使过颡[5]；激而行之，可使在山。是岂水之性哉？其势则然也。人之可使为不善，其性亦犹是也。"

（告子篇上）

【注释】

[1] 告子：生平不详，大约做过墨子的学生，较孟子年长。

[2] 湍（tuān）水：急流的水。

[3] 信：诚，真。

[4] 就：趋向。

[5] 颡（sǎng）：额头。

【译文】

告子说："人性就像那急流的水，缺口在东便向东方流，缺口在西便向西方流。人性无所谓善与不善，就像水无所谓向东流向西流一样。"

孟子说："水流确实是本来不分向东向西的，难道也不分向上向下吗？人性的善，就好比水朝下流一样。人性没有不善的，水没有不向下流的。水，拍打一下叫它飞溅起来，也能使它高过人的额头；阻挡住它叫它倒流，可以使它流到山上。这难道是水的本性吗？是形势导致这样的。人之所以可以使他变得不善，他本性的改变也正像这样。"

【原文】

公都子[1]曰："告子曰：'性无善无不善也。'或曰：'性可以为善，可以为不善；是故文武兴，则民好善；幽厉兴[2]，则民好暴。'或曰：'有性善，有性不善。是故以尧为君而有象[3]，以瞽瞍[4]为父而有舜，以纣为兄之子，且以为君，而有微子启、王子比干[5]。'今日

'性善'，然则彼皆非与？"

孟子曰："乃若[6]其情[7]，则可以为善矣，乃所谓善也。若夫为不善，非才[8]之罪也。恻隐之心，人皆有之；羞恶之心，人皆有之；恭敬之心，人皆有之；是非之心，人皆有之。恻隐之心，仁也；羞恶之心，义也；恭敬之心，礼也；是非之心，智也。仁义礼智，非由外铄[9]我也，我固有之也，弗思耳矣。故曰：'求则得之，舍则失之。'或相倍蓰[10]而无算者，不能尽其才者也。《诗》曰：'天生蒸民，有物有则。民之秉彝，好是懿德[11]。'孔子曰：'为此诗者，其知道乎！故有物必有则；民之秉彝也，故好是懿德。'"

(告子篇上)

【注释】

[1] 公都子：孟子的学生。

[2] 幽、厉：指周幽王、周厉王，周代两个暴君。

[3] 象：舜的异母弟，品行不善。

[4] 瞽（gǔ）瞍（sǒu）：舜的父亲，品行不善。

[5] 微子启、王子比干：微子启，据《左传》、《史记》记载，是纣王的庶兄。王子比干，纣王叔父，因劝谏而被纣王剖心而死。

[6] 乃若：转折连词，大致相当于"至于"等。

[7] 情：指天生的性情。

[8] 才：指天生的资质。

[9] 铄（shuò）：授予。

[10] 蓰（xǐ）：五倍。

[11] 《诗》曰：引自《诗经·大雅·蒸民》。蒸，众；则，法则；秉，执；彝，常；懿，美。

【译文】

公都子说："告子说：'人性无所谓善良不善良。'又有人说：'人性可以使它善良，也可以使它不善良。所以周文王、周武王当朝，老百姓就善良；周幽王、周厉王当朝，老百姓就横暴。'也有人说：'有的人本性善良，有的人本性不善良。所以虽然有尧这样善良的人做天子却有像这样不善良的臣民；虽然有瞽瞍这样不善良的父亲却有舜这样善良的儿子；虽然有殷纣王这样不善良的侄儿，并且做了天子，却也有微子启、王子比干这样善良的长辈和贤臣。'如今老师说'人性本善',那么他们都说错了吗?"

孟子说:'从天生的性情来说,都可以使之善良,这就是我说人性本善的意思。至于说有些人不善良,那不能归罪于天生的资质。同情心,人人都有;羞耻心,人人都有;恭敬心,人人都有;是非心,人人都有。同情心属于仁;羞耻心属于义;恭敬心属于礼;是非心属于智。这仁义礼智都不是由外在的因素加给我的,而是我本身固有的,只不过平时没有去想它,因而不觉得罢了。所以说:'探求就可以得到,放弃便会失去。'人与人之间有相差一倍、五倍甚至无数倍的,正是由于没有充分发挥他们的天生资质的缘故。《诗经》说:'上天生育了人类,万事万物都有法则。老百姓掌握了这些法则,就会崇高美好的品德。'孔子说:'写这首诗的人真懂得道啊!有事物就一定有法则;老百姓掌握了这些法则,所以崇尚美好的品德。'"

2. 仁政思想

【原文】

孟子见梁惠王[1]。王曰:"叟[2]!不远千里而来,亦将有以利吾国乎?"

孟子对曰:"王!何必曰利?亦[3]有仁义而已矣。王曰:'何以利吾国?'大夫曰:'何以利吾家?'士庶人[4]曰:'何以利吾身?'上下交征[5]利而国危矣。万乘之国,弑[6]其君者,必千乘之家;千乘之国,弑其君者,必百乘之家[7]。万取千焉,千取百焉,不为不多矣。苟[8]为后义而先利,不夺不餍[9]。未有仁而遗其亲者也[10],未有义而后其君者也。王亦曰仁义而已矣,何必曰利?"

(梁惠王篇上)

【注释】

[1] 梁惠王:就是魏惠王(公元前400年—公元前319年),惠是他的谥号。公元前370年继他父亲魏武侯位,即位后九年由旧都安邑(今山西夏县北)迁都大梁(今河南开封西北),所以又叫梁惠王。

[2] 叟:老人。

[3] 亦:这里是"只"的意思。

[4] 土庶人:土和庶人。庶人即老百姓。

[5] 交征:互相争夺。征,取。

[6] 弑：下杀上、卑杀尊、臣杀君叫弑。

[7] 万乘（shèng）、千乘、百乘：古代用四匹马拉的一辆兵车叫一乘，诸侯国的大小以兵车的多少来衡量。据刘向《战国策·序》说，战国末期的万乘之国有韩、赵、魏（梁）、燕、齐、楚、秦七国，千乘之国有宋、卫、中山以及东周、西周。至于千乘、百乘之家的“家”，则是指拥有封邑的公卿大夫，公卿封邑大，有兵车千乘；大夫封邑小，有兵车百乘。

[8] 苟：如果。

[9] 餍（yàn）：满足。

[10] 遗：遗弃，抛弃。

【译文】

孟子拜见梁惠王。梁惠王说：“老先生，你不远千里而来，一定是有什么对我的国家有利的高见吧？”

孟子回答说：“大王！何必说利呢？只要说仁义就行了。大王说‘怎样使我的国家有利？大夫说，‘怎样使我的家庭有利？’一般人士和老百姓说，‘怎样使我自己有利？’结果是上上下下互相争夺利益，国家就危险了啊！在一个拥有一万辆兵车的国家里，杀害他国君的人，一定是拥有一千辆兵车的大夫；在一个拥有一千辆兵车的国家里，杀害他国君的人，一定是拥有一百辆兵车的大夫。这些大夫在一万辆兵车的国家中就拥有一千辆，在一千辆兵车的国家中就拥有一百辆，他们的拥有不算不多。可是，如果把义放在后而把利摆在前，他们不夺得国君的地位是永远不会满足的。反过来说，从来没有讲‘仁’的人却抛弃父母的，从来也没有讲‘义’的人却不顾君王的。所以，大王只说仁义就行了，何必说利呢？”

【原文】

梁惠王曰：“寡人之于国[1]也，尽心焉耳矣。河内凶，则移其民于河东[2]，移其粟于河内。河东凶亦然。察邻国之政，无如寡人之用心者。邻国之民不加少[3]，寡人之民不加多，何也？”

孟子对曰：“王好战，请以战喻。填然鼓之[4]，兵刃既接，弃甲曳兵而走[5]，或[6]百步而后止，或五十步而后止。以五十步笑百步，则何如？”

曰：“不可。直[7]不百步耳，是亦走也。”

曰：“王如知此，则无望民之多于邻国也。不违农时，谷不可胜食也。

数罟不入洿池[8]，鱼鳖不可胜食也。斧斤以时入山林[9]，材木不可胜用也。谷与鱼鳖不可胜食，材木不可胜用，是使民养生丧死[10]无憾[11]也。养生丧死无憾，王道之始也。五亩之宅，树之以桑，五十者可以衣帛矣。鸡豚狗彘[12]之畜，无失其时，七十者可以食肉矣；百亩之田，勿夺其时，数口之家可以无饥矣；谨庠序之教[13]，申[14]之以孝悌之义，颁白[15]者不负戴于道路矣。七十者衣帛食肉，黎民不饥不寒，然而不王[16]者，未之有也。"

（梁惠王篇上）

【注释】

[1] 于国：治理国家。"于"是个动词词头。焉耳矣：语气词连用，表肯定与完成。

[2] 河东：黄河东面。河内：与河外相对而言，此指黄河北面。魏国占有今山西、河南的部分土地。山西在黄河东面（西面为陕西）。凶：发生灾荒。

[3] 加少：减少。

[4] 填然鼓之：填，拟声词。鼓，动词，敲鼓。

[5] 兵：兵器。走：逃跑。

[6] 或：有的。虚指代词。

[7] 直：特，仅仅，只是。

[8] 数（shuò）罟（gǔ）：密网。洿（wū）：深、大。

[9] 斤：斧的一种。时：季节。

[10] 丧死：为死者办理丧事。

[11] 无憾：没有后顾之忧。

[12] 豚（tún）：小猪。彘（zhì）：猪。食肉：古代官吏才经常吃肉。

[13] 谨庠序之教：谨，加强；庠序：周朝称学校为庠，商朝称学校为序，这里指地方学校。

[14] 申：反复告诫，强调。

[15] 颁白：斑白，头发花白。颁，通"斑"。

[16] 王（wàng）：作动词用，实行王道。

【译文】

梁惠王说："我对于国家，那可真是尽心啦！黄河北岸魏地收成不好，遭饥荒，我便把那里的百姓迁移到河东，同时把河东的粮食运到河内；河东遭了饥荒，也如此处理。考察邻国的统治者，没有哪个君王像我这样用心的。邻国的百姓并没有减少，我的百姓并没有增多，这是为什么呢？"

孟子回答说："大王喜欢战争，那就让我用战争作比喻吧。咚咚地击鼓进军，兵器刀锋相交撞击，扔掉盔甲拖着兵器逃跑。有的人跑了一百步停下，有的人跑了五十步停下。凭着自己只跑了五十步，而耻笑他人跑了一百步，那怎么样呢？"

惠王说："不可以。只不过没有跑上一百步，这也是逃跑呀。"

孟子说："大王如果懂得这个道理，那就不要希望自己的百姓比邻国多了。不违背农业生产的季节，粮食就会吃不尽。密网不下池沼捕鱼，鱼鳖就会吃不尽。斧子按一定的季节入山砍伐树木，木材就会用不尽。粮食和鱼鳖吃不完，木材用不尽，这样就使百姓供养老人孩子和为死者办丧事都没有什么遗憾了。百姓对生养死葬都没有什么不满，就是王道的开端了。五亩住宅的场地在里面种上桑树，五十岁以上的人就可以穿丝织品了。鸡、猪、狗等家禽、家畜的饲养，不要耽误它们的繁殖时机，七十岁以上的人可以吃肉了。百亩的耕地，不要耽误它的生产季节，数口人的家庭就没有挨饿的情况了。认认真真地办好学校教育，反复进行孝敬父母、敬爱兄长的教育，须发花白的老人就不会头顶着或背负着重物走在路上了。七十岁以上的人有丝棉袄穿，有肉吃，普通百姓饿不着、冻不着，能达到这样的地步，却不能统一天下而称王的，是不曾有过的事。"

3. 民本思想

【原文】

孟子曰："民为贵，社稷[1] 次之，君为轻。是故得乎丘[2] 民而为天子，得乎天子为诸侯，得乎诸侯为大夫。诸侯危社稷，则变置。牺牲[3] 既成，粢盛既洁[4]，祭祖以时，然而旱干水溢，则变置社稷。

（尽心篇下）

【注释】

[1] 社稷：社，土神。稷，谷神。古代帝王或诸侯建国时，都要立坛祭

祀"社"、"稷"，所以，"社稷"又作为国家的代称。

　　［2］丘：众。

　　［3］牺牲：供祭祀用的牛、羊、猪等祭品。

　　［4］粢（zī）：稷，粟米。粢盛既洁的意思是说，盛在祭器内的祭品已洁净了。

【译文】

　　孟子说："百姓是最重要的，土谷之神次于百姓，君主的地位更要轻些。所以得到许多百姓的拥护就能做天子，得到天子信任就能做诸侯，得到诸侯信任就能做大夫。诸侯危害了土谷之神，那就改立诸侯。祭祀用的牲畜是肥壮的，谷物是清洁的，又是按时祭祀的，然而还是干旱水涝，那就改立土谷之神。"

（三）阅读建议

　　《孟子》一书具有完整的道德体系，且将道德和政治结合起来，把人的主观能动性提到一个新的高度，提出了道德修养的各个方面。正因为这样，后来的许多政治家和思想家都从这部书里得到精神上的启发。普通读者在阅读这部儒家经典时，则要注意以下两点：

　　其一，全面辩证地理解孟子的仁政思想。"仁学"是《孟子》一书的主线，其理论基础为孔子所云之"仁"，强调民本政治和以德服人；其实现途径是孟子所谓人之四心，即恻隐之心（爱心）、丑恶之心、辞让之心和是非之心。不过，这些儒家思想在当下也显示出了一定的局限性。如过分强调人治而忽略了法制，民本主义的政策总要依赖于统治者的恩赐，以及只强调人应尽的义务，而忽略人在社会中应享受的权利等。所以在思想主题方面，我们应该辩证地对待《孟子》。

　　其二，合理继承《孟子》的写作风格。《孟子》一书在文章风格上是独树一帜的。孟子可以说是个雄辩家。他能用巧妙的方法将谈话引入预设的话题，能用不断地反诘揭露论敌的破绽，能用形象恰当的比喻说明事理，能用有力地逻辑推理阐明自己的论点。因此《孟子》中的文章，总体上具有明快练达，酣畅犀利，气势磅礴的风格特点，对中国文学创作的发展产生了重大的影响。

五、《礼记》的内容举要与名篇选读建议

（一）内容提要

《礼记》是战国至秦汉年间儒家学者解释说明经书《仪礼》的文章选集，是一部儒家思想的资料汇编。《礼记》的作者不止一人，写作时间也有先有后，其中多数篇章可能是孔子的七十二弟子及其学生们的作品，还兼收先秦的其他典籍。《礼记》有两种传本，一种是戴德所编，有85篇，今存39篇，称《大戴礼记》；另一种是戴德的侄子戴圣选编，共49篇，称《小戴礼记》，即我们今天所见到的《礼记》。

《礼记》的内容主要是记载和论述先秦的礼仪制度、礼仪意义和仪式的程序，多用孔子和弟子等问答的形式，来阐明修身做人的准则。实际上，这部九万字左右的著作内容广博，门类杂多，涉及政治、法律、道德、哲学、历史、祭祀、文艺、日常生活、历法、地理等诸多方面，几乎包罗万象，集中体现了先秦儒家的政治、哲学和伦理思想，是研究先秦社会的重要资料。

《礼记》全书用散文写成，一些篇章具有相当的文学价值。有的用短小的生动故事阐明某一道理，有的气势磅礴、结构严谨，有的言简意赅、意味隽永，有的擅长心理描写和刻画，书中还收有大量富有哲理的格言、警句，精辟而深刻。

（二）名篇选读

1. 大同理想

【原文】

昔者仲尼与于蜡宾[1]，事毕，出游于观之上[2]，喟然而叹[3]。仲尼之叹，盖叹鲁也。言偃在侧，曰："君子何叹？"孔子曰："大道之行也[4]，与三代之英[5]，丘未之逮也[6]，而有志焉。大道之行也，天下为公。选贤与能，讲信修睦。故人不独亲其亲，不独子其子，使老有所终，壮有所用，幼有所长，矜寡孤独废疾者皆有所养[7]。男有分[8]，女有归[9]。货恶其弃于地也，不必藏于己；力恶其不出于身也，不必为己。是故谋闭而不

兴[10]，盗窃乱贼而不作，故外户而不闭[11]。是谓大同。

（礼运篇）

【注释】

[1] 蜡（zhà）：年终举行的祭祀，又称蜡祭。

[2] 观（guàn）：宗庙门外两旁的楼台。

[3] 喟（kuì）然：感叹的样子。

[4] 大道：指太平盛世的社会准则。

[5] 三代：指夏朝、商朝和周朝。英：英明君主。

[6] 逮：赶上。

[7] 矜：同"鳏"，老而无妻的人。孤：年幼无父的人。独：年老无子的人。废疾：肢体残废的人。

[8] 分（fèn）：职分，本分。

[9] 归：女子出嫁。

[10] 谋：指阴谋诡计。

[11] 外户：住宅外面的门。

【译文】

从前，孔子曾参加过鲁国的蜡祭。祭祀结束后，他出来在宗庙门外的楼台上游览，不觉感慨长叹。孔子的感叹，大概是感叹鲁国的现状。言偃在他身边问道："老师为什么叹息？"孔子回答说："大道实行的时代，以及夏、商、周三代英明君王当政的时代，我孔丘都没有赶上，我对它们心向往之。大道实行的时代，天下为天下人所共有。选举有德行的人和有才能的人来治理天下，人们之间讲究信用，和睦相处。所以人们不只把自己的亲人当亲人，不只把自己的儿女当做儿女，这样使老年人能够安享天年，使壮年人有贡献才力的地方，使年幼的人能得到良好的教育，使年老无偶、年幼无父、年老无子和残废的人都能得到供养。男子各尽自己的职分，女子各有自己的夫家。人们不愿让财物委弃于无用之地，但不一定要收藏在自己家里。人们担心有力使不上，但不一定是为了自己。因此，阴谋诡计被抑制而无法实现，劫夺偷盗、杀人越货的坏事不会出现，所以连住宅外的大门也可以不关。这样的社会就叫做大同世界。

2. 礼乐文化

【原文】

夫礼者所以定亲疏，决嫌疑[1]，别同异，明是非也。礼不妄说人[2]，不辞费[3]。礼不逾节[4]，不侵侮，不好狎。修身践言，谓之善行。行修言道，礼之质也。礼闻取于人，不闻取人。礼闻来学，不闻往教。

道德仁义，非礼不成；教训正俗，非礼不备；分争辨讼，非礼不决；君臣上下[5]父子兄弟，非礼不定；宦学[6]事师，非礼不亲；班朝治军，莅官行法，非礼威严不行；祷祠祭祀，供给鬼神[7]，非礼不诚不庄；是以君子恭敬、撙节[8]、退让以明礼。

(曲礼篇上)

【注释】

[1] 决：判断。嫌疑：孙希旦云："彼此相淆谓之嫌，是非相似谓之疑。"

[2] 说："悦"的本字，这里是"使……高兴"的意思。

[3] 辞费：话多而无用。

[4] 逾节：逾越节度、规矩。

[5] 上下：上指公卿大夫，下指士。

[6] 宦学：宦，指学习如何做官的意思。学，指学习利、乐、射、御、书、数等六艺。

[7] 鬼神：这里指祷祠祭祀的对象，包括一切天神地祇人鬼。

[8] 撙（zǔn）节：抑制，节制。

【译文】

所谓礼，是用来确定人与人之间关系的远近，判断事情的疑似难明，分别事情的何时当同何时当异，明辨事情的得礼或失礼。依礼而言，不可随便地取悦于人，不可说做不到的话；依礼，做事不得超过自己的身份，不得侵犯侮慢他人，也不得随便地与人套近乎。涵养自己的德性，实践自己的诺言，这就叫做完美的品行。行合忠信，言合仁义，这才是礼的实质。依礼，听说过招致贤人是要用他的德行来影响教化，没听说过招致贤人只是要他当块招牌而已；依礼，听说过有学生主动来到师门拜师学艺的规矩，没有听说过老师反而到学生住处去施教的。

道、德、仁、义这四个抽象的概念，没有礼就落不到实处；教育训导，整饬民俗，没有礼就会顾此失彼；区别争讼的是非曲直，没有礼就无法判断；君臣、上下、父子、兄弟的名分，没有礼就无法确定。学习做官的本领和学习六艺，如果弟子侍奉老师无礼，师生之情就不会亲密。百官在朝廷上的班位，将帅的治军，官员的到任履职，没有礼就无法体现威严；求福之祷，谢神之祠，以及常规的种种祭祀，供给鬼神的祭品都有规定，不按照礼数来做就显得内心不诚，外貌不庄。所以，作为君子，就要用恭敬、抑制、退让的精神来显示礼。

【原文】

乐者，音之所由生也，其本在人心之感于物也。是故其哀心感者，其声噍以杀[1]；其乐心感者，其声啴以缓[2]；其喜心感者，其声发以散[3]；其怒心感者，其声粗以厉；其敬心感者，其声直以廉[4]；其爱心感者，其声和以柔。六者非性也，感于物而后动。

（乐记篇）

【注释】

[1] 噍（jiào）以杀：急迫短促。

[2] 啴（chǎn）以缓：舒展和缓。

[3] 发：振奋。散：奔放。

[4] 廉：端正方直。

【译文】

乐是由声音生成的，它产生的本源在于人心受到外物的感动。所以心中产生悲哀的感情，则发出的声音就急促而低沉；心里产生快乐的感情，则发出的声音就振奋而奔放；心里产生愤怒的情感，则发出的声音就粗犷而激越；心里产生崇敬的情感，则发出的声音就庄重而正直；心里产生爱恋的情感，则发出的声音就和顺而温柔。这六种情感并非出自人的天性，而是受到外物的激发才产生。

【原文】

凡音者，生人心者也。情动于中，故形于声。声成文[1]，谓之音。是故治世之音安以乐[2]，其政和；乱世之音怨以怒，其政乖[3]；亡国之音哀以思，其民困。声音之道，与政通矣。

（乐记篇）

【注释】

[1] 文：这里指条理。

[2] 治世：太平盛世。

[3] 乖：违背。

【译文】

一切音乐都产生于人的内心。情感在心中激荡，便通过声音表现出来。声音组合成条理，就叫做音乐。所以太平盛世的音乐安详而快乐，这是政治宽和的表现；乱离时代的音乐哀怨而愤怒，这是人民困苦的表现。音乐的道理，与政治是相通的。

3. 教　育

【原文】

大学之法：禁于未发之谓豫[1]，当其可之谓时[2]，不陵节而施之谓孙[3]，相观而善之谓摩[4]。此四者，教之所由兴也。发然后禁，则扞格而不胜[5]；时过然后学，则勤苦而难成；杂施而不孙，则坏乱而不修；独学而无友，则孤陋而寡闻；燕朋逆其师[6]；燕辟废其学[7]。此六者，教之所由废也。

君子既知教之所由兴，又知教之所由废，然后可以为人师也。故君子之教喻也[8]，道而弗牵[9]，强而弗抑[10]，开而弗达[11]。道而弗牵则和，强而弗抑则易，开而弗达则思。和易以思，可谓善喻矣。

（学记篇）

【注释】

[1] 豫：同"预"，预防。

[2] 可：适当。时：及时。

[3] 陵：超过。节：限度。孙：同"逊"，顺应。

[4] 摩：观摩。

[5] 扞（hàn）格：抵触。胜：克服。

[6] 燕朋：轻漫而不庄重的朋友。

[7] 燕辟：轻漫邪辟的言行。

[8] 喻：启发诱导。

[9] 道：同"导"，引导。牵：强拉。

［10］强（qiǎng）：勉励。抑：压制。

［11］开：启发。达：通达。

【译文】

　　大学的教育方法是：在不合正道的事发生之前加以禁止，叫做预先防备；在适当的时候加以教导，叫做合乎时宜，不超过学生的接受能力进行教导，叫做顺应；使学生相互观摩而得到好处，叫做切磋。这四点是教育取得成功的原因。事情发生以后才禁止，就会遇到障碍而难以克服；过了适当时机才去学习，虽然勤勉努力，也难以有成就；杂乱施教而不按顺序学习，就会使学生头脑混乱而无法补救；独自学习而没有朋友一起商量，就会孤陋寡闻；轻漫而不庄重的朋友会使人违背师长的教导；轻漫邪僻的言行会使学生荒废学业。这六点是导致教育失败的原因。

　　君子既然知道了教育获得成功的原因，又知道了教育失败的原因，然后才可以做别人的老师。所以君子教育和诱导学生，靠的是引导而不是强迫服从，是勉励而不是压制，是启发而不是全部讲解。引导而不是强迫，就会使师生关系和谐；勉励而不是压制，学习就容易成功；启发而不是全部讲解，学生就会善于思考。能使师生关系和谐，使学习容易成功，使学生善于思考，就可以说是善于诱导了。

　　4. 记载孔子言论

【原文】

　　孔子过泰山侧，有妇人哭于墓者而哀。夫子式而听之[1]。使子路问之曰："子之哭也，壹似重有忧者[2]。"而曰："然。昔者吾舅[3]死于虎，吾夫又死于焉，今吾子又死于焉。"夫子曰："何不去也？"曰："无苛政[4]。"夫子曰："小子识之焉[5]，苛政猛于虎也！"

（檀弓篇下）

【注释】

［1］式：同"轼"，车前的横木，供乘车时手扶用。

［2］壹：的确，确实。重（chóng）：一再，重复。

［3］舅：古时指丈夫的父亲。

［4］苛：苛刻，暴虐。苛政，这里是指繁重的徭役和赋税。

［5］小子：长辈对晚辈的称呼。识（zhì）：通"志"，记住。

【译文】

孔子路过泰山旁边，见到一个妇女在坟墓前哭得很伤心。孔子用手扶着车轼侧耳听。他让子路前去询问说："听您的哭声，好像接二连三遭到不幸似的。"妇女于是说道："是的。以前我公公被老虎咬死了，我的丈夫也被咬死了，如今我儿子又死于虎口。"孔子说："那您为什么不离开这里呢?"妇女回答说："因为这里没有繁重的徭役和赋税。"孔子对学生说："你们要好好记住，繁重的徭役和赋税比老虎还要凶猛啊!"

（三）阅读建议

《礼记》内容十分博杂，涉及周秦时期的典章、名物制度，以及自天子以下各等级人士的成人、婚娶、丧悼、祭祀、宴饮、朝会、交聘等礼仪。有礼学思想的论述、古代礼制的解说考辨、孔子及其门人对礼学的阐述，可谓包罗万象。在具体阅读时需要注意以下两点:

1. 取其精华去其糟粕

从今天来看，《礼记》是我们研究战国、秦汉时期儒家思想的宝贵资料。其中固然有糟粕，但也不乏精华。举例来说，其《礼运》篇中对于大同、小康社会的深情描述，《学记》篇中关于教学相长、尊师重教的阐述，并不因其年代久远而略有减色。还有不少章节，富有哲理，意味隽永。继承并进一步发掘《礼记》的积极成分，也是我们弘扬优秀传统文化的一项内容。

2. 重点学习领悟《学记》和《乐记》篇中的内容

《学记》是一篇完整地阐述古代教育制度、教学原理、教学方法的文章，全面系统地论述了古代教育中的一系列重要问题，反映了儒家的教育思想和施教方针，对后世有很大影响。即使对于当下的我们，也具有启发作用。而《乐记》篇则是中国古代有关音乐和文艺理论的专著，其中讨论了音乐和文艺的起源、效果、作用等重要问题。另外，《乐记》作为先秦儒学的美学思想的集大成者，其丰富的美学思想，对两多千年来古典音乐和文艺的发展有着深刻的影响。

六、《孝经》的内容举要与名篇选读建议

（一）内容提要

《孝经》是中国古代儒家的伦理学著作。有人说是孔子自作，但南宋时已有人怀疑是出于后人附会。清代纪昀在《四库全书总目》中指出，该书是孔子"七十子之徒之遗言"，成书于秦汉之际。自西汉至魏晋南北朝，注解者多至百家，现在流行的版本是唐玄宗李隆基注，宋代邢昺疏。全书共分十八章。

该书以孝为中心，比较集中地阐发了儒家的伦理思想。它肯定"孝"是上天所定的规范，"夫孝，天之经也，地之义也，人之行也。"书中指出，孝是诸德之本，"人之行，莫大于孝"，国君可以用孝治理国家，臣民能够用孝立身理家，保持爵禄。《孝经》在中国伦理思想中，首次将孝亲与忠君联系起来，认为"忠"是"孝"的发展和扩大，并把"孝"的社会作用绝对化神秘化，认为"孝悌之至"就能够"通于神明，光于四海，无所不通"。此外，《孝经》对实行"孝"的要求和方法也作了系统而烦琐的规定，还把封建道德规范与封建法律联系起来，认为"五刑之属三千，而罪莫大于不孝"；提出要借用国家法律的权威，维护封建的宗法等级关系和道德秩序。

《孝经》在唐代被尊为经书，南宋以后被列为《十三经》之一。在长期的封建社会中它被看做是"孔子述作，垂范将来"的经典，对传播和维护封建纲常起了很大作用。

（二）名篇选读

1. 关于"孝"的基本理论

【原文】

仲尼居[1]，曾子侍[2]。子曰："先王有至德要道[3]，以顺天下[4]，民用和睦，上下无怨。汝知之乎？"曾子避席曰："参不敏[5]，何足以知之？"子曰："夫孝，德之本也，教之所由生也。复坐，吾语汝[6]。身体发肤，受之父母，不敢毁伤，孝之始也。立身行道，扬名于后世，以显父母，孝之终也。夫孝，始于事亲，中于事君，终于立身。《大雅》云：'无念尔

祖，聿修厥德^[7]。'"

（开宗明义章第一）

【注释】

[1] 仲尼：孔子的字。

[2] 曾子：即曾参，字子舆。孔子的弟子。

[3] 先王：先代盛德之王。

[4] 顺：通"训"，引申为治理。

[5] 不敏：自谦之词，即愚笨、鲁钝的意思。

[6] 语：告诉。

[7] 《大雅》云二句：见《诗经·大雅·文王》。无，语首助词，无义。聿，述，遵循。

【译文】

孔子在家里闲坐，他的学生曾参侍坐在旁边。孔子说："先代的帝王有其至高无上的品行和最重要的道德，以其使天下人心归顺，人民和睦相处。人们无论是尊贵还是卑贱，上上下下都没有怨恨不满。你知道那是为什么吗？"曾参站起身来，离开自己的座位回答说："学生我不够聪敏，哪里会知道呢？"孔子说："这就是孝。它是一切德行的根本，也是教化产生的根源。你回原来位置坐下，我告诉你。人的身体四肢、毛发皮肤，都是父母赋予的，不敢予以损毁伤残，这是孝的开始。人在世上遵循仁义道德，有所建树，显扬名声于后世，从而使父母显赫荣耀，这是孝的终极目标。所谓孝，最初是从侍奉父母开始，然后效力于国君，最终建功立业，功成名就。《诗经·大雅·文王》篇中说过："牢记你的先祖，要继承并发扬他们的美德啊！"

【原文】

在上不骄^[1]，高而不危；制节谨度^[2]，满而不溢^[3]。高而不危，所以长守贵也^[4]。满而不溢，所以长守富也^[5]。富贵不离其身，然后能保其社稷，而和其民人^[6]。盖诸侯之孝也。《诗》云："战战兢兢，如临深渊，如履薄冰^[7]。"

（诸侯章第三）

【注释】

[1] 骄：无礼。

[2] 制节：指费用开支节约俭省。谨度：指行为举止谨慎而合乎法度。

[3] 满：指财富充足。溢：指超越标准的奢侈浪费。

[4] 长守贵：长久地保有尊贵的地位。贵，指政治地位高。

[5] 长守富：长久地保有财富。富，指钱财多。

[6] 和：和睦。

[7] 《诗》云三句：见《诗经·小雅·小旻》，引用这三句话用意在于说明君子要恒须戒慎。

【译文】

身为诸侯，在众人之上而不为无礼之事，其位置再高也不会有倾覆的危险；生活节俭、慎行法度，财富再充裕丰盈也不会损益。居高位而没有倾覆的危险，所以能够长久保持自己的尊贵地位；财富充裕而不奢靡挥霍，所以能够长久地守住自己的财富。能够保持富有和尊贵，然后才能保住家国的安全，与其黎民百姓和睦相处。这大概就是诸侯的孝道吧。《诗经·小雅·小旻》篇中说："战战兢兢，就像身临深水潭边恐怕坠落，脚踩薄冰之上担心陷下去那样，小心谨慎地处事。"

2. 孝道与政治的关系

【原文】

曾子曰："甚哉，孝之大也！"子曰："夫孝，天之经也，地之义也，民之行也。天地之经，而民是则之[1]。则天之明[2]，因地之利，以顺天下。是以其教不肃而成[3]，其政不严而治。先王见教之可以化民也，是故先之以博爱[4]，而民莫遗其亲[5]。陈之德义[6]，而民兴行[7]。先之以敬让，而民不争；导之以礼乐，而民和睦；示之以好恶，而民知禁[8]。《诗》云：'赫赫师尹，民具尔瞻[9]。'"

（三才章第七）

【注释】

[1] 则：效法。

[2] 天之明：指天上的日、月、星辰。

[3] 是以：因此。肃：指严厉的统治手段。成：成功，达到目的。

[4] 先：指率先实行，带头去做。之：指人民。

[5] 遗：抛弃，遗弃。

[6] 陈：陈说，述说。德义：道德，道理。

[7] 兴行：兴，起。兴行即起而实行。

[8] 禁：禁止。

[9]《诗》云二句：见《诗经·小雅·节南山》。赫赫，声威显扬、气派宏大的样子。师尹，指姓尹的太师。具，通"俱"。尔，你。

【译文】

曾参说："太伟大了！孝道是多么博大高深呀！"孔子接着说："孝这个东西，它是天上永远不变的常规，它是地上永远正确的真理，它是对人民品行的首要要求。因为它是天地的常规，所以人民就效法它。效法上天的明亮，依据大地的便利，用它来治理天下。因为是效法天地的常规来推行政教，所以先王的教化不用一再告诫就能得到贯彻，先王的政令不用三令五申就能得到推行。先王看到教育可以起到感化民众的作用，于是就首先带头热爱自己的父亲，这样一来，百姓就无不爱其父母；就陈说德义的重要性，而百姓被打动了，就纷纷起来实行德义；就带头实行敬让，而百姓被打动了，就再也没有你争我夺的那种现象；就用礼乐来引导百姓，而百姓也就和睦了；就向百姓昭示什么是好什么是坏，而百姓也就知道哪些事情是不可以做的了。《诗经·小雅·节南山》里说：'赫赫有名的尹太师，百姓都在盯着你的一言一行。'"

【原文】

子曰："昔者明王之孝治天下也，不敢遗小国之臣，而况于公、侯、伯、子、男乎？故得万国之欢心，以事其先王。治国者，不敢侮于鳏寡[1]，而况于士民乎？故得百姓之欢心，以事其先君。治家者，不敢失于臣妾，而况于妻子乎？故得人之欢心，以事其亲。夫然，故生则亲安之，祭则鬼享之。是以天下和平，灾害不生，祸乱不作。故明王之以孝治天下也如此。《诗》云：'有觉德行，四国顺之[2]。'"

(孝治章第八)

【注释】

[1] 鳏（guān）寡：老年丧妻曰鳏，老年丧夫曰寡。这里引申为孤弱者。

[2]《诗》云二句：见《诗经·大雅·抑》。觉：通"梏"，高大正直。四国：四方诸侯之国。

【译文】

孔子说："从前圣明的君王是以孝道治理天下的，即便是对极卑微的小国的臣属也不遗弃，更何况是公、侯、伯、子、男五等诸侯了，所以会得到各诸侯国臣民的欢心，使他们奉祀先王。治理一个封国的诸侯，即便是对失去妻子的男人和丧夫守寡的女人也不敢欺侮，更何况对他属下的臣民百姓了，所以会得到老百姓的欢心，使他们帮助诸侯祭祀祖先。治理自己卿邑的卿大夫，即便对于臣仆婢妾也不失礼，更何况对其妻子、儿女了，所以会得到众人的欢心，使他们乐意侍奉其父母亲。只有这样，才会让父母双亲在世时安乐、祥和地生活，死后成为鬼神享受到后代的祭祖。因此也就能够使天下祥和太平，自然灾害不发生，人为的祸乱不会出现。所以圣明的君王以孝道治理天下，就会像上面所说的那样。《诗经·大雅·抑》篇中说：'天子有伟大的德行，四方的国家都会归顺他。'"

3. 孝道的实行

【原文】

子曰："孝子之事亲也，居则致其敬[1]，养则致其乐，病则致其忧，丧则致其哀，祭则致其严[2]。五者备矣，然后能事亲。事亲者，居上不骄，为下不乱，在丑不争[3]。居上骄则亡，为下而乱则刑，在丑而争则兵。三者不除，虽日用三牲之养[4]，犹为不孝也。"

（纪孝行章第十）

【注释】

[1] 致：尽。

[2] 严：指斋戒沐浴一类的事情。实际上，"严"也是敬。

[3] 丑：通"俦"，指同辈。

[4] 三牲：谓太牢。牛、羊、猪三牲具备，谓之太牢。在古代，太牢属于最高规格的食品。

【译文】

孔子说："孝子对父母亲的侍奉，在日常家居的时候，要竭尽对父母的恭敬；在饮食生活的奉养时，要保持和悦愉快的心情去服侍；父母生了病，要带着忧虑的心情去照料；父母去世了，要竭尽悲哀之情料理后事；对先人的祭祀，要严肃对待，礼法不乱。这五方面做得完备周到了，方可称为对父母尽到了子女的责任。侍奉父母双亲，要身居高位而不骄傲蛮横，身居下层而不为非作乱，在民众中间和顺相处、不与人争斗。身居高位而骄傲自大者势必要招致灭亡，在下层而为非作乱者免不了遭受刑法，在民众中争斗则会引起相互残杀。这骄、乱、争三项恶事不戒除，即便对父母天天用牛、羊、猪的肉食尽心奉养，也还是不孝之人啊。"

【原文】

子曰："孝子之丧亲也，哭不偯[1]，礼无容，言不文，服美不安，闻乐不乐，食旨不甘，此哀戚之情也。三日而食[2]，教民无以死伤生。毁不灭性[3]，此圣人之政也。丧不过三年，示民有终也。为之棺椁衣衾而举之[4]，陈其簠簋而哀戚之[5]；擗踊哭泣[6]，哀以送之；卜其宅兆[7]，而安措之；为之宗庙，以鬼享之[8]；春秋祭祀，以时思之。生事爱敬，死事哀戚，生民之本尽矣，死生之义备矣，孝子之事亲终矣。"

（丧亲章第十八）

【注释】

[1] 偯（yǐ）：尾声从容有余。

[2] 三日而食：按《礼记·问丧》曰："亲始死，水浆不入口三日，故邻里为之糜粥以饮食之。"

[3] 毁：因丧亲过度悲痛而损坏身体。

[4] 椁（guǒ）：棺材外面套的大棺材。衣衾（qīn）：小殓、大殓时所用的衣服和被子。

[5] 陈其簠（fǔ）簋（guǐ）句：既殡之后，下葬之前，每天的早晨和傍晚都要在殡宫为死者设奠，同时哭泣，以寄托对死者的哀思。簠簋，这里指盛放供品的祭器。

[6] 擗（pǐ）踊（yǒng）：擗，捶胸；踊，以脚顿地。形容极度悲哀。

[7] 宅兆：宅指墓穴，兆是茔地。

[8] "为之宗庙"二句：下葬以后，回家接着举行虞祭；虞祭之后，接着举行卒哭之祭；卒哭以后，接着举行附庙（将死者神主按次序安放到祖庙）之祭，从此以后才将死者当做鬼神看待。

【译文】

孔子说："孝子丧失了父母亲，要哭得声嘶力竭，发不出悠长的哭腔；

举止行为失去了平时的端正礼仪，言语没有了条理文采，穿上华美的衣服就心中不安，听到美妙的音乐也不快乐，吃美味的食物不觉得好吃，这是做子女的因失去亲人而悲伤忧愁的表现。父母之丧，三天之后就要吃东西，这是教导人民不要因失去亲人的悲哀而损伤生者的身体，不要因过度的哀毁而灭绝人生的天性，这是圣贤君子的为政之道。为亲人守丧不超过三年，是告诉人们居丧是有其终止期限的。办丧事的时候，要为去世的父母准备好棺材、外棺、穿戴的衣饰和铺盖的被子等，妥善地安置进棺内，陈列摆设各种祭奠器具，以寄托生者的哀痛和悲伤。出殡的时候，捶胸顿足，号啕大哭地哀痛出送。占卜墓穴吉地以安葬。兴建起祭祀用的庙宇，使亡灵有所归依并享受生者的祭祀。在春秋两季举行祭祀，以表示生者无时不思念亡故的亲人。在父母亲在世时以爱和敬来侍奉他们，在他们去世后，则怀着悲哀之情料理丧事，如此便尽到了人生在世应尽的本分和义务。养生送死的大义都做到了，才算是完成了作为孝子侍奉亲人的义务。"

（三）阅读建议

今本《孝经》篇幅不长，全文阅读并不困难。但在阅读这部儒家经典时，尤要思考两个问题：我们为什么要阅读《孝经》？阅读《孝经》的重点应该放在哪里？前者关乎阅读目的，后者涉及的是阅读策略。

由于封建帝王的尊崇和提倡，《孝经》在历史上具有其他典籍无可比拟的特殊地位。它既是最重要的经典文献，又是最普及的通俗读物；既被看做人伦百行的纲纪，又被当做科举仕宦的阶梯，影响之深远，其他书不可同日而语。不过时代在前进，用当下的眼光来审读《孝经》，自然会发现其中有很多陈腐的观点，但这丝毫不能遮蔽《孝经》中蕴含的积极意义。"善事父母"、学会感恩，不正是当下精神文明建设、培养国民道德伦常的必备教育吗？

也正是缘于此，当下阅读《孝经》的重点，不是在于理解繁琐的孝道礼仪，或阐发《孝经》中以孝劝忠的思想，而是在了解古代孝文化的基础上，感悟生命，尊重他人，善待亲友。

七、《老子》《庄子》的内容举要与名篇选读建议

（一）内容提要

《老子》又称《道德经》，传说是春秋时期的老子李耳所撰写，是道家哲学思想的重要来源。《老子》以"道"解释宇宙万物的演变，主张"道法自然""无为而治"。其书分《道经》《德经》上下两篇，共 81 章 5000 余字，是中国历史上首部完整的哲学著作。

老子的哲学思想被庄子（约公元前 369 年—公元前 286 年）所传承和发展，后世将二者并称为"老庄"，他们的哲学为"老庄哲学"。庄子曾作过漆园吏，生活贫穷困顿，却鄙弃荣华富贵、权势名利；主要思想是"天道无为"，提倡"无用"，政治上也主张"无为而治"，人格上追求逍遥无恃的精神自由。庄子一生著书十余万言，书名《庄子》（又名《南华真经》），包括内篇 7 篇、外篇 15 篇、杂篇 11 篇共 33 篇。其中内篇 7 篇，一般定为庄子所著；外篇、杂篇则是庄周后学所作。其文章想象力强，文笔变幻多端，具有浓厚的浪漫色彩，对后世文学有很大影响。

（二）名篇选读

1. 有关"道"的论述

【原文】

有物混成[1]，先天地生。寂兮寥兮[2]，独立而不改[3]，周行而不殆[4]，可以为天地母[5]。吾不知其名，强字之曰道[6]，强为之名曰大[7]。大曰逝[8]，逝曰远，远曰反[9]。

故道大，天大，地大，人亦大。域中有四大[10]，而人居其一焉。

人法地[11]，地法天，天法道，道法自然。

（老子第二十五章）

【注释】

[1] 物：指"道"。混成：混沌自然而成。

[2] 寂：无声音。寥：无形体。

[3] 独立而不改：是说其不生灭，无增减，不因物理世界的生灭而变化，

对待万物一视同仁，以此独立。

[4] 周行而不殆：不殆，不息。此句是说"道"无所不在，无穷无尽，广阔无边，循环往复而无所障碍。

[5] 天地母：是说其化生了天地万物，是一切宇宙万物的根本。

[6] 强：勉强，姑且。

[7] 大：形容"道"的没有边际，无所不包。

[8] 曰逝：以下三个"曰"字，可作"而"或"则"字解。逝，指"道"的进行，周流不息。

[9] 反：通"返"。

[10] 域中：国中，宇宙之中。

[11] 法：效法、取法、遵循。

【译文】

有个东西混沌而成，在有天地之前就存在着。它无声而又无形，不靠外力而又永久存在，循环运行，永不休止，可算是天地万物的根本。我不知道它的名字，姑且就把它叫做"道"，又勉强称之为"大"。它广大无边而周流不息，周流不息而伸展遥远，伸展遥远而返回本原。

所以说：道大，天大，地大，人也大。宇宙中有四大，而人是四大之一。人取法于地，地取法于天，天取法于道，道纯任自然。

【原文】

道生一，一生二，二生三，三生万物[1]。万物负阴而抱阳[2]，冲气以为和[3]。

(老子第四十二章)

【注释】

[1] 一：即"道"，指化生万物的原物质。一生二：意谓一之中包含有阴阳两个方面。二生三：意谓阴阳两方面相互作用而生第三者。"道生一"四句，指的就是宇宙由混沌状态演化为有形、有象的天地万物的发展过程。

[2] 负阴而抱阳：背阴而向阳。

[3] 冲气以为和：阴阳两气互相交冲而成均调和谐状态。

【译文】

道是独立无偶的，混沌未分的统一体产生天地，天地产生阴阳之气，阴阳两气相交而形成各种新生体。万物背阴而向阳，阴阳两气互相激荡而成新的和谐体。

【原文】

东郭子[1]问于庄子曰："所谓道，恶乎在[2]?"庄子曰："无所不在。"东郭子曰："期而后可[3]。"庄子曰："在蝼[4]蚁。"曰："何其下邪[5]?"曰："在稊稗[6]。"曰："何其愈下邪?"曰："在瓦甓[7]。"曰："何其愈甚邪?"曰："在屎溺[8]。"东郭子不应[9]。

（庄子外篇知北游章）

【注释】

[1] 东郭子：人名，居住东郭，故号东郭子。

[2] 恶：何。"所谓"两句：谓世人所说的道，存在什么地方呢？

[3] 期：限。此句意谓"道"究竟存在何处。

[4] 蝼：蝼蛄。

[5] 下：低下。"何其"句：谓道为何处在如此低下的地方。

[6] 稊（tí）：杂草，实似小米。稗（bài）：一年生草本植物，生长在稻田或低湿的地方，形状似稻，是稻之害草。

[7] 甓（pì）：砖。

[8] 溺：通"尿"。

[9] 不应：不作声。

【译文】

东郭子问庄子说："所谓道，在哪里?"庄子说："道无处不在。"东郭子说："找出一个地方来。"庄子说："在蝼蛄和蚂蚁里。"问说："怎么这么卑下呢?"答说："在稊稗里面。"问说："怎么更加卑下呢?"答说："在砖瓦里。"问说："怎么越来越卑下呢?"答说："在屎尿里面。"东郭子不回应了。

2. 无用之用

【原文】

三十辐共一毂[1]，当其无，有车之用。埏埴以为器[2]，当其无，有器之用。凿户牖以为室[3]，当其无，有室之用。

故有之以为利，无之以为用。

（老子第十一章）

【注释】

[1] 辐：车辐，即车轮上连接车毂和车轮外圈的木条。毂（gǔ）：车毂，车轮中间空心的圆圈，空心处插车轴，借车辐与车轮外圈连接。

[2] 埏（shān）埴（zhí）：和泥土制作陶器。

[3] 户牖（yǒu）：门窗。

【译文】

三十根车辐条汇集到一个车毂上，正当车毂中间空无的地方，所以才有车的用处。抟糅黏土作成器皿，正当器皿中空无的地方，所以才有容器的用处。凿开门窗做成一个居室，正由于中间是空的，所以才有房屋的用处。

所以，"有"固然提供了便利条件，但只有"无"才发挥了它们的作用。

【原文】

南伯子綦[1] 游乎商之丘[2]，见大木焉有异；结驷千乘，将隐芘其所藾[3]。子綦曰："此何木也哉？此必有异材夫！"仰而视其细枝，则拳曲而不可以为栋梁；俯而视其大根，则轴解[4] 而不可以为棺椁；咶其叶[5]，则口烂而为伤；嗅之，则使人狂酲[6]，三日而不已。子綦曰："此果不材之木也，以至于此其大也。嗟乎神人，以此不材！"

宋有荆氏者[7]，宜楸柏桑。其拱把而上者[8]，求狙猴之杙者斩之[9]；三围四围，求高明之丽者斩之[10]；七围八围，贵人富商之家求樿傍者斩之[11]。故未终其天年，而中道之夭于斧斤，此材之患也。故解之以牛之白颡者与豚之亢鼻者[12]，与人有痔病者不可以适河[13]。此皆巫祝以知之矣，所以为不祥也。此乃神人之所以为大祥也。

……

山木自寇也[14]，膏火自煎也，桂可食[15]，故伐之；漆可用，故割之。人皆知有用之用，而莫知无用之用也。

（庄子内篇人间世章）

【注释】

[1] 南伯子綦（qí）：庄子杜撰的人物。

[2] 商之丘：今河南商丘。

[3] 隐芘（bì）：隐蔽。藾（lài）：即荫。

[4] 轴解：指木心分裂。

[5] 咶（shī）：古同"舐"，舔。

[6] 醒（chéng）：酒醉。

[7] 荆氏：地名，在宋国境内。

[8] 拱把：两手相合谓"拱"，一手能握谓"把"。

[9] 杙（yì）：栓。

[10] 高明之丽：即高名之家，荣华高屋。"丽"，同"欐"，屋栋。

[11] 樿傍：独板棺木。

[12] 解之：犹禳除，即祭神求福解罪。白颡：白额。亢鼻：仰鼻，鼻孔翻上。

[13] 适河：把童男童女沉入河中祭神。

[14] 自寇：自取寇伐。

[15] 桂可食：桂皮可做药，所以说可食。

【译文】

南伯子綦到商丘去游玩，看到一棵大树与众不同，可供千乘的车马隐息于树荫下。子綦说："这是什么树啊！这树必定有奇特的材质。"仰起头来看看它的细枝，却只见弯弯曲曲而不能做栋梁；低下头去看看它的树干，却见木纹旋散而不能做棺椁；舔舔它的叶子，嘴就溃烂受伤；嗅嗅它，就会使人大醉，三天都醒不过来。子綦说："这是不材之木，所以才能长这么大。唉！神人也是这样显示自己的不材呀！"

宋国荆氏那个地方，适合种植楸、柏、桑树。一握两握粗的，想用做系猴子木栓的人就把它砍了去；三围四围粗的，想用做高大屋栋的人就把它砍了去；七围八围粗的，富贵人家想用做棺材的就把它砍了去。所以不能享尽天赋的寿命，而中途就被斧头砍死，这就是有用之材的祸患。所以古时禳除的祭祀，凡是白额的牛和鼻孔翻上的猪，以及生痔疮的人，都不可以用来祭河神，这是巫祝都知道的，认为那是不吉祥的。但这正是神人以为最吉祥的。

山木自招砍伐，膏火自招煎熬，桂树因为可以食用，所以被砍伐；漆树因为可以用，所以就遭刀割。世人都知道有用的用处，而不知道无用的用处。

3. 绝圣弃智，无为而治

【原文】

绝圣弃智 [1]，民利百倍；绝仁弃义，民复孝慈；绝巧弃利，盗贼无有。此三者，以为文不足 [2]，故令有所属 [3]：见素抱朴，少私寡欲。

（老子第十九章）

【注释】

[1] 圣：聪明睿智。智：计谋，智巧。

[2] 文：条文。

[3] 属：归属。

【译文】

灭绝前识之圣，抛弃巧伪之智，人民将获利百倍；放弃讲仁和义，人民将复归仁慈本性。灭绝奇巧，抛弃私利，盗贼将会消失。仅有这三句史鉴条文是不够的，一定要使人们的观念有所归属：行为表现要单纯，保持淳朴本质；减少私心，淡泊物欲。

【原文】

昔者黄帝始以仁义撄人之心 [1]，尧、舜于是乎股无胈，胫无毛 [2]，以养天下之形。愁其五藏以为仁义，矜其血气以规法度 [3]。然犹有不胜也。尧于是放讙兜于崇山，投三苗于三峗，流共工于幽都 [4]，此不胜天下也。夫施及三王而天下大骇矣。下有桀、跖，上有曾、史，而儒墨毕起。于是乎喜怒相疑，愚知相欺，善否相非，诞信相讥 [5]，而天下衰矣；大德不同，而性命烂漫矣 [6]；天下好知，而百姓求竭矣 [7]。于是乎釿锯制焉，绳墨杀焉，椎凿决焉 [8]。天下脊脊大乱 [9]，罪在撄人心。故贤者伏处大山嵁岩之下 [10]，而万乘之君忧栗乎庙堂之上。

今世殊死者相枕也 [11]，桁杨者相推也 [12]，形戮者相望也，而儒墨乃始离跂攘臂乎桎梏之间 [13]。噫，甚矣哉！其无愧而不知耻也甚矣！吾未知圣知之不为桁杨椄槢也 [14]，仁义之不为桎梏凿枘也 [15]，焉知曾、史之不为桀、跖嚆矢也 [16]！故曰：绝圣弃知，而天下大治。

（庄子外篇在宥章）

【注释】

[1] 撄（yīng）：扰乱，纠缠。

[2] 股无胈 (bá)，胫无毛：大腿上没有肉，小腿上没有毛。形容劳动辛勤。

[3] 矜其血气：苦费心血的意思。

[4] 讙 (huān) 兜：人名，尧时佞臣。三苗：号饕餮，为尧诸侯，封三苗之国。三峗：甘肃敦煌县南。共工：官名，为尧时水官。幽都：在今北京密云区境。

[5] "喜怒相疑"四句：形容种种自是而非的心理与行为表现。

[6] 烂漫：散乱。

[7] 求竭：即"纠葛"。

[8] 釿锯、绳墨、椎凿：都是指刑具。

[9] 脊脊：犹籍籍，纷纷的意思。

[10] 伏处：隐遁，潜居。嵁 (kān) 岩：凸凹不平的山岩。

[11] 殊死：死刑。

[12] 桁 (háng) 杨：古时一种夹脚和颈的刑具。

[13] 离跂 (qí)：即翘足，形容用力的样子。

[14] 楼 (jiē) 榍 (xí)：连接桎梏两孔的木梁。

[15] 凿枘 (ruì)：指固定桎梏的孔枘。

[16] 嚆 (hāo) 矢：响箭。因发射时声先于箭而到，故常用以比喻事物的开端。犹言先声。

【译文】

从前黄帝就用仁义扰乱人心，于是尧舜累得大腿上没肉，小腿上不长毛，来供养天下人的形体，愁劳心思去施行仁义，苦费心血去规定法度。然而还是有不足的地方，于是尧将讙兜放逐到崇山，将三苗投置在三峗，将共工流配到幽州，这是未治理好天下的证明。到了三代帝王，天下大受惊扰。下有夏桀、盗跖，上有曾参、史鱼，而儒墨的争论纷起，于是喜怒互相猜忌，愚智互相欺侮，善与不善互相非议，荒诞与信实互相讥讽，天下风气从此衰颓了。大德分歧，而性命的情理散乱了；天下爱好智巧，而百姓多纠葛了。于是用斧锯来制裁，用礼法来击杀，用肉刑来处决。天下纷纷大乱，罪过在于扰乱人心。所以贤者隐遁在高山深岩，而万乘君主忧栗于朝廷之上。

当世处死的人残籍堆积，镣铐的人连绵不断，刑杀的人满眼都是，于是儒墨呼嚷于枷锁之间，噫！太过分了，他们是如此的不知羞耻，我不知道圣智不是镣铐的楔木，仁义不是枷锁的孔枘么！怎么知道曾参、史鱼不是夏桀、盗跖之流的向导呢！所以说，"抛弃聪明智巧，天下就太平了。"

（三）阅读建议

《老子》和《庄子》是道家哲学思想的结晶。尽管二书写作风格迥异，但深厚的哲学内涵、聪颖的悟性智慧以及特有的理性思辨是一致的。前者微言大义，博大精深，后者则汪洋恣肆，意出尘外。具体阅读时有两点建议：

其一，老庄哲学含蕴丰富，意义深邃。前文所列仅为二者共通之思想精髓，尚难覆盖老庄思想之全部，如老庄哲学中朴素的辩证法、追求自然无为、返璞归真、精神自由的道德境界和人格修养等均未充分展开，同学们可以结合中学时学过的《逍遥游》《秋水》等篇目，仔细研读，感悟道家思想的真谛。

其二，在《老子》和《庄子》两部著作中，道家小国寡民、消极厌世等思想局限不时出现，难免会对青年读者世界观、人生观的形成造成一定的负面影响。所以，我们需要在全面了解老庄哲学精髓的基础上，合理吸收其理论精华；切忌断章取义，片面解读。

八、《颜氏家训》的内容举要与名篇选读建议

（一）内容提要

《颜氏家训》是我国南北朝时期北齐文学家颜之推的传世代表作。颜之推（公元 531 年—公元约 590 年），字介，祖籍琅琊临沂（今山东省临沂县），东晋以后，世居建康（今江苏南京）。他博览群书，为文辞情并茂，得梁湘东王赏识，19 岁就被任为国左常侍。后投奔北齐，历 20 年，累官至黄门侍郎。公元 577 年，北齐为北周所灭，他被征为御史上士。隋代周后，又仕于隋。《家训》一书在隋灭陈（589 年）以后完成。

《颜氏家训》是颜之推结合自己的人生经历、处世哲学，写出的一部系统完整的家庭教育教科书，共分七卷，二十篇。其内容涉及许多领域，强调教育体系应与儒学为核心，尤其注重对孩子的早期教育，并对儒学、文学、佛学、历史、文字、民俗、社会、伦理等方面提出了自己独到的见解。文章内

容切实，语言流畅，具有一种独特的朴实风格，对后世的影响颇为深远。

（二）名篇选读

1. 论家庭教育和幼儿教育

【原文】

上智不教而成，下愚虽教无益，中庸之人[1]，不教不知也。古者，圣王有胎教之法[2]：怀子三月，出居别宫，目不邪视，耳不妄听，音声滋味，以礼节之。书之玉版[3]，藏诸金匮[4]。生子孩提，师保固明[5]，孝仁礼义，导习之矣。凡庶纵不能尔[6]，当及婴稚，识人颜色，知人喜怒，便加教诲，使为则为，使止则止，比及数岁，可省笞罚。父母威严而有慈，则子女畏慎而生孝矣。吾见世间无教而有爱，每不能然；饮食运为[7]，恣其所欲，宜诫翻奖，应呵反笑，至有识知，谓法当尔。骄慢已习，方复制之，捶挞至死而无威，忿怒日隆而增怨，逮于成长，终为败德。孔子云："少成若天性[8]，习惯如自然"是也。俗谚曰："教妇初来，教儿婴孩。"诚哉斯语！

（教子篇第二）

【注释】

[1] 中庸之人：指智力中常的人。

[2] 胎教：古人认为胎儿在母体中能够受孕妇言行的感化，故孕妇须谨守礼仪，给胎儿良好影响，叫"胎教"。

[3] 玉版：刊刻文字的白石板。

[4] 金匮：以金属制作的藏书柜，古人以金统称各种金属。

[5] 师保：古代担任教导皇室贵族子弟的官，有师有保，统称师保。

[6] 凡庶：普通人。

[7] 运为：行为。

[8] 天性：人出生就具有的本性。

【译文】

上智的人不用教育就能成才，下愚的人即使教育再多也不起作用，只有绝大多数普通人要教育，不教就不知。古时候的圣王，有"胎教"的做法，怀孕三个月的时候，出去住到别的好房子里，眼睛不能斜视，耳朵不能乱听，听音乐吃美味，都要按照礼义加以节制，还得把这些写到玉版上，藏进金柜里。到胎儿出生还在幼儿时，担任"师"和"保"的人，就要讲解孝、仁、礼、义，来引导学习。普通老百姓家纵使不能如此，也应在婴儿识人脸色、懂得喜怒时，就加以教导训诲，叫做就得做，叫不做就得不做，等到长大几岁，就可省免鞭打惩罚。只要父母既威严又慈爱，子女自然敬畏谨慎而有孝行了。我见到世上那种对孩子不讲教育而只有慈爱的，常常不以为然。要吃什么，要干什么，任意放纵孩子，不加管制，该训诫时反而夸奖，该训斥责骂时反而欢笑，到孩子懂事时，就认为这些道理本来就是这样。到骄傲怠慢已经成为习惯时，才开始去加以制止，那就纵使鞭打得再狠毒也树立不起威严，愤怒得再厉害也只会增加怨恨，直到长大成人，最终成为品德败坏的人。孔子说："从小养成的就像天性，习惯了的也就成为自然。"是很有道理的。俗谚说："教媳妇要在初来时，教儿女要在婴孩时。"这话确实有道理。

2. 论学习态度与学习方法

【原文】

夫所以读书学问，本欲开心明目，利于行耳。未知养亲者，欲其观古人之先意承颜[1]，怡声下气[2]，不惮劬劳，以致甘腬[3]，惕然惭惧，起而行之也；未知事君者，欲其观古人之守职无侵，见危授命[4]，不忘诚谏，以利社稷，恻然自念，思欲效之也；素骄奢者，欲其观古人之恭俭节用，卑以自牧[5]，礼为教本，敬者身基，瞿然自失，敛容抑志也；素鄙吝者，欲其观古人之贵义轻财，少私寡欲，忌盈恶满，赒穷恤匮[6]，赧然悔耻[7]，积而能散也；素暴悍者，欲其观古人之小心黜己，齿弊舌存[8]，含垢藏疾，尊贤容众，茶然沮丧[9]，若不胜衣也[10]；素怯懦者，欲其观古人之达生委命[11]，强毅正直，立言必信，求福不回[12]，勃然奋厉，不可恐慑也：历兹以往，百行皆然。纵不能淳，去泰去甚[13]。学之所知，施无不达。世人读书者，但能言之，不能行之，忠孝无闻，仁义不足；加以断一条讼，不必得其理；宰千户县[14]，不必理其民；问其造屋，不必知楣横而棁[15]竖也；问其为田，不必知稷早而黍迟也；吟啸谈谑，讽咏辞赋，事既优闲，材增迂诞，军国经纶，略无施用。故为武人俗吏所共嗤诋，良由是乎！

(勉学篇第八)

129

【注释】

[1] 先意承颜：指孝子先父母之意而顺承其志。

[2] 怡声下气：指声气和悦，形容恭顺的样子。

[3] 腝（nèn）：肉柔软脆嫩。

[4] 授命：献出生命。

[5] 卑以自牧：以谦卑自守。

[6] 賙（zhōu）穷恤匮：賙，周济，救济；恤，抚恤；匮，缺乏，不足。接济救助鳏寡孤独及其他贫困的人。

[7] 赧（nǎn）然：形容难为情的样子，羞愧的样子。

[8] 齿弊舌存：意思是指刚者易折，柔者难毁。

[9] 苶（nié）：疲倦的样子。

[10] 不胜衣：谦恭退让的样子。

[11] 达生：不受世务牵累。委命：听任命运支配。

[12] 不回：不违背祖先之道。

[13] 去泰去甚：适可而止，不可过分。谓：事宜适中。

[14] 千户县：指最小的县。

[15] 楣：房屋的横梁。梲（zhuō）：梁上短柱。

【译文】

人之所以要读书学习，本来是为了开发心智，提高认识力，以利于自己的行动。对那些不知道如何奉养父母的人，我想让他们看看古人如何体察父母心意，按父母的愿望办事；如何轻言细语，和颜悦色地与父母谈话；如何不怕劳苦，为父母弄到美味可口的食品；使他们感到畏惧惭愧，起而效法古人。对那些不知道如何侍奉国君的人，我想让他们看看古人如何坚守职责，不侵凌犯上；在危急关头，不惜献出性命；如何以国家利益为重，不忘自己忠心劝谏的职责；使他们痛心地对照自己，进而想去效仿古人。对那些平时骄横奢侈的人，我想让他们看看古人如何恭谨俭朴，节约费用；如何以谦卑自守，以礼让为政教之本，以恭敬为立身之根，使他们震惊变色，自感若有所失，从而收敛骄横之态，抑制骄奢的心性。对那些向来浅薄吝啬的人，我想让他们看看古人如何贵义轻财，少私寡欲，忌盈恶满；如何体恤救济穷人。使他们看了之后脸红，产生懊悔羞耻之心，从而做到既能积财又能散财。对那些平时暴虐凶悍的人，我想让他们看看古人如何小心恭谨自我约束，懂得齿亡舌存的道理；如何宽仁大度，尊重贤士，容纳众人。使他们气焰顿消，显出谦恭退让的样子来。对那些平时胆小懦弱的人，我想让他们看看古人如何无牵无碍，听天由命，如何强毅正直，说话算数，如何祈求福运，不违祖道。使他们能奋发振作，无所畏惧。由此类推，各方面的品行都可采取以上方式来培养，即使不能使风气纯正，也可去掉那些过分行为。从学习中所获取的知识，没有哪里不可运用。然而现在的读书人，只知空谈，不能行动，忠孝谈不上，仁义也欠缺，再加上他们审断一桩官司，不一定了解其中道理，主管一个千户小县，不一定亲自管理过百姓；问他们怎样造房子，不一定知道楣是横着放而是竖着放；问他们怎样种田，不一定知道谷子要早下种而黄米要晚下种。整天只知道吟咏歌唱，谈笑戏谑，写诗作赋，悠闲自在，迂阔荒诞，对治军治国则毫无办法，所以他们被那些武官俗吏嗤笑辱骂，确实是有原因的。

3. 论立身处世之道

【原文】

士君子之处世，贵能有益于物耳[1]，不徒高谈虚论，左琴右书，以费人君禄位也。国之用材，大较不过六事：一则朝廷之臣，取其鉴达治体[2]，经纶博雅[3]；二则文史之臣[4]，取其著述宪章[5]，不忘前古；三则军旅之臣，取其断绝有谋，强干习事；四则藩屏之臣[6]，取其明练风俗，清白爱民；五则使命之臣[7]，取其识变从宜，不辱君命[8]；六则兴造之臣[9]，取其程功节费，开略有术，此则皆勤学守行者所能辨也。人性有长短，岂责具美于六涂哉[10]？但当皆晓指趣[11]，能守一职，便无愧耳。

（涉务篇第十）

【注释】

[1] 物：这里是人的意思。

[2] 治体：指政治法度。

[3] 经纶：原指整理丝缕，引申为规划处理国家大事。博雅：学识渊博纯正。

[4] 文史之臣：指在中央负责主管文书档案，起草诏令典章以及修撰国史的官员。

[5] 宪章：典章制度。

[6] 藩屏之臣：指地方上的高级长官，可为中央藩屏。

[7] 使命之臣：指奉朝廷之命办理内政外交官员。

[8] 不辱君命：不使君命受辱，即完成使命之意。

[9] 兴造之臣：指负责土木建筑的官员。

[10] 涂：通"途"。六途：指上文所指的"六事"。

[11] 指：通"旨"。

【译文】

君子立身处世，贵在有益于人，不能光是高谈空论，弹琴练字，以此耗费君主的俸禄官位。国家使用的人才，大概不外六种：第一种是朝廷之臣，他们能通晓政治法度，规划处理国家大事，学问广博，品德高尚；第二种是文史之臣，他们能撰述典章，阐释彰明前人治乱兴革之由，使今人不忘前代的经验教训；第三种是军旅之臣，他们能多谋善断，强悍干练，熟悉战阵之事；第四种是藩屏之臣，他们能通晓当地民风民俗，勤政爱民；第五种是使命之臣，他们能洞察情况变化，择善而从，不辜负国君交付的使命；第六种是兴造之臣，他们能计量功效，节约费用，开创筹划很有办法。以上种种，都是勤于学习、保持操行的人所能办到的。人的资质各有高下，哪能要求一个人把以上"六事"都办得完美呢？只不过人人都应该明白其要旨，能够在某个职位上尽自己的责任，也就可以无愧于心了。

4. 论文章创作之道

【原文】

文章当以理致为心肾[1]，气调为筋骨，事义为皮肤[2]，华丽为冠冕[3]。今世相承，趋本弃末[4]，率多浮艳。辞与理竞，辞胜而理伏；事与才争，事繁而才损。放逸者流宕而忘归，穿凿者补缀而不足。时俗如此，安能独违？但务去泰去甚耳。必有盛才重誉，改革体裁者，实吾所希。

古人之文，宏才逸气，体度风格，去今实远；但缉缀疏朴[5]，未为密致耳。今世音律谐靡[6]，章句偶对，讳避精详，贤于往昔多矣。宜以古之制裁为本，今之辞调为末，并须两存，不可偏弃也。

（文章篇第九）

【注释】

[1] 理致：指作品的思想感情。

[2] 事义：指作品所运用的典实。

[3] 冠冕：这里指服饰。

[4] 趋本弃末：结合此段文意看，当为"趋末弃本"之误。末，指华丽。本，指理致、气调。

[5] 缉缀：这里指遣词造句。

[6] 谐靡：和谐美妙。

【译文】

文章应该以义理情致为心肾，以气韵才调为筋骨，以事理情义为皮肤，以华丽辞句为服饰。现在的人相互承袭，反而趋向枝节，放弃根本，所写文章大都轻浮华艳，文辞与义理相互比较，则文辞优美而义理薄弱；内容与才华相互争胜，则内容繁杂而才华受损。放纵不羁者的文章，流利酣畅却偏离了文章的旨归。那深究琢磨者的文章，材料堆砌却文采不足。现在的风气就是如此，你们哪能独自避免呢？只要做到所写文章不过分，不走极端也就可以了。如果能有才华出众、声誉极高的人来改革文章的体制，实在是我所希望的。

古人的文章，才华横溢，气势洒脱，其体态风格，与今天相去甚远。只是它遣词造句简略质朴，不够严密细致。如今的文章音律和谐缠绵，语句配偶对称，避讳精确详尽，技巧方面比过去强多了。应该以古人文章的体制构架为根本，以今人文章的辞句音调为枝叶，两者都应该并存，不可偏废。

5. 论南北风俗礼仪之差异

【原文】

南人冬至岁首[1]，不诣丧家[2]；若不修书，则过节束带以申慰[3]。北人至岁之日[4]，重行吊礼[5]；礼无明文，则吾不取。南人宾至不迎，相见捧手而不揖[6]，送客下席而已；北人迎送并至门，相见则揖，皆古之道也，吾善其迎揖。

（风操篇第六）

【注释】

[1] 冬至：二十四节气之一。古人把冬至看成是节气的起点。岁首：农历一年的第一个月，亦指一年的第一天。

[2] 诣：到。丧家：举丧之家。

[3] 束带：整饬衣冠，束紧衣带。表示恭敬。

[4] 至岁：指冬至、岁首二节。

[5] 吊礼：吊丧的礼制。

[6] 揖：俯身为礼。

【译文】

南方人在冬至、岁首这两个节日中，不到办丧事的人家去；如果不写信致哀，就过了节再穿戴整齐亲往吊唁，以示慰问。北方人在冬至、岁首这两个节日中，特别重视吊唁活动，这在礼仪上没有明文记载，我是不赞同的。南方人有客人来家时不兴迎接客人，见面时只是拱手而不弯腰，送客仅仅离开座席而已；北方人迎送客人都到门口，相见时欠身为礼，这些都是古代的遗风，我赞许他们这种待客之礼。

（三）阅读建议

《颜氏家训》从居家教子论起，逐渐向外扩展，不仅建立了颜氏的家庭伦理观，而且就个人修养所应遵守的行为规范，也做了具体说明，涉及范围十分广泛。我们阅读时，建议将侧重点放在颜氏的家庭教育之道、为学为官之术以及立身治家之法。相对而言，此部家训中关于字画音训、考正典故、品第文艺等方面的内容可略读。

当然，《颜氏家训》中的某些观点也存在时代局限性，诸如书中对封建纲常伦理的宣扬，对明哲保身的说教，以及对佛教因果报应的迷信宣传等，还望读者有以鉴之。

第四章　国学之儒家思想

　　1988 年 1 月，全世界的诺贝尔奖获得者在法国巴黎开会时发表宣言说："如果人类要在 21 世纪生存下去，必须回到 2500 年前，去汲取孔子的智慧！"所以，在当代学习、继承、发扬民族优良传统文化——儒学思想显得尤为重要。

　　讨论题：全世界的诺贝尔奖获得者这么说的原因。

　　2006 年是孔子诞辰二千五百五十七年，首届联合国教科文组织"孔子教育奖"颁奖盛典也同时举行，这是首次以中国人名字命名的国际教育奖项。那么我们又该如何认识以孔子为代表的儒家思想呢？

　　"任何真正的哲学都是自己时代精神的精华"，哲学具有鲜明的时代性，但是"任何真正的哲学又不是过眼云烟，必定包含着作为人类认识史的积极成果的内容精神财富"。所谓"半部《论语》治天下"，虽说有所夸大，但足见其重要性。儒学乃中国文化之主脉，是为国人，无论治国、处事、修身、做人，不可不察。

一、儒家思想概述

　　儒家思想也称为儒学，由孔子创立，最初指的是司仪，后来逐步发展为以尊卑等级的"仁"为核心的思想体系，是中国影响最大的学派，也是中国古代的主流意识。儒家学派对中国、东亚乃至全世界都产生过深远的影响。儒学既是"安身立命之学，更是经世致用之学"。

　　要想解答什么是儒学，先要弄清什么是"儒"？传统的解释：儒是一种职业，即从事"相礼"的工作。在古代，祭祀是一项十分普遍、十分重要的活动，而祭祀仪式离不开礼，要严格依礼来进行。祭祖、祭天、祭神等等祭祀仪式都有十分复杂的礼仪规定：有哪些步骤？哪些人物参加？不同的角色穿什么样的祭服？站何位置？说什么话？都有讲究，一般人主持不了这样的仪式，非从事"相礼"的儒来主持不可。不仅如此，部落、国家的重大政治活动和社会活动，也都有种种的仪式，如对外发动战事，如部落酋长或国君的婚礼、丧礼大典等等，儒的介入和参与，都是不可或缺的。儒在后来的演变发展，其内涵逐渐泛化，一般的读书人、有知识有文化的人皆可称之为儒。

这是传统从职业及其演变的角度对"儒"作出考察得出的认识。这里我们再从"儒"的字形结构来看，"儒"，左侧"亻"，右侧"需"，人的需要。这就意味着，一方面，儒是关心、关注和研究人的需要、人的各种问题的；另一方面，也意味着儒经过思考和研究所得到的关于人的认识和思想是人所需要的，人的生存和发展需要这种认识和思想的滋养和指导。

儒家基本上坚持"亲亲"、"尊尊"的立法原则，维护"礼治"，提倡"德治"，重视"人治"。儒家思想对封建社会的影响很大，被封建统治者长期奉为正统思想。主要表现为：

儒家的"礼治"主义。儒家的"礼治"主义的根本含义为"异"，即使贵贱、尊卑、长幼各有其特殊的行为规范。只有贵贱、尊卑、长幼、亲疏各有其礼，才能达到儒家心目中君君、臣臣、父父、子子、兄兄、弟弟、夫夫、妇妇的理想社会。国家的治乱，取决于等级秩序的稳定与否。儒家的"礼"也是一种法的形式。它是以维护宗法等级制为核心，如违反了"礼"的规范，就要受到"刑"的惩罚。

儒家的"德治"主义。儒家的"德治"主义就是主张以道德去感化教育人。现在提倡的"以德治国"就受到了儒家的"德治"思想的影响。儒家认为，无论人性善恶，都可以用道德去感化教育人。这种教化方式，是一种心理上的改造，使人心良善，知道耻辱而无奸邪之心。这是最彻底、根本和积极的办法，断非法律制裁所能办到。

儒家的"人治"主义。儒家的"人治"主义，就是重视人的特殊化，重视人可能的道德发展，重视人的同情心，把人当做可以变化并可以有很复杂的选择主动性和有伦理天性的"人"来管理统治的思想。从这一角度看，"德治"主义和"人治"主义有很大的联系。"德治"强调教化的程序，而"人治"则偏重德化者本身，是一种贤人政治。由于儒家相信"人格"有强大的感召力，所以在此基础上便发展为"为政在人"、"有治人，无治法"等极端的"人治"主义。

孔子把"仁"作为最高的道德原则、道德标准和道德境界。他第一个把整体的道德规范集于一体，形成了以"仁"为核心的伦理思想结构，它包括孝、弟（悌）、忠、恕、礼、知、勇、恭、宽、信、敏、惠等内容。其中孝悌是仁的基础，是仁学思想体系的基本支柱之一。"仁"是儒家学说的核心，对中华文化和社会的发展产生了重大影响。

对"儒"的如上考察和把握对于我们理解什么是儒学是有帮助的。那么，何谓儒学呢？从历史的角度看，儒学是孔子所创立、孟子所发展、荀子所集其大成、其后绵延不绝、及今仍有一定生命力的学术流派。不过，学界更多的是从儒学的内涵或学术旨趣来把握儒学，有说儒学是心性之学，有说儒学是人学，有说儒学是一种政治哲学，有说儒学是一种伦理道德哲学，等等。凡此种种说法，无疑都有其成立的理由，很难说哪一种说法绝对的合理、科学，哪一种说法绝对的不合理、不科学。我想说，儒学既是安身立命之学，更是经世致用之学，是二者的有机统一。

儒学作为一种安身立命之学，所突出的是儒学的"内圣"层面，所解决的是人的精神生活、精神境界、精神寄托、精神安顿问题，也就是我们现在常说的精神家园问题。党的十七大报告提出构建中华民族共有的精神家园，构建精神家园，儒学可以提供积极而丰富的思想资源。孔子讲"乐道"，讲"乐以忘忧"、"不知老之将至"；孟子讲"养心"，讲"收其放心"，讲"理义之悦我心，犹刍豢之悦我口"，皆在追求精神生活、道德生活的满足，皆在致力于精神境界、道德境界的提升，并从此种满足与提升中获得精神的愉快。

儒学作为一种经世致用之学，所突出的是儒学的"外王"层面，所要解决的是经济发展和社会进步问题，是人的物质生活、政治生活和社会生活问题。儒家特别强调"学以致用"，强调"兼善天下"，强调"立人达人"。孔子云："士而怀居，不足以为士也。"（《论语·宪问》）"怀居"即所谓"怀安"；"士"者，事也。孔子的意思是说，作为一个有理想有抱负的知识分子，理当用自己的理想去引领社会，用自己的思想去影响社会，用自己的作为去改进社会；理当走向社会，服务于社会，为社会、为国家、为民族作出自己的努力和贡献，否则，饱食终日，无所用心，贪图安逸，就不配做一个知识分子。孔子弟子子夏还说过一句十分著名的话："学而优则仕。"（《论语·子张》）表面上看，这是提倡一种读书做官论，然究其实质而言，这却是儒家入世品格和用世精神的最通俗表达。在一定意义上，入世和用世是儒之为儒的关键点。在天下无道的现实面前，以道家为代表的隐者认为洁身自好才是明智的选择，以孔子为代表的儒家则认为，正因其天下无道，才有变革现实的必要，在变乱世为治世、变无道为有道的过程中，人生才凸显出其意义与价值。

儒家思想与当代社会儒学两千多年生生不息的演进历程表明了儒学的自我创新精神与"与时偕行"品质，儒学在当代依然可以焕发光彩。当代社会要和谐、共同富裕、素质教育、以德治国、可持续发展、以人为本等无不体现出儒家思想的核心精神。

二、儒学发展历程和思想内涵

发端于中国的儒学从开创者孔子算起，至今已有两千五百年的历史了。在儒学的历史长河中，儒学的发展、演变的整个过程经历了四个阶段：孔子开创的先秦原始儒学、董仲舒为代表的汉代儒学、以程朱理学为标志的宋明新儒学、西学冲击下的现代新儒学。

（一）孔子开创的先秦原始儒学

春秋时代乃中国文化之轴心时代，原初儒学应运而生。祖述尧舜，宪章文武乃儒家之道统。修己安人，内圣而外王乃儒家之正统。设坛授徒，有教无类乃儒家之学统。孔子、孟子、荀子于原初儒学之发展各有建树，世称"三圣人"。

1. 孔子思想

孔子（公元前 551 年—公元前 479 年），名丘，字仲尼，春秋鲁国陬邑人，儒学之创始人。孔子思想博大精深，究其根底，仁字唯一。故孔门之学，可称之为仁学。"仁"体现了士的修身养性、道德规范和治国理念。成为士的处世践行的准绳。仁有三义：一曰仁者爱人。无论老幼贵贱，凡属人类，皆有可爱之处。爱人之道即忠恕之道。己欲立而立人，己欲达而达人为之忠。己所不欲，勿施于人为之恕。二曰克己复礼为仁。礼为周礼，尊亲为本。君礼臣忠父慈子孝弟悌乃理想社会之秩序。尊卑贵贱亲疏长幼乃爱人社会之规则。三曰君子之仁。行恭宽信敏惠于天下为仁。恭则不悔，宽则得众，信则人任焉，敏则有功，惠则足以使人。世传《论语》二十篇。

2. 孟子思想

孟子（约公元前 372 年—约公元前 289 年），名轲，字子舆，战国鲁国邹人。孔子传曾子，再传子思，三传孟子。孟子以心释仁，断言心仁必性善。恻隐之心，人皆有之，仁也。善恶之心，人皆有之，义也。恭敬之心，人皆有之，礼也。是非之心，人皆有之，智也。四端出四德，若火之始然，泉之始达。苟能充之，足以保四海。苟不充之，不足以事父母。孟子以义行仁，笃信，仁为人之安宅，义为人之正路。王道仁政之论，颇具民主精神。民为贵，社稷次之，君为轻。天人共性之说，亦为百代哲言。尽其心者，知其性也，知其性则知天矣。存其心，养其性，所以事天也，天寿不贰，修身以俟之，所以立命也。著《孟子》七篇。

3. 荀子思想

荀子（约公元前 313 年—公元前 238 年），名况，字卿，战国时期赵国人。性伪之分乃荀子理论之支柱。凡性者，天之就也，不可学，不可事。礼义者，圣人之所生也，人之所学而能，所事而成者也。不可学，不可事而在人者，谓之性。可学而能，可事而成之在人者，谓之伪。是性伪之分也。故人之性恶，其善者伪也。化性起伪，积善不息，可以通于神明，参于天地。人皆可为尧舜。荀子以礼释仁，隆礼重法。礼者，贵贱有等，长幼有差，贫富轻重皆有称者矣。法者，治之端也。百吏畏法循绳，然后国不乱。与天人合一相违异，荀子主张天人相分，人可制天。天行有常，不为尧存，不为桀亡。著《荀子》三十二篇。

孔子、孟子、荀子都主张以"修身、齐家、治国、平天下"为大。但孔子和孟子都以仁义释礼，不重刑法，偏重重于"教化"的力量，在这具体地规范和教化中，更希望于人的自觉行为，透露出这些儒学大师浓厚的理想主义色彩。荀子与他们不同，他的主张有着更现实主义的东西，他吸取了法家的思想精华，在倡导"礼义"的同时，又主张"法度"的作用，"教化"与"刑罚"兼施的政治职能化倾向。孔子的思想体现出其从古老的外在的规范寻求心理依据，通过"礼"、"乐"等形式表现出来，强调这些形式在维系社会秩序的作用。孟子在孔子思想的基础上发展为"仁义"，有别于孔子"礼""乐"先导的形式倾向，偏重于关注人的内在心性，不太重礼乐等外在得规范性功能。荀子所强调的则是礼法并用，重视"礼"在法的框架下的准绳与尺度。由此可知，先秦儒学的发展表现出了儒家从内在感情向道德行为，再到重视社会制度的转变历程。

4. 先秦儒学的基本特征

第一，从礼乐文化向法制文化的转移。

孔子所努力的是一种维护周礼的礼乐文化，建立起以"仁""礼"为基本结构的理论体系，代表了孔子本初的思想和观念，孟子由孔子的外转向内，在内在心性方面弘扬了孔学，提出"仁政"主导下的"王道"的理想社会，实现个体的人格价值，将理想社会与高尚人格都融入到内在的心理感情原则之上。荀子则是从外在规范方面发展了孔学，提出"群""分""礼""法"等概念，将"礼"提到"法之大分、类之纲纪"的高度。孟子发展了孔子的"仁"学，表现于内；荀子发展的是孔子的"礼"学，彰显于外。

第二，以论理为本位，以人道为心中的理论定位。

孔子的"仁"学思想，根本上说将"仁"视为最基本、最重要的道德原则。"礼"，只有在具备"仁"的品质后才能体现出来。孔子认为，周礼是最完善的政治制度和论理规范，"仁"是最完善的道德观念和品质，具有人的情感和心理因素。提出以人道为中心的理论。孟子的仁政说，其思想基础就是"性善论"提出以人为善的修身养性，以达到崇高的人生目标，寻求理想的人格精神，完善自我。荀子重视礼法兼重，也十分重视仁义道德，突出论理的本体定位。

第三，高扬人本主义。

孔子将"天"归结为自然与人生的大道理，"听天命、尽人事"发现人、肯定人的价值。提出"仁者，爱人"，"己欲立而立人，己欲达而达人"，"己所不欲，勿施于人"，这些观点对调整我们的心态，和谐人们的关系，是非常有意义的，成为理想人格的尺度。"仁"学从本质意义上是具有人本主义精神的。孟子则讲尊天顺命，更重视人的作为。认为天赋道德存之于心，体现了他的人性观。荀子肯定了人的地位和作用，强化了主体性。

（二）董仲舒为代表的汉代新儒学

始皇不仁，焚书坑儒，圣文埃灭。延至西汉，董仲舒诸人向汉武帝提出"罢黜百家，独尊儒术"之主张，确定儒学之典籍诗书礼易春秋为士人必读之经典，始有经学之说。是时儒学，王霸杂用，儒法糅合，神道互陈，原初儒学之道统几近断绝。

董仲舒（公元前 179 年—公元前 104 年）是西汉一位与时俱进的思想家，儒学家，董仲舒在著名的《举贤良对策》中系统地提出了"天人感应"、"大一统"学说和"罢黜百家，独尊儒术"的主张，汉武帝采纳了董仲舒的建议，从此儒学开始成为官方哲学，并延续至今。董仲舒认为，"道之大原出于天"，自然、人事都受制于天命，因此反映天命的政治秩序和政治思想都应该是统一的。汉景帝时任博士，讲授《公羊春秋》。董仲舒以《公羊春秋》为依据，将周代以来的宗教天道观和阴阳、五行学说结合起来，吸收法家、道家、阴阳家思想，建立了一个新的思想体系，对当时社会所提出的一系列哲学、政治、社会、历史问题，给予了较为系统的回答。他的著作汇集于《春秋繁露》一书。

　　儒学是一种受官方支持而为一尊的御用之学，它以董仲舒为代表，以经学为表现形式，并与谶纬相结合，兼综阴阳、名、法、黄老诸思想，形成有别于先秦时期相信迷信的人指将要应验的预言、预兆纬儒学体系。

　　初汉所推行的是黄老之术，实行"休养生息"的政策，而汉武帝时期的董仲舒是原始儒学的继承者和汉代新儒学的奠基者，他构建起一个以《公羊春秋》为轴心，融合阴阳、黄老、名、法诸思想，用阴阳五行、天人感应为理论构建与表现形式，具有神学色彩的儒学理论体系。第一，采用阴阳五行天人感应的形式来维护先秦原始儒学的基本思想。维护以"三纲""五常"为核心的道德规范。第二，提出"君权神授"的思想和理论，达到屈民伸君、屈君伸天的目的，假天威来限制人君。第三，提倡孝道，用五行之法证明"三纲""五常"的合理性与神圣性，极力提高原始儒学伦理思想的神圣地位，也是对荀子"礼"、孟子修养思想的发展。董仲舒所宣扬的儒家学说有以阴阳为表，儒学为里的特色，并表现出兼容并蓄的特点。第四，神化了孔子、神化了孔子所代表的儒学经典，使这些著作从理论上形成经学并走上了神学化的道路。

　　这一时期西汉所推行的是"罢黜百家，独尊儒术"的方针。但董仲舒所说的"孔子之术"，显然已经不是原始家儒家学说，而是经过他和汉初其他儒学家发展了的，吸收了多家学说的董仲舒心中的"孔子之术"，董仲舒对儒学的发展不仅在于理论，而更在于他把儒学推向政治制度化和宗教神学化方向。认为历史事件的判断和历史人物的评价都具有现实的经典意义。正所谓孔子作《春秋》"为汉帝制法"（《春秋汉含孳》，孙毅《古微书》卷 12），是有

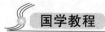

其道理的。

汉代儒学社会政治层面功能的形成和加强，同时又削弱了伦理道德修养和政治思想层面的功能，这一转变深远地影响了后世儒学和人们的社会政治生活的方方面面。

汉代儒学在董仲舒的修正下，有了新的特点：

第一，儒学政治化。

先秦儒学主要是一种学术流派，所提出的王道政治也只是一种理想，是一种理论形态，并未成为统治阶级的工具。汉代儒学成为统治者所需要的御用之学，正是因为其理论符合统治者长治久安的目的，而且还为西汉以后中国思想史的发展确立了大的方向和格局，为中国封建时代奠定了思想基础。其主要原因在于，一是"君权神授"的思想为统治者所接受；血缘关系下的情感下的君父思想和观念；延伸孝悌观念提出"三纲五常"从而提高到应有尊君思想。这些都符合统治者的需要。

第二，儒学经学化。

儒学经典的形成，经学的正式建立，始于西汉，"五经"由此而超出一般历史文化典籍而成为国家政治与思想生活的指针、神圣不可侵犯的法典。引经释义，儒家经典已影响着后世人们的生活。

第三，儒学神学化。

当董仲舒面对历代授命的符瑞、灾异变化的原因以及天人感应的道理等问题时，这都归属经学的义理范围。然而在许多经典中无法找到这些义理的理论根据，因而，董仲舒采取了断章取义、主观附会的方法来编造，以满足汉代统治者的需要，这使得经学走向神学的歧途，歪曲了儒学本义，成为后来从儒学分离出来的方术。

第四，广泛的包容性。

孔子的仁学、孟子由此发展提出仁政学说、荀子则对孔孟进行批判性改造，建立起兼容儒、法、道名家思想的理论体系。董仲舒又以此为基础，又融入阴阳、名、法、黄老诸多学说。在首推儒学的基础上，采众家之法，显示出汉代儒家的包容性。

（三）宋明新儒学

宋明新儒学分为两支，一曰程朱理学，二曰陆王心学。程朱理学将孔孟之政治伦理思想之人性论起点，升华至追问世界终极存在之本体论高度，促成儒学质的飞跃。陆王心学将儒家思孟学派之学说与佛教禅宗思想相结合，并承袭程颢天即理之观点，提出了心即理之命题，乃儒家心学之开山。

1. 程朱理学

周敦颐（1017年—1073年），宋明理学之祖师，北宋著名哲学家，是学术界公认的理学派开山鼻祖。"两汉而下，儒学几至大坏。千有余载，至宋中叶，周敦颐出于舂陵，乃得圣贤不传之学，作《太极图说》《通书》，推明阴阳五行之理，明于天而性于人者，了若指掌。"《宋史·道学传》将周子创立理学学派提高到了极高的地位。他熔铸老子之无极、易传之太极、中庸之诚意、五行之克生、阴阳之调和为一炉，创制了无极而太极之本体论。

程颢（1032年—1085年）、程颐（1033年—1107年）两兄弟，少小受业于周敦颐，自周敦颐处继承颇多，但决不拘泥。天理是二程哲学体系之核心，程颢曰，吾学虽有所受，天理二字确是自家体贴出来的。万物皆只是一个天理。天下物皆可以理照，有物必有则，一物须有一理。一物之理即万物之理。至微者理也，至著者象也，体用一源，显微无间。天理人心固有，用敬涵养，致知进学，即可理心会一。人心为私欲，道心为天理，存天理而灭人欲，主张"涵养须用敬，进学在致知"的修养方法。二程宣扬封建伦理道德，提倡在家庭内形成像君臣之间的关系。程颐还反对妇女改嫁，宣称"饿死事极小，失节事极大"，流毒颇深。二人著有《二程全书》。

宋明新儒学中，朱熹是集大成者。朱熹乃二程四传弟子，于二程天理思想之基础上，融入北宋思想家张载（1020年—1077年）之气学说，构建了一个完整独特的朱子学。理是本，气是具。未有天地之先，毕竟也只是理。有理而后有气。天下未有无理之气，亦未有无气之理。理一分殊，一多相摄。一月普现一切水，一切水月一切摄。一物两体，一分为二。化而裁之存乎变。天理人欲，同行异情，革尽人欲，复明天理。朱熹著有《晦庵先生朱文公文集》和《朱子语类》。

朱熹（1130年—1200年）南宋江南东路徽州府婺源县（今江西省婺源）人。19岁进士及第，曾任荆湖南路安抚使，仕至宝文阁待制。为政期间，申敕令，惩奸吏，治绩显赫。中国封建时代儒家的主要代表人物之一，他的学术思想在元、明、清三代一直是封建统治阶级的官方哲学，代表着封建社会更趋完备的意识形态。元朝皇庆二年（1313年）复科举，诏定以朱熹《四书集注》为标准取士，朱学定为科场程式，遂成为巩固封建社会统治秩序的精神支柱。它强化了"三纲五常"，对后期封建社会的变革起了一定的阻碍作用。朱熹的学说，也对后来明朝王阳明的心学有深刻的影响。王阳明的知行合一思想正是在朱熹哲学基础上的突破。朱熹的学术思想在世界文化史上也具有重要影响。

2. 陆王心学

陆九渊（1139年—1193年），号象山，世人称存斋先生，是著名的理学家和教育家，与当时著名的理学家朱熹齐名，史称"朱陆"。他将儒家思孟学派之学说与佛教禅宗思想相结合，并承袭程颢天即理之观点，提出了心即理之命题，乃儒家心学之开山祖。四方上下曰宇，往古来今曰宙。宇宙便是吾心，吾心便是宇宙。千万世之前有圣人出焉，同此心同此理也。千万世之后有圣人出焉，同此心同此理也。著《象山先生全集》。明代王阳明发展其学说，成为中国哲学史上著名的"陆王学派"，对近代中国理学产生深远影响。

王守仁（1472年—1528年），号阳明子，世称阳明先生，故又称王阳明。我国宋明时期主观唯心主义集大成者，浙江余姚人，陆王心学之集大成者，他非但精通儒家、佛家、道家，而且能够统军征战，是中国历史上罕见的全能大儒，深受南宋陆九渊心学之影响，集儒家心性学说之大成。主张："心者，天地万物之主也。天下无心外之理，无心外之物。心即良知，生天生地，成鬼成帝，皆从此生。"王守仁著有《王文成公全书》。

汉代新儒学在本质上是三教合流的产物，是发展过程中寻求完善的必然结果。汉代儒学形成是以天人感应的神学目的化特征的经学化儒学，并掺入了迷信谶纬的因素。其在强化汉统治阶级的统治基础的同时，又成为危害统治阶级的因素。因此，东汉的儒学最终走向困境。

（1）东汉后期外戚、宦官专权，"君权神授"受到挑战，神学观念不能自圆其说。

（2）魏晋时期，儒学逐步被调和的名教和自然关系的玄学替代。

（3）佛、道等的兴起及其理论上的完善，也严重地挑战儒家学说。

北宋时期，理学开山人物周敦颐援引佛、道的一些新概念、新范畴。张载、程颢、程颐各自提出"气""理"本体论，使本体论与儒家伦理学相结合，奠定了理学的基础。南宋时，理学进入到鼎盛时期，形成闽学、陆学、吕学、永康、永嘉等重要学派。到南宋末，闽学的代表人物朱熹思想逐步上升到统治地位。由陆九渊、王守仁集大成的心学派也在南宋后期占有一席之地，成为宋明新儒学两大派别，影响了中国宋明新儒学的思想。程朱理学则成为官方哲学，地位牢不可破。

宋明新儒学的重要特征是使传统儒学哲理化，传统儒学倡导的是伦理纲常，长于伦理而疏于哲理，详于人道而疏于天道。由于传统儒学哲理不足，没有完整的思想体系，无法与玄学、佛学等思辨严谨的宇宙本体论相抗衡。因而理学家们在坚守伦理本位、道德中心原则的同时，吸收佛、道哲理思辨方法，丰富思维内容，提高理论水平，建构起以理、气、心为最高范畴的宇宙本体论。

（1）周敦颐，将老子的无极太极、阴阳家的阴阳、五行、中庸的诚等到思想资料融为一体，重新排列，改造道士陈抟的《太极先天图》，构建了一个宇宙本体论。

（2）邵雍（（1011 年—1077 年）北宋哲学，创"象数学"，以为万物皆由"太极"演化而成，以象数学的独特形式构筑出一个宇宙本体论，也体现了儒、佛、道相互融合的新特点。

（3）陆王等成就了"宇宙便是吾心，吾心即是宇宙"的"心即理"的宇宙本体论。

周敦颐、张载、邵雍、程颢、程颐以"性理学"而并称北宋五子，性理学所发扬的儒是伦理道德、身心修养层面的儒学，更好地体现儒学社会功能，比之先秦儒学也有很大的不同。原始儒学所倡导的是日常行为规范、原则和方法，但缺少其形而上的理论探求和追问；性理学家们则在原始儒学的基础上进行形而上的深化，进一步强化了儒学在社会政教两方面的功能，使得社会道德的规范行为变而为人们遵循的律条，这比之法律更有约束作用，"人死于法，犹有怜之者；死于理，其谁怜之。"从这里我们可知，儒学中性理学思想对社会进步的阻碍也就充分地表现出来了。

儒学发展至此，已不同于先秦、汉代的儒学特点了。其特征表现为：

第一，引入佛、道的哲思。

周敦颐、邵雍等首先熔铸佛老思想入儒，构建起具有思辨性的宇宙本体论，彻底改造先前的儒学精神，将宋明新儒学的哲学思辨水平提高到一个新层面。

第二，穷理灭欲、重建礼制的道德理想。

先秦儒家推崇的是周礼，讲究仁治；汉代则将"礼"体系化、制度上；而宋代更将"礼"提高到哲学化方向。至此儒学已形成完备的哲学体系、礼仪程序，进一步规范人的行为准则、心理结构和是非观念。礼的权威性得到高层面的确认。

第三，高扬"内圣"的经世学风。

经世学风在原始儒学中指"圣"的外王之学与"仁"的内圣之学，孔子主张内圣与外王统一，"下学而上达"。孔子之后，内圣外王之学发生了歧异，孟荀分别发挥内圣之学和外王之学。宋明新儒学更关注孟子的内圣之学，在这样的理论框架下，真心诚意的内在修身成为他们认定的经世之本。他们将"正心诚意"、"修身齐家"提高到空前的高度，专求"内圣"的经世学风，而"外王"从属于"内圣"，以"内圣"为指归。其结果是心性论谈高于治平方略，圣贤品德胜过世俗功勋。

3. 明清之际活跃的儒家思想

明末清初，黄宗羲、顾炎武和王夫之等进步思想家对传统儒学的批判继承，未能从根本上动摇儒学的地位，所以不再单独划分阶段，但这些思想促使我国传统文化重新焕发了生机，对后世产生了巨大影响。

（1）李贽的离经叛道

明朝后期，中国社会内在矛盾空前尖锐。道学家（儒家中以正统自居的理学家，他们把儒家经典鼓吹成神圣不可侵犯的经典理论，一些貌似圣贤而实际品质恶劣的人以此为幌子）为抬高自己，把孔子奉为"扶天纲、立地纪"的神圣。李贽目睹了官场的污浊和道学家的伪善，形成离经叛道的不羁性格。他自称为"异端"，指出孔子不是天生圣人，儒家经典也不是神圣不可侵犯的理论。他反对以孔子的是非为标准，认为是非标准应依照时代变化而变化。他批判道学家的虚假说教，强调人正当的私欲，认为穿衣吃饭就是"人伦物理"，人不能脱离基本的物质生活去空谈仁义道德。李贽的思想在一定程度上反映了资本主义萌芽时期的要求。

李贽（1527年—1602年）明代官员、思想家、文学家，泰州学派的一代宗师。李贽虽然出家做过和尚，但是佛教并非其唯一信仰，根源上说，李贽的信仰是儒释道三教并存，以儒教为本。李贽在反对政治腐败和宋明理学的过程中，形成了他的政治思想，主要有主张个性解放，思想自由。提倡人类平等反对封建礼教反对理学空谈，提倡功利主义、"至道无为"的政治理想。

他有明显的进步的历史观：第一，不以孔子是非为是非。李贽对《六经》《论语》《孟子》表示了极大的轻蔑，认为这些著作是当时懵懂弟子，迂阔门徒随笔记录，大半非圣人之言，即使是圣人之言，也只是因一时所发之药石，不能成为"万事之言论"。第二，反对历史保守主义主张"与世推移"的历史发展观。"夫是非之争也，如岁时行，昼夜更迭，不相一也。昨日是而今日非也，而可遽以定本行商法哉？"他提出"于世推移，其道必尔"的主张。认为春秋替三代、战国代春秋都是一种正常的历史发展现象。第三，民本思想。虽然孟子早就提出"民为贵，君为轻，社稷次之"的主张，当在历代统治者中，均未成为一种真正的政治实践。而李贽大胆提出"天之立君，本以为民"的主张，表现出对专制皇权的不满，成为明末清初启蒙思想家民本思想的先导。李贽著有《焚书》《续焚书》《藏书》等。

（2）黄宗羲对君主专制的抨击

黄宗羲（1610年—1695年）明末清初经学家、史学家、思想家、地理学家、天文历算学家、教育家，学问极博，思想深邃，著作宏富，与顾炎武、王夫之并称"明末清初三大思想家（或清初三大儒）"；与弟黄宗炎、黄宗会号称"浙东三黄"；与顾炎武、方以智、王夫之、朱舜水并称为"清初五大师"，亦有"中国思想启蒙之父"之誉。

黄宗羲是明清之际的进步思想家。他从明亡的历史中看到了封建专制制度的腐朽，尖锐地揭露君主专制是天下之大害。黄宗羲提出"天下为主，君为客"、官员应当"为天下，非为君也；为万民，非为一姓也"，"天子之所是未必是，天子之所非未必非"、"有治法而后有治人"、"必使治天下之具皆出于学校"（学校指一种机构）、"公其非是于学校"等观点。他主张"天下为主，君为客"的民主思想，主张以"天下之法"取代皇帝的"一家之法"，从而限制君权，保障人民的基本权利。黄宗羲的政治主张抨击了封建君主专制制度，对以后反专制斗争起了积极的推动作用。

有学者认为黄宗羲的思想仍属治权在君，并没有到达近代民主思想的标准，也有学者认为黄宗羲的思想是近代民主思想，在民权理论上还超越了欧洲的卢梭。在当时清朝的专制皇权不断加强的同时，他大胆地批判君权神授的神秘色彩，公开宣称："为天下之大害者，君而已矣。"黄宗羲一生著述大致依史学、经学、地理、律历、数学、诗文杂著为类，多至50余种，300多卷，其中最为重要的有《明儒学案》《宋元学案》《明夷待访录》《孟子师说》等。

（3）顾炎武提倡经世致用

著名思想家顾炎武也生活在明末清初。面对日益加剧的社会危机，他放弃科举，开始探索挽救国家危亡的途径。他重视对实际情况的了解，形成了经世致用的思想。他主张到实践中求真知，力求解决国计民生的现实问题。他经过实地考察写成了巨著《天国郡国利病书》，记述了山川形势、物产风欲、民生利弊，有很高的实用价值。顾炎武以他崇实致用的学风和锲而不舍的学术实践，开一代朴实学风的先河。

顾炎武（1613 年—1682 年），南直隶苏州府昆山（今属江苏）人，明末清初著名的思想家、史学家、语言学家。青年时发愤为经世致用之学，并参加昆山抗清义军，败，幸而得脱。后漫游南北，屡谒明陵，卒于曲沃。康熙间被举鸿博，坚拒不就。其学以博学于文，行己有耻为主，合学与行、治学与经世为一。著作繁多，以毕生心力所著《日知录》，另有《音学五书》《亭林诗文集》等。

顾炎武被称作是清朝"开国儒师"、"清学开山"始祖，他学识渊博，在经学、史学、音韵、小学、金石考古、方志舆地以及诗文诸学上都有较深造诣，建树了承前启后之功。他继承明季学者的反理学思潮，不仅对陆王心学作了清算，而且在性与天道、理气、道器、知行、天理人欲诸多范畴上，都显示了与程朱理学迥异的为学旨趣。顾炎武为学以经世致用的鲜明旨趣，朴实归纳的考据方法，创辟路径的探索精神，以及他在众多学术领域的成就，宣告了晚明空疏学风的终结，开启了一代朴实学风的先路，给予清代学者以极为有益的影响。顾炎武还提倡"利国富民"，并认为"善为国者，藏之于民"。他大胆怀疑君权，并提出了具有早期民主启蒙思想色彩的"众治"的主张，提倡"天下兴亡，匹夫有责"，成为激励中华民族奋进的精神力量。他强调做学问必须先立人格："礼义廉耻，是谓四维"；他提倡经世致用，反对空谈，注意广求证据。

（4）王夫之的唯物思想

王夫之（1619 年—1692 年），湖南衡阳人，晚年居衡阳之石船山，世称"船山先生"。明末清初杰出的思想家，哲学家，与方以智，顾炎武，黄宗羲同称"明末四大学者"。王夫之学问渊博，对天文、历法、数学、地理学等均有研究，尤精于经学、史学、文学。主要著作有《周易外传》《周易内传》等。

与黄宗羲、顾炎武同时代的王夫之，继续和发展了前代思想家的唯物思想。王夫之认为世界是物质的，物质是不断变化的。在认识论方面，他认为一切事物通过考察研究都是可以认识的。他还认为静止是相对的，运动是绝对的，具有朴素的辩证法思想。在理气关系问题上，王夫之坚持"理依于气"的气本论，驳斥了程朱理学以理为本的观点。他强调"气"是阴阳变化的实体，理乃是变化过程所呈现出的规律性。理是气之理，理外没有虚托孤立的理，从而批判了从周敦颐到朱熹所坚持的气外求理的唯心主义理论。王夫之结合对"统心、性、天于理"的客观唯心主义体系的批判，强调指出"盖言心言性，言天言理，俱必在气上说，若无气处，则俱无也"，明确地坚持了唯物主义的气本论。王夫之坚持"无其器则无其道""尽器则道在其中"的唯物主义道器观，系统地驳斥了割裂、颠倒道器关系的唯心主义思想。他通过论证"道"对于"器"的依存性，得出了"据器而道存，离器而道毁"的结论，驳斥了"理在事先""道本器末"的观点。王夫之的唯物主义是中国古代唯物主义思想的发展顶峰，启示了近代人们的思维方法，具有划时代的意义。

明清之际活跃的儒家思想，李贽的离经叛道，黄宗羲对君主专制的抨击，顾炎武提倡经世致用，王夫之的唯物思想，几乎在传统哲学的所有范畴和命题上都提出超越前人的见解，促使我国传统文化重新焕发了生机，对后世产生了巨大影响。但是，明清儒学家们具有初步的民主色彩，却没有提出建立新社会制度的主张，也未形成完整的理论体系，通过批判继承传统儒学，力求有所更新，从而又一次发展了儒学，使儒学的正统地位受到冲击，但未能从根本上动摇儒学的地位。

明清之际活跃的儒家思想的特征：

（1）他们继承了晚明进步的思想传统，提倡民主，反对民族压迫和封建专制主义；他们不畏强权、担当历史重任、敢于冲破旧的思想藩篱、探索真理的优秀品质，值得后人学习。

（2）他们提倡"经世致用"的务实革新、求真求是的学风和"经世"爱国的优良传统，对后世产生了深远的影响。

（3）他们掀起了中国封建社会晚期思想解放的洪流，批判地继承了传统的儒学，构筑了具有时代特色的新思想体系，具有解放思想的进步意义。

（4）明清之际的民主思想对当时的封建专制有一定的冲击作用，但没有提出新的社会制度，也未能形成完整的思想体系，没有动摇封建统治的理论基础。

（四）现代新儒学

现代新儒学产生于二十世纪二十年代，以接续儒学"道统"为己任，以服膺宋明理学为特征，力图恢复儒家传统的本体和主导地位，并以此为基础来吸纳融合西学，以谋求中国文化和中国社会在现代化条件下的出路的一个学术思想流派，学界称之为"现代新儒学"。

以梁漱溟、熊十力、牟宗三等人为代表的新儒家，形成了新陆王学（新心学）。以冯友兰为代表的新儒家，形成了新程朱学（新理学）。梁漱溟（1893年—1988年），为现代新儒学之先驱。尊孔崇儒，于中西印三种文化形态中，断言调和持中的儒家文化最有前途。熊十力（1884年—1968年），是现代新儒学哲学本体论的奠基人，开创新唯识论，被世人称之为陆王心学之精致化系统化的集大成者。牟宗三（1909年—1995年），以康德哲学为范本，完成了中国儒学道德的形上学之重建，强调儒学道统之内圣，应顺乎现代化之潮流，开出科学学统与民主政统之外王。冯友兰（1895年—1990年），以贞元六书为标志，以真际实际两世界、自然功利道德天地四境界为骨架，构筑了一个完整庞大的新理学体系。

梁漱溟（1893年—1988年），著名的思想家、哲学家、教育家、社会活动家、爱国民主人士，著名学者、国学大师，主要研究人生问题和社会问题，现代新儒家的早期代表人物之一，有"中国最后一位儒家"之称。梁漱溟自称"是一个有思想，又且本着他的思想而行动的人"。其学术思想自定位为："中国儒家、西洋派哲学和医学三者，是我思想所从画之根柢"（《朝话》），把孔子、孟子、王阳明的儒家思想，佛教哲学和西方柏格森的"生命哲学"糅合在一起。他把整个宇宙看成是人的生活、意欲不断得到满足的过程，提出以"意欲"为根本，又赋予中国传统哲学中"生生"概念以本体论和近代生物进化论的意义，认为"宇宙实成于生活之上，托乎生活而存者也"，"生活就是没尽的意欲和那不断的满足与不满足罢了"（《东西文化及其哲学》）。中国文化以孔子为代表，以儒家学说为根本，以伦理为本位，它是人类文化的理想归宿，认定"世界未来的文化就是中国文化复兴"，认为只有以儒家思想为基本价值取向的生活，才能使人们尝到"人生的真味"。他断定中国是一个"职业分途"、"伦理本位"的社会，缺乏"阶级的分野"（《中国文化要义》），因此反对阶级斗争的理论，认为应该通过恢复"法制礼俗"来巩固社会秩序，并"以农业引导工业的民族复兴"（《乡村建设理论》）。其著有《乡村建设理论》《人心与人生》等。

熊十力（1885 年—1968 年）著名哲学家，新儒家开山祖师，国学大师。湖北省黄冈（今团风）县人。熊十力是我国现代哲学史上最具有原创力和影响力的哲学家。他奠定了现代新儒学思潮的哲学形上学基础。他的"体用不二"之论，成为整个当代新儒学思潮"重立大本、重开大用"和"保内圣，开新外王"的滥觞，亦成为这一思潮的基本思想间架。熊十力的全部工作，简要地说，就是面对西学的冲击，在儒学价值系统崩坏的时代，重建儒学的本体论，重建人的道德自我，重建中国文化的主体性。他的学生唐君毅、牟宗三、徐复观正是在他的精神感召之下，沿着他开创的精神方向和他奠立的形上基础而加以发挥、扩展、深化、扬弃的。学界把他们师徒视为现代新儒学思潮的中坚。熊十力著有《新唯识论》《原儒》《体用论》《明心篇》《佛教名相通释》《乾坤衍》等书。其学说影响深远，在哲学界自成一家，"熊学"研究者也遍及全国和海外，《大英百科全书》称"熊十力与冯友兰为中国当代哲学之杰出人物"。

冯友兰（1895 年—1990 年），字芝生，河南唐河县人。中国当代著名哲学家、哲学史家、教育家。1924 年获哥伦比亚大学博士学位，历任中州大学、清华大学校务会议主席、北京大学哲学系教授等，其哲学作品为中国哲学史的学科建设作出了重大贡献，被誉为"现代新儒家"。他运用西方新实在论哲学重新诠释、阐发儒家思想，以作为复兴中华民族之理论基础。他写成的以《新理学》为核心的"贞元六书"构成了一套完整的新儒家哲学思想体系，既是冯氏哲学思想成熟的标志，也是他一生治学的最高成就，并因此而奠定了他作为"现代新儒家"的地位，成为一位继往开来、具有国际声誉的一代哲人。他著作很多，《中国哲学简史》享誉全国，《人生的境界》被编入中学教材。

贺麟（1902 年—1992 年），现代新儒家的早期代表人物之一。四川省金堂县人，中国著名的哲学家、哲学史家、黑格尔研究专家、教育家、翻译家。早在 20 世纪 40 年代，贺麟就建立了"新心学"思想体系，成为中国现代新儒家思潮中声名卓著的重镇。贺麟在中国哲学方面也有极高造诣，被尊为现代新儒学八大家之一。就中国哲学和儒家思想而言，他早年主张"心"是"最根本最重要"的，认为"不可离心而言物"，在三十年代曾创立了与冯友兰"新理学"相对的"新心学"体系，成为现代新儒家的倡导者之一。认为以孔子、孟子、《诗》教、《礼》教、宋明理学为代表的儒学，是中国文化的优良传统，提出应该从哲学化、宗教化、艺术化三条途径出发，吸收西方思想文化的长处，来改造、补充和发挥儒家学说，以谋求"儒家思想的新开展"。贺麟认为"中国文化自宋儒起，可以说是划一新时代，加一新烙印，走一新方向"，宋儒的思想虽有偏蔽，但其"哲学富有爱民族，爱民族文化的思想"，宋儒的"格物穷理"，"似虚玄空疏，而实有大用。"1949 年以后，在马克思主义的影响下，贺麟放弃了自己的唯心论哲学，思路逐步转向辩证唯物论和历史唯物论，并且集中精力研究西方哲学和翻译西方哲学名著

牟宗三（1909 年—1995 年），字离中，山东栖霞人。中国现代学者，哲学家、哲学史家，现代新儒家的重要代表人物之一，是被人称之为最具"原创性"的"智者型"哲学家，是当代港台新儒家中的重镇。1949 年去台湾，任教于台北师范大学、台湾东海大学，讲授逻辑、中国哲学等课程。1958 年与唐君毅、徐复观、张君劢联名发表现代新儒家的纲领性文章《为中国文化敬告世界人士宣言》。牟宗三是海外新儒学的重要代表和集大成者。如果说冯友兰的努力方向在于使中国儒学"逻辑地"建立起来，那么牟宗三的努力方向则在于使中国儒学"哲学地"建立起来。牟宗三以《认识心之批判》《道德的理想主义》《智的直觉与中国哲学》《现象与物自身》《圆善论》《心体与性体》《佛性与般若》《才性与玄理》等一系列著作，会通中西，圆融古今，完成了对中国儒学的创造性重建，建立了庞大、缜密的哲学体系即道德的形而上学体系。其哲学成就代表了中国传统哲学在现代发展的新水平，具有世界影响。英国剑桥哲学词典誉之为"当代新儒家他那一代中最富原创性与影响力的哲学家"。

传统儒学经宋明儒者的修正之后，到清代已成为精华与糟粕、财富与包袱、动力与阻力并存的复合体。在这种情况下，梁漱溟等儒学者以维护孔子的真价值，弘扬传统中真的精神，复兴儒学，融合中西方文化，并归于儒学，创造性地重建传统的儒学精神。随后的熊十力、贺麟、冯友兰等人从不同角度与方向推动现代新儒学向前发展。现代新儒学的开创者梁漱溟在《东西文化及其哲学》中批判孔子耽误了中国的科学与民主，传统理学压折了人的本

性和情感。熊十力则在《新维识论》中主张重建中国儒学的本体论，"唯心论的本体、宇宙论的开而上"的哲学体系。具有国际化思潮的取向。贺麟的《儒家思想的新开展》一文中也提出"建设新儒家""儒家思想新开展"等新观点。从这些儒者的文章中，可以读到来自西方的"新黑格尔主义"、"新康德主义"和"柏格森主义"等理论内容。

现代新儒学的特征主要表现为：

第一，援西学入儒，融贯中西。

走融会中西之学的道路，希望能像宋明儒学那样吸收佛、道那样消融西方学说。仍以儒学为主体，吸纳来自西方传入的学术思想。梁漱溟所主张的是用儒学去解决来自西方的危机，创立新的孔学，以补中国哲学之短。他强调要以博大胸怀，恢弘的气魄兼容、理解、吸纳来自西方的学术思潮，丰富民族文化的内涵。

第二，新儒学者没有把传统儒学与西方现代化看成对立物。

"五·四"新文化运动提出"科学""民主"，企图通过全盘否定传统文化和西化来建立现代中国。他们更重视中国传统文化与西方文明的融合，在道德主体的"本"之上，开创民主制度的新局面。

总体上具有"返本开新"的文化思想，是回归儒家心性学的根本，开出现代科学与民主的"外王"之道，补充儒家"内圣"之学。根本上不离"内圣"之体、"外王"为用的思想格局。他们所倚重的儒家根本其实仍是宋明新儒学的精神。

第三，文化保守主义的情怀。

1. 对东西方文化的双重反省，互相参照，从中提示出中华文化的特殊价值。

2. 吸收西学，目的是为了重建民族主体性的中华文化。冯友三偏于程朱理学，梁漱溟、熊十力、贺麟则继承了陆王一脉。

3. 坚持"中体西用"的基本态度，继承了儒家"道统"，维护传统道德。

梁漱溟用"东方精神文明"纠西方物质文明之偏。传统儒学被"五、四"时期的知识分子们彻底抛弃了，而20世纪的新儒学者重新发掘并培植儒学、振兴儒学。这也是现代新儒学家的保守主义文化心态的一种写真。总之，新儒学者们关注儒学，努力于传统儒学的复兴。这种良好愿望正是传统儒学所赋予人们的强烈的民族意识和民族情感所激发出来的。他们对传统一往情深，希望是大儒学、是其本意。

三、儒家思想的现实意义

儒学思想博大精深，它的思想是中华民族精神的源头活水。无论对于个人成才、企业管理还是国家发展，儒家思想是一座巨大的取之不尽用之不竭的资源宝库，关键要靠现代人的智慧结合社会现实，深入的研究、挖掘、开发、利用。下文将撷取部分精华结合社会实际进行阐述，以便起到抛砖引玉的作用。

（一）诚信——人的第二生命

一个人的立身之本，处世之道，事业之基是"诚信"！

诚信，是儒家所推崇的处世原则。《礼记·乐记》记载"着诚去伪，礼之经也。"自古以来，就有"人无信而不立"的说法，从商鞅辕门立木到曾子杀猪教子，"言必信，行必果（《论语·子路》）"，作为衡量个人品行优劣的道德标准之一，已经成为中华民族的传统美德，并对民族文化，民族精神的塑造起了不可缺少的作用。诚信是中华民族的传统美德之一。无论在过去或是现在，诚信无论对于个人成长、企业发展还是国家建设都是极为重要的。

诚信是立身之本，被称为"人的第二生命"。子曰："人而无信，不知其可也。"人若不讲信用，在社会上就无立足之地，什么事情也做不成。诚信是一种人人必备的优良品格，一个人讲诚信，就代表了他讲文明，讲诚信的人，处处受欢迎；不讲诚信的人，人们会忽视他的存在；所以，我们每个人都要讲诚信。

河北巨贪李真，台上讲话道貌岸然，慷慨激昂，巧舌如簧，台下却贪污腐败，横行霸道，男盗女娼；三鹿毒奶粉的责任人，全不顾人命关天，丧尽天良；北京张悟本用"绿豆治百病大法"骗人骗财，道德败坏……这些人最终受到了道德的谴责、法律的制裁。

诚信是齐家之道。唐代著名大臣魏徵说："夫妇有恩矣，不诚则离。"只要夫妻、父子和兄弟之间以诚相待，诚实守信，就能和睦相处，达到"家和万事兴"之目的。若家人彼此缺乏忠诚、互不信任，家庭便会逐渐崩溃。

诚信是交友之基。只有"与朋友交，言而有信"，才能达到"朋友信之"、推心置腹、无私帮助的目的。否则，朋友之间充满虚伪、欺骗，就绝不会有真正的朋友，朋友是建立在诚信的基础上。

诚信是经商之魂。在现代社会，商人在签订合约时，都会期望对方信守合约。诚信更是各种商业活动的最佳竞争手段，是市场经济的灵魂，是企业家的一张真正的"金质名片"。因为不诚信，不法分子为增加原料奶或奶粉的蛋白含量而人为加入可导致人体泌尿系统产生结石的化工原料三聚氰胺，导致中国的一个大企业——三鹿集团轰然倒塌，相关责任人被判重刑。企业经营者、人民、国家和社会都遭到巨大损失。因为诚信，一个原来亏损企业进入世界500强。1985年，张瑞敏接手青岛电冰箱厂那一年最轰动的事情就是砸了76台冰箱。当时一台冰箱800多元，但职工的工资只有40元，一台冰箱相当于一个工人两年的工资。张瑞敏对员工说，如果便宜处理给你们，就等于告诉大家可以生产这种带缺陷的冰箱，今天是76台，明天就可能是760台、7600台。张瑞敏做出了一个让所有海尔人至今仍不能忘怀的决定——砸毁这有缺陷的76台冰箱。当时，海尔很多职工在砸冰箱时流下了眼泪。就是这一砸砸出了海尔的诚信理念、质量意识，从一个亏损砸出了世界500强企业！香港巨商李嘉诚在接受美国《财富》杂志专访时，吐露了他的成功之道——恪守诚信。驰名海内外的长虹集团，何以能独领风骚？一个非常重要的原因，也是诚信。海涅说："生命不可能从谎言中开出灿烂的鲜花。"一个人可以欺骗一时，不可欺骗一世；可以欺骗他人，唯独不可欺骗自己。当一个人失去诚信的时候，他就失去了真正的生命，只剩下躯壳。

诚信是为政之法。《左传》云："信，国之宝也。"指出诚信是治国的根本法宝。孔子在"足食""足兵""民信"三者中，宁肯"去兵""去食"，也要坚持保留"民信"。因为孔子认为"民无信不立"，如果人民不信任统治者，国家朝政根本立不住脚。因此，统治者必须"取信于民"，正如王安石所言："自古驱民在信诚，一言为重百金轻。"

诚信是心灵良药。古语云："反身而诚，乐莫大焉。"只有做到真诚无伪，才可使内心无愧，坦然宁静，给人带来最大的精神快乐，是人们安慰心灵的良药。人若不讲诚信，就会造成社会秩序混乱，彼此无信任感，后患无穷。正如《吕氏春秋·贵信》篇所说，如果君臣不讲信用，则百姓诽谤朝廷、国家不得安宁；做官不讲信用，则少不怕长，贵贱相轻；赏罚无信，则人民轻易犯法，难以施令；交友不讲信用，则互相怨恨，不能相亲；百工无信，则手工产品质量粗糙，以次充好，丹漆染色也不正。可见失信对社会的危害何等大啊！

综观而言，诚信对于自我修养、齐家、交友、营商以至为政，都是一种必不可少的美德和原则。

孔子明确指出："君子义以为质。"（《论语·卫灵公》）"质"即原质，犹本原，根本也。君子立身行事应以道义为根本。孔子又指出："君子义以为上。"（《论语·阳货》）这里的"上"即是崇高、尊重之义。"义以为上"是指在处理物质利益与道义价值关系时，必须坚持道义价值重于物质利益，应从道义出发，以道义为指导。不管是"义以为质"或"义以为上"，都是孔子为君子提出的"做人"的基本原则。孔子虽然说"君子喻于义，小人喻于利"（《论语·里仁》）和"君子义以为上"，但并不意味着孔子只讲义不要利，只问动机不问效果的道义论者，他已深刻地认识到"放于利而行，多怨。"（《论语·里仁》）如果人人都以逐利作为行动的指南，社会将会引起混乱。所以孔子主张"见利思义"，说"富与贵，…不以其道得之，不处也。"（《论语·里仁》）因此，在建设有中国特色社会主义市场经济的过程中，我们应当批判地继承儒家义利观中的积极因素"以义制利"、"公利为上"的合理内核，确立一种与社会主义发展要求相适应的、以义利同在、以义导利、义利统一、义字当头为特征的社会主义新型义利观。无疑具有十分重大的现实意义。

2006年3月4日，胡锦涛总书记提出了以"八荣八耻"为核心内容的社会主义荣辱观，其中便谈到了"以损人利己为耻、以见利忘义为耻"。这也正是儒家思想的运用，是社会所急需的道德准则。

充分重视个人利益，义利同在。不可否认，过去在相当长的一段时间内，我们国家在经济生活中搞"平均主义"、吃"大锅饭"，受传统义利观中"重义轻利"思想的影响，在道德生活领域对个人正当利益的肯定和重视不够。改革开放尤其是党的十四大提出了建立社会主义市场经济体制以来，个人追求正当利益的合理性得到了肯定和认可，这激发了劳动者的积极性和创造性，促进了经济的快速发展。

从社会主义的生产目的来看，社会主义的生产目的是要满足广大人民群众日益增长的物质和文化生活的需要，即要重视人民群众的利益；从社会主义的本质来看，社会主义的本质是解放生产力，发展生产力，消灭剥削，消灭贫穷，最终实现共同富裕，而共同富裕的前提是允许和鼓励一部分地区和个人通过诚实劳动、合法经营先富起来，即肯定个人利益；从社会主义社会劳动产品的分配原则来看，按劳分配就是要按照劳动者向社会提供的劳动量的大小，多劳多得、少劳少得，这在生产力水平总体落后、发展不平衡的社会主义初级阶段有利于充分调动人们的积极性。

营造市场经济发展的良性道德氛围，以义导利。市场经济体制的建立和发展，人们改变了以往的价值观念，树立新的价值观、道德观，如竞争观念、利益观念、自由观念等，这在一定程度上激发了人们的积极性和创造性，但也产生了许多负面影响，使人们由一个极端走向了另一个极端。在新旧体制的转轨时期，由于市场发育仍不充分，市场规则还不健全，市场法规尚不完善，造成了社会经济生活中的一些"空档"，使得一些利欲熏心之徒有机可乘，钻空子、挖墙脚、巧取豪夺、以权谋私、坑蒙拐骗、为富不仁的现象时有发生。因此，营造市场经济发展的良性道德氛围，充分发挥道德对社会经济生活的能动作用，大力加强社会主义道德建设，引导人们通过诚实劳动、合法经营走向共同富裕便成为摆在全国人民面前的一项迫切的任务。强化社会公德、职业道德和家庭美德的教育，不断引导和提升广大人民群众的思想道德觉悟；自觉抵制资产阶级利己主义、拜金主义、享乐主义等形形色色的腐朽观念，树立正确的义利观，做到"先义后利、以义制利、取之有道"。

"日本企业之父"、"儒家资本主义的代表"涩泽荣一将《论语》作为第一经营哲学，他在著作《论语与算盘》总结自己的成功经验就是：既讲精打细算赚钱之术，也讲儒家的忠恕之道。这就是无数实证之一。

公私兼顾，义利统一。今天，我们所强调的"义"，主要是指社会主义的思想道德要求和国家的公利；我们所说的"利"，主要是指个人的物质利益和某些单位和地区的地方利益。这样，在社会主义道德建设和社会主义经济的发展中，有一个无法回避的个人、集体和国家之间的利益关系问题。我们应强调个人、集体和国家三者之间是相互统一的，正所谓："大河有水小河满，小河无水大河干。"马克思指出："社会整体利益绝不是作为一种具有独立历史的独立力量而与个人利益相对抗，相反这种共同利益首先要作为彼此分工的个人之间的相互依存关系存在于现实之中。"（马克思、恩格斯《马克思恩格斯全集》）社会主义整体利益不能脱离每个成员的个人利益，反过来，社会成员的个人利益也不能脱离社会整体利益，社会整体利益的主要内容如生产力发展、物质财富和精神财富的增加依赖于个人利益的实现和劳动积极性的提高，并最终要通过社会成员的个人利益表现出来。因此，在建设有中国特色社会主义市场经济的过程中，要正确认识个人利益与集体利益、局部利益与整体利益、眼前利益与长远利益之间的统一性，做到公私兼顾，义利统一。

先义后利，义字当头。儒家义利观强调义利统一，同时又指出了义相对于利的优先地位，认为义高于利，以"义"作为最高的价值选择目标，对今天我们正处于社会主义市场经济发展过程中的义利关系无疑具有巨大的借鉴意义。社会主义社会，已经消灭了阶级利益的对抗，国家、集体和个人利益在根本上具有一致性，但不可否认，个人利益、集体利益和国家利益之间还存在着矛盾，而要我们正确对待和处理，必须坚持先义后利、义字当头的原则。在个人利益同集体利益和国家利益发生矛盾时，要以集体和国家利益为重，必要时甚至牺牲个人利益。坚决反对任何形式的个人主义、团体主义和地方保护主义，坚决反对损公肥私、见利忘义、先利后义的价值取向。邓小平同志曾经指出："每个人都应该有他一定的物质利益，但是，这绝不是提倡抛开国家、集体和别人，专门为自己的物质利益而奋斗。"（《邓小平文选：第二卷》）正确处理个人利益、集体利益和国家利益之间的关系，是促进社会主义经济发展和保证社会主义事业兴旺发达的重要前提。

总之，要让那些获得不义之财的人受到个人良心的折磨、社会舆论的谴责、国家法律的制裁，严重者要让他们政治上身败名裂、经济上一无所有、思想上后悔莫及。这样，与社会主义发展要求相适应的：义利同在、以义导利、义利统一、义字当头为特征的社会主义新型义利观才能真正根植到每个人的心中，确保社会主义经济又好又快发展。

（二）儒家思想与现实社会

和平与发展是21世纪的两大主题，以何种思想方法和手段来解决社会纠纷、人类纠纷以实现社会的和谐、世界的和平与发展，"有可能在孔子的思想里寻找到答案。"孔子"和而不同""民本思想""义利观"等不仅有助于个人的健康成长还有助于企业的健康发展，不仅有助于国家的和谐稳定，还有助于化解当今世界各文明之间的冲突，使之和平共处，共同发展。"和而不同"思想将为世界文化多元共存，避免战争，取长补短，互相促进，提供价值观和方法论的指导。"仁爱通和"是儒学的精华，能为人类文明的转型和更高发展提供重要的思想基础。孔子的"天人合一"思想可以成为世界持续发展的动力。

2010年8月，《北京青年报》报道：2009年，第四届孔子学院大会在北京召开。数据显示，差不多每6天世界上就会多一所孔子学院。从2004年11月21日全球第一所"孔子学院"在韩国首尔挂牌成立以来，截至2010年6月底，全球已在遍布全球五大洲90多个国家和地区建立了302所孔子学院、272个孔子课堂（孔凡元《世界九十多个国家地区已建孔子学院三百多所》）。随着中国文化的对外传播，处于中国传统文化核心地位的孔子及其儒家思想也随之远播海外，并且产生了深远的影响，成为传播中国文化和推广汉语教学的全球品牌和平台。作为中国人，我们有义务保护好、继承好、利用好祖国的传统文化！

第五章　国学之道家思想

尼采曾说："老子《道德经》像一个永不枯竭的井泉，满载宝藏，放下汲桶，唾手可得。"

英国科学家李约瑟一生研究中国，对中国文化情有独钟，著有多卷本《中国科学技术史》专著。他说，中国文化就像一棵参天大树，而这棵参天大树的根在道家。李约瑟越研究中国，越认识到老子、道家在中国文化中的重要地位，越发相信老子学说的正确，越来越按照老子说的去做，他晚年干脆自称是"名誉道家""十宿道人"。李约瑟对中国古代文化的研究很有成就，是上个世纪国际上知名的汉学家，而他的最大贡献是发现了道家思想的现代意义，从而为上个世纪后半叶世界"老子热"的形成做出了历史性的贡献。

老子的著作、思想早已成为世界历史文化遗产的宝贵财富。欧洲从十九世纪初就开始了对《道德经》的研究，到二十世纪的四五十年代，欧洲共有60多种《道德经》译文，德国哲学家黑格尔、尼采，俄罗斯大作家托尔斯泰等世界著名学者对《道德经》都有深入的研究，并都有专著或专论问世。黑格尔说："中国哲学中另有一个特异的宗派……是以思辨作为它的特性。这派的主要概念是'道'，这就是理性。这派哲学及与哲学密切联系的生活方式的发挥者是老子。"

上世纪80年代，据联合国教科文组织统计，在世界文化名著中，译成外国文字出版发行量最大的是《圣经》，其次就是《道德经》。美国《纽约时报》将《道德经》列为世界十大名著之首。在现时的德国、法国、英国、美国、日本等发达国家相继兴起了"老子热"，《老子》一书在这些国家被反复再版。2007年，在已有多种英文译本的情况下，一种新的《道德经》译本的出版权在美国又为8个出版商所争夺，最后哈珀公司以13万美元的高价买下出版权。

可见，道家思想不仅在中国而且在世界上都受到了重视，道家作为中国传统文化的根，我们务必学习好、继承好。

讨论题：结合生活实际，讨论道家思想在现实生活中有哪些具体运用？

一、道家思想概述

春秋末期的老子是道家的创始人，道家之名，始见于西汉司马谈的《论六家之要指》，称为"道德家"，《汉书·艺文志》称为道家，这时，道家也被称为德家，列为九流之一。它与儒家文化互相激荡、相辅相成，一起成为中国古代文化的思想脊柱，道家思想是以道为最高哲学范畴、道是世界的最高实体，道既是宇宙万物的本原，也是宇宙万物赖以生存的依据。道家学派以道来探究自然、社会、人生之家的关系。主要代表人物老子、庄子、列御寇、惠施等人。道家的主要著作有《老子》《庄子》等。庄子是道家学派的代表人，道家思想的核心是"道"，认为"道"是宇宙的本源，也是统治宇宙中一切运动的法则。道家提倡自然无为，提倡与自然和谐相处。

庄子继承和发展了老子的思想。在庄子前或同时，有杨朱的"全性葆真"说，宋钘、尹文的"情欲寡浅"说，彭蒙、田骈、慎到的"弃知去己"说，都同道家思想接近，有称之为道家别派者。道家学说以老庄自然天道观为主，老子曾在他的著作中说："有物混成，先天地生。寂兮寥兮，独立而不改，周行而不殆，可以为天地母。吾不知其名，强字之曰道，强为之名曰大"（《老子》第 25 章），强调人们在思想、行为上应效法"道"的"生而不有，为而不恃，长而不宰"（《老子》第 10 章）。政治上主张"无为而治""不尚贤，使民不争"。伦理上主张"绝仁弃义"，以为"夫礼者忠信之薄而乱之首"，与儒墨之说形成明显对立。其后，道家思想与名家、法家相结合，成为黄老之学，为汉初统治者所重。到汉武帝独尊儒术，黄老渐衰。同时，道家思想流入民间，对东汉末年农民起义运动中道教思想的产生有所影响。魏晋间玄学盛行，王弼、何晏辈首以老庄解释儒家经文，促成儒、道融合。佛学传入中国后，学者用老庄诠释佛典，又有释、道合流之势。宋明理学家力倡儒家道统，佛、老并斥，但对道家思想仍有某些吸收。道家思想对中国政治、思想、科技、文化、艺术等方面，都有深刻影响，是中国传统文化中的重要组成部分。

道教和道家也有紧密联系。

道教的思想理论，主要来自先秦道家哲学，道教将道家思想继承与发扬，广义上的道家包括道家与道教等以道为最高信仰的流派，狭义上的道家是古代思想流派，大约唐代后道家被道教取代。

道教和道家也有明显不同。道家思想是一种哲学学派，道家追求的是清静无为，顺应自然。道教是一种宗教信仰。道教追求的是益寿延年，得道成仙。

道教的思想文化，包括了道教历史、经典、修持方法、宫观建筑、人物著述、神仙法诀、教戒科仪等诸多方面。然而，道教作为一种宗教，既是一种文化，又有其独特的思想体系，有通达而完备的哲理学说，并在这丰富的思想体系上建立了自己的信仰，从而使广大奉道务道之士有了信仰和修行的目标。道家思想成形于先秦时期，直到东汉末"黄老"一词才与神仙崇拜这样的概念结合起来。就本身来看，这种崇拜和道家思想没有相关联的份，老子、庄子都是以相当平静的心态来对待死亡的，引起两者相关联的原因可能是在道家文字中描述了对于领悟了"道"并得"道"的长生者的意象。所以认为道教老子为宗又追求修炼成仙的本质来说荒谬的，这是一直以来认识上的误区，东汉时期以道家思想为本的王充著有无神论作品《论衡》，对汉末流行的神仙方术进行了全批判，在中国思想史上获得了很高地位。

在西方，道家与道教被统称为 Taois，以 Religious Taoism（道教）和 Philosophical Taoism（道家）将他们区分开来。西方者普遍认为道教是纯哲学的道家思想堕落腐败的产物，而道教支持者认为道和道家在思想上有互补之处。

二、道家思想发展历程和思想内涵

道家文化之起源、演变和发展共经历了先秦道学、秦汉黄老之学、魏晋玄学、隋唐道教重玄学与宋元道教内丹心性学等五种历史形态；自先秦以后，诸历史形态皆是继承前此道家文化之"薪火"、根据现实社会和思想文化的需要加以"损益"而形成的。

（一）先秦道学

　　道家虽然与儒家一样、同为中国思想文化的主干，但是道家文化产生的思想渊源、内容性质及其衍变发展的历史命运却与儒家迥然不同。在先秦时代，以老子与庄子之学为主要内容的先秦道家，为"诸子百家"中的一家。其时儒墨高蹈、倡行天下，并为"显学"；而老、庄、文、列却退隐藏密，"僻处自说"（黎靖德《朱子语类》）成就了其崇尚自然、推尊"道""德"、有形上特征的道家哲学。先秦道学是中国道家文化的第一种历史形态。其创始者是老子和庄子。他们的思想成就在于创立了以"道"为最高哲学范畴，以"道生万物""道法自然""齐物逍遥"为主要命题的道家思想体系。在这个思想体系中，"道"既是"常有"、又是"常无"，是"常有"与"常无"的统一。用现代的哲学术语来讲，"道"既是宇宙万物的本源，又是自然的法则或规律。老子和庄子著述中的其他思想内容，如"有""无""清""虚""柔""齐"等观念，统统是以"道"为中心展开论述的。在中国文化史上，他们的思想首次涉及天地的起源、万物的本原以及自然、社会变化的法则和规律这样一些重要的哲学问题。这类问题又同哲学的宇宙生成论、本体论、认识论等有关，大多属于"形而上学"的范畴。因此，先秦道家的思想实质上是我国第一个具有形上学特征的哲学学派，是中国两千多年来重要哲学思想的"源头活水"，以后道家思想的演变以它为一脉相传的"道统"；中国佛学的孕生从它那里吸取思想营养，儒学的新生也靠它的"太极之理"予以催化，并且至今仍在启迪中外学者的思想与睿智，给当代文明提供有益的启示。

　　1. 李　耳

　　李耳（约公元前571年—公元前471年），字伯阳，又称老聃（dān），楚国苦县厉乡曲仁里（安徽涡阳、河南鹿邑互有争论）人。我国古代最伟大的哲学家和思想家之一，被道教尊为教祖，世界文化名人。后人称其为"老子"（古时"老"字的读音和"李"字相同）。他博学多才，孔子周游列国时向老子问礼。老子晚年乘青牛西去，在函谷关写成了五千言的《道德经》（又称《道德真经》或《老子》或《老子五千文》）。一些辩证唯物主义者认为《道德经》含有丰富的辩证法思想，老子哲学与古希腊哲学一起构成了人类哲学的两个源头，老子也因其深邃的哲学思想而被尊为"中国哲学之父"。老子的思想被庄子所传承，并与儒家和后来的佛家思想一起构成了中国传统思想文化的内核。

道教出现后，老子被尊为"太上老君"，道教称其是太上老君的第十八个化身。从《列仙传》开始，老子就被尊为神仙。

《道德经》的国外版本有一千多种，是被翻译语言最多的中国书籍。老子的思想主张是"无为"，理想政治境界是"邻国相望，鸡犬之声相闻，民至老死不相往来"。《老子》以"道"解释宇宙万物的演变，"道"为客观自然规律，同时又具有"独立不改，周行而不殆"的永恒意义。《老子》书中包括大量朴素辩证法观点，如以为一切事物均具有正反两面，"反者道之动"，并能由对立而转化，"正复为奇，善复为妖"，"祸兮福之所倚，福兮祸之所伏"。又以为世间事物均为"有"与"无"之统一，"有、无相生"，而"无"为基础，"天下万物生于有，有生于无"。"天之道，损有余而补不足，人之道则不然，损不足以奉有余"；"民之饥，以其上食税之多"；"民之轻死，以其上求生之厚"；"民不畏死，奈何以死惧之？"其学说对中国哲学发展具有深刻影响，其内容主要见《老子》这本书。他的哲学思想和由他创立的道家学派，不但对我国古代思想文化的发展作出了重要贡献，而且对我国2000多年来思想文化的发展产生了深远的影响。

2. 老子哲学

老子试图建立一个囊括宇宙万物的理论。老子认为一切事物都遵循这样的规律（道）：事物本身的内部不是单一的、静止的，而是相对复杂和变化的。事物本身即是阴阳的统一体。相互对立的事物会互相转化，即是阴阳转化。方法（德）来源于事物的规律（道）。老子的"无为"并不是以"无为"为目的的，而是以"有为"为目的。因为根据之前提到的"道"，"无为"会转化为"有为"。这种思想的高明之处在于，虽然主观上不以取得利益为目的，客观上却可以更好地实现利益。从"天地无人推而自行，日月无人燃而自明，星辰无人列而自序，禽兽无人造而自生，此乃自然为之也，何劳人为乎？"（《老子故事》孔子问礼）可见：老子所说的"自然"不是类似于神的概念，万物的规律（道）由自然来指定，即是"道法自然"。

应当注意到：事实上，人活着犹如宇宙之存在，没有人能理性地指出其目的。因此，非理性地选择某个（些）目标成为唯一的选择。老子是站在道这个无穷高的位置来看问题。因此，老子只说了"方法"，但没有指出"目的"。这给我们一个启示：人何必为刻意达到目的而痛苦不堪。无为、逍遥亦是一种为人处世之道。关于老子的宇宙观，根据之前的道，"无"与"有"（万物存在即是"有"）会相互转化。因此老子认为宇宙万物来自虚无，也走向虚无，比如人的生与死（《老子故事》圣人辞世："昔日老聃之生也，由无至有"、"今日老聃之死也，由有归无"）。

3. 庄　子

庄子（约公元前 369 年—公元前 286 年），名周，是我国先秦（战国）时期伟大的思想家、哲学家、和文学家，道家学派的代表人物，是老子哲学思想的继承者和发展者。他的学说涵盖着当时社会生活的方方面面，但根本精神还是皈依于老子的哲学。后世将他与老子并称为"老庄"，他们的哲学为"老庄哲学"，庄子曾作过漆园吏，生活贫穷困顿，却鄙弃荣华富贵、权势名利，力图在乱世保持独立的人格，追求逍遥无恃的精神自由。对于庄子在中国文学史和思想史上的重要贡献，封建帝王尤为重视，在唐开元二十五年庄子被诏号为"南华真人"，后人即称之为"南华真人"，庄子主张"天人合一"和"清静无为"。

庄子主要思想是"天道无为"，认为一切事物都在变化，他认为"道"是"先天生地"的，从"道未始有封"，庄子主要认为自然的比人为的要好，提倡无用，认为大无用就是有用。就像"一棵难看的树被认为无用，有一个木匠要找一棵树作房梁，但这棵树太弯了，没法做房梁；第二个木匠找树做磨的握柄，要弯的，但这棵树太难看了，又没办法；第三个木匠要做车轱辘，但这棵树长得不行，从某方面讲是无用的。但从庄子的角度看，无用就是有用，大无用就是大有作为，所以庄子提倡无用精神（即"道"是无界限差别的），属主观唯心主义体系。"道"也是其哲学的基础和最高范畴，即关于世界起源和本质的观念，又是人之认识境界。主张"无为"，放弃一切妄为。又认为一切事物都是相对的，因此他否定一切事物的本质区别，极力否定现实，幻想一种"天地与我并生，万物与我为一"（《齐物论》）的主观精神境界，安时处顺，逍遥自得，倒向了相对主义和宿命论。在政治上主张"无为而治"，反对一切社会制度，摈弃一切文化知识。

庄子一生著书十余万言，书名《庄子》，名篇有《逍遥游》《齐物论》等。《庄子》一书也被称为《南华真经》。其文章具有浓厚的浪漫色彩，对后世文学有很大影响。这部文献是中国古代典籍中的瑰宝。庄子的文章，想象力很强，文笔变化多端，具有浓厚的浪漫主义色彩，并采用寓言故事形式，富有幽默讽刺的意味，对后世文学语言有很大影响。其超常的想象和变幻莫测的寓言故事，构成了庄子特有的奇特的想象世界，"意出尘外，怪生笔端。"（刘熙载《艺概·文概》）庄周和他的门人以及后学者著有《庄子》（被道教奉为《南华经》），道家经典之一。《汉书艺文志》著录《庄子》五十二篇，但留下来的只有三十三篇。分为：外篇，内篇，杂篇。其中内篇七篇，一般定为庄子著；外篇杂篇可能掺杂有他的门人和后来道家的作品。

《庄子》在哲学、文学上都有较高研究价值。研究中国哲学，不能不读《庄子》；研究中国文学，也不能不读《庄子》。鲁迅先生说过："其文汪洋捭阖，仪态万方，晚周诸子之作，莫能先也。"（《汉文学史纲要》）名篇有《逍遥游》《齐物论》《养生主》等，《养生主》中的"庖丁解牛"尤为后世传诵。

4. 庄子哲学

庄子继承和发展了老子思想，庄子思想的可贵之处，是具有朴素的唯物自然观和辩证法因素。他认为"天地者，形之大者也，阴阳者，气之大者也，道者为之公"（《庄子·则阳》），气，即物质自然性，故其主观精神的道，是与客观自然的气分不开的。庄子继承和发展了春秋后否定天命观的思想，认为"人之生，气之聚也，聚则为生，散则为气"（《庄子·知北游》），死，亦为客观自然的事，无君臣尊卑之别，这无异揭示了人的自然属性，否定了权贵奴役人民的合理性。他指出客观事物都是变化的，"物之生也，若骤若驰，无动而不变，无时而不移"，"物量无穷，时无止，分无常，终始无故"（《庄子·秋水》）。

客观事物的变化，则是由于矛盾双方相互作用而引起的："安危相易，祸福相生，缓急相摩，聚散以成"（《庄子·则阳》）。庄子在认识到客观事物的变化及其矛盾双方作用的同时，又进一步认为对立的双方是可以转化的，"臭腐复化为神奇，神奇复化为臭腐"（《庄子·知北游》）。无疑的，这都是庄子继承了老子朴素辩证法的积极一面，是老庄思想的精华所在。

但是，由于老子在肯定客观事物矛盾对立而相互转化的同时忽略了矛盾转化的条件和新旧质的区别，庄子正是在这一基础上，把朴素的辩证法进而引向了相对主义。他认为"天下莫大于秋毫之末，而泰山为小；莫寿于殇子，而彭祖为夭"（《庄子·齐物论》）。世界上没有是非、善恶、美丑之分，"有儒墨之是非，以是其所非，而非其所是"。双方都自以为是，而以对方为非，实际上没有绝对的是非。庄子的这种相对主义必然导向怀疑主义，如"庄子梦为蝴蝶"，不知是庄周梦为蝴蝶，抑或是蝴蝶梦为庄周，形象地反映了这种认识论的不可知论和怀疑论。庄子一生饱受战乱之苦，无法摆脱冷酷无情的现实，故对一切均持怀疑态度，失去了探索真理的信心，是"小国寡民"思想的典型表现。庄子的相对主义，固属唯心主义体系，但他觉察到了认识的相对性，指出了物质的不确定性，对后来唯物辩证法的进一步发展是有启迪作用的。

"仁义"二字被视为儒家思想的标志，"道"一词却是道家思想的精华。庄子的"道"是天道，是效法自然的"道"，而不是人为的残生伤性的。庄子的哲学主要接受并发展了老子的思想。他认为"道"是超越时空的无限本体，它生于天地万物之间，而又无所不包，无所不在，表现在一切事物之中。然而它又是自然无为的，在本质上是虚无的。在庄子的哲学中，"天"是与"人"相对立的两个概念，"天"代表着自然，而"人"指的就是"人为"的一切，与自然相背离的一切。"人为"两字合起来，就是一个"伪"字。庄子主张顺从天道而摒弃"人为"，摒弃人性中那些"伪"的杂质。顺从"天道"，从而与天地相通的，就是庄子所提倡的"德"。在庄子看来，真正的生活是自然而然的，因此不需要去教导什么，规定什么，而是要去掉什么，忘掉什么，忘掉成心、机心、分别心。既然如此，还用得着政治宣传、礼乐教化、仁义劝导？这些宣传、教化、劝导，庄子认为都是人性中的"伪"，所以要摒弃它。

庄子认为人活在世上，犹如"游于羿之彀中"，到处充满危险。羿指君主，彀指君主的刑罚和统治手段。对于君主的残暴，庄子是一再强调的，"回闻卫君，其年壮，其行独；轻用其国，而不见其过；轻用民死，死者以国量乎泽若蕉，民其无如矣。"所以庄子不愿去做官，因为他认为伴君如伴虎，只能"顺"。"汝不知夫养虎者乎！不敢以生物与之，为其杀之之怒也；不敢以全物与之，为其决之之怒；时其饥饱，达其怒心。虎之与人异类而媚养己者，顺也；故其杀者，逆也。"还要防止马屁拍到马脚上，"夫爱马者，以筐盛矢，以蜃盛溺。适有蚊虻仆缘，而拊之不时，则缺衔毁首碎胸。"伴君之难，可见一斑。庄子认为人生应是追求自由。

与佛教相类似的，庄子也认为人生有悲的一面。《齐物论》中有"一受其成形，不忘以待尽。与物相刃相靡，其行尽如驰，而莫之能止，不亦悲乎！终身役役而不见其成功，苶然疲役而不知其所归，可不哀邪！人谓之不死，奚益！其形化，其心与之然，可不谓大哀乎？人之生也，固若是芒乎？其我独芒，而人亦有不芒者乎？"庄子认为如果能做到"齐物"，那么他便能达到"逍遥"的境界。这是庄子哲学中另一个重要概念，这是个体精神解放的境界，即无矛盾地生存于世界之中。庄子并不否认矛盾，只是强调主观上对矛盾的摆脱。庄子用"无为"来解释这一术语，与老子不同，这里"无为"是指心灵不被外物所拖累的自由自在，无拘无束的状态。这种状态，也被称为"无待"，意为没有相对的东西。这时，人们抛弃了功名利禄，"乘天地之正，而御六气之辩，以游无穷。"这句被普遍认为《逍遥游》一篇主旨，同时也是《庄子》一书的主旨。这是一种心与"道"合一的境界。

道家是中国春秋时期战国时期诸子百家中最重要的思想学派之一。西汉初年，汉文帝、汉景帝以道家思想治国，使人民从秦朝苛政之后得以休养生息。历史称之为"文景之治"。先是提出了"罢黜百家，独尊儒术"，再是遵从道家思想。虽然道家并未被官方采纳，但其仍然继续在中国古代思想的发展中扮演重要角色。魏晋玄学，宋明理学都糅合了道家思想发展而成。

作为道家学派始祖的老庄哲学是在中国的哲学思想中唯一能与儒家和后来的佛家学说分庭抗礼的古代最伟大的学说。它在中国思想发展史上占有的地位绝不低于儒家和佛家。

（二）秦汉黄老之学

秦汉之际，黄老学者继承了先秦道家的"自然无为"思想，结合法家思想"外以治国"，吸收神仙方术"内以养身"，是为黄老之学，今世学者称为"秦汉新道家"。

黄老之学是道家文化演变形成的第二种历史形态。战国后期，黄帝作为中原各民族的始祖，影响日益增大。一些学者便借用黄帝的名声，继承和发挥道家老子的道论与应世、养生之学，并吸取部分阴阳、儒、墨、名、法等家的思想内容，在秦汉之际形成"内以治身，外以治国"的新的道家学说，称为"黄老之学"。它"善修黄帝、老子之言"，在思想上以老子之"道"为最高范畴，并在"道"与"万物"之间引入了"气"的概念；在政治方面，黄老学派主张"无为而治"，提出"节民力以使则财生，赋敛有度则民富"的政治主张，并引入了法家关于"法"的观念，讲求"守道任法"（马王堆汉墓帛书整理小组《经法》）。黄老之学的思想主旨是"无为而治"。然而"无为"并不是"无所作为"之意，而是说人们的思想与行为应该建立在认识与了解天下万物的法则基础之上，按照事物本身的规律来对待和处理事情才能把事情办好。统治者要治理国家，也要根据不同的社会历史背景，真切了解当时社会和政治的运行法则，制定出相应的政治措施加以施行，才能收到事半功倍的效果。由于黄老之学形成于秦汉之际而盛行于西汉前期，所以近世有学者称之为"秦汉新道家"。司马迁的父亲司马谈评论说："道家使人精神专一，动合无形，赡足万物。其为术也，因阴阳之大顺，采儒墨之善，撮名法之要，与时迁移，应物变化，立俗施事，无所不宜，指约而易操，事少而功多。"（司马谈《论六家之要指》）司马谈所论的"道家"，不是以老子之学与庄子之学为主的"先秦道家"，而是黄老之学（即"秦汉新道家"）。

《淮南子》可以说是汉初黄老之学的总集，其核心思想是内以治身，外以治国。黄老思想与老庄思想的根本不同表现在：老庄是消极地顺应自然，黄老是积极地适应自然；老庄企图避世，黄老企图解决社会中的问题。黄老思想是老庄思想与法家思想结合的产物。《淮南子》与董仲舒思想的根本不同在于：董仲舒主张黜百家、尊儒术，《淮南子》主张杂百家以为用；董仲舒主张君主应大一统，《淮南子》主张君主应无为，而臣下各尽其能。《淮南子》也说自己是为汉朝立法，建立一套适应汉代统治的思想。实际上《淮南子》与董仲舒的斗争就是主张大一统的中央思想与主张割据的诸侯思想的斗争。

可以看出，秦汉新道家的"新"，一是思想内容"新"："采儒墨之善，撮名法之要。"即是说，黄老之学以先秦老子的道论为旨归，又"应物变化，与时迁移"，吸收了部分对道家有益的儒、墨、名、法诸家的思想内容，建构了一种新的思想学说。二是思想性质"新"，即黄老之学是在新的社会历史条件下，把有着形上特征的老子哲学思想改造成为适应社会政治需要的道、法结合的社会政治理论。三是思想形式"新"，即秦汉新道家主要涉及的是道家老子的思想。老子的思想在先秦时期属于学术思想的范畴，而黄老之学却是国家政治的指导思想。这种从学术思想向政治理论的转向并不是道家思想演变的逻辑结果，而是当时中国社会现实的政治需要。

（三）魏晋玄学

到了魏晋时期，玄风大畅，王弼高唱"以无为本"于前，郭象阐述"自然独化"于后，企图调和儒家"名教"与道家"自然"之间的矛盾，为现实社会的存在寻找合理的理论根据。魏晋玄学又被称之为"魏晋新道家"。

道家文化演变进程的第三种历史形态是魏晋玄学。魏晋时期的玄学家将《老子》《庄子》与《周易》作为谈论和探讨的对象，并称其为"三玄"。《老子》和《庄子》是道家的经典，而《周易》是儒家的经典。由此可见，魏晋玄学实际是以道家思想为主、糅合部分儒家思想而形成的新的哲学思想。所以，近世又有学者（如冯友兰）把魏晋玄学称之为"新道家"。

魏晋玄学按其内容来划分，一般分为三派，即以何晏、王弼为代表的"贵无"说，以裴頠为代表的"崇有"说，以郭象为代表的"独化"说。王弼主张天下万物皆"以无为本"，认为"道者，无之称也"、"道"就是"无"、"无"是宇宙万物存在的根本，"有"不过是"无"的一种外在体现。王弼的这种思想显然是"接着"老子讲的（而不是"照着讲"），即使他注解儒家的经典《周易》，也是"以《老》解《易》"。裴頠反对贵无论的思想、主张"崇有"，认为"夫至无者无以能生，故始生者自生"，世称为"崇有"论。郭象认为，"无"不能生"有"，"有"也不能生"有"，"然则生生者谁哉？块然而自生耳"，从而建立了他的"独化论"思想体系。（汤用彤《魏晋玄学论稿》，汤一介《郭象与魏晋玄学》）冯友兰说，"新道家是一个新名词"。他是第一个从现代学术论衡的角度提出"新道家"概念的人。（冯友兰《中国哲学简史》）王弼注《老》，郭象注《庄》，皆对老庄思想有所"损益"和"扬弃"。

魏晋新道家的"新"，正体现于此。那么，魏晋玄学家又对老庄思想何所"损益"呢？这可以从两个方面加以分析。

一是哲学思想方面。首先，王弼建构的"以无为本"的玄学思想，实现了中国哲学由宇宙生成论向本体论哲学的转向，这是汤用彤的见解；其次，王弼提出的"得意忘言"说，是中国哲学史上思维方式的重大变革，有着里程碑式的意义；此外，郭象阐述的"独化论"思想，实质上否定了老子"道生万物"的主张，从而承认宇宙间天地万物都有独立存在的价值和意义。由此看出，魏晋玄学的思想是对老子哲学的继承和扬弃，其精神却是对庄子自由风骨的心传和高扬。

二是从现实的社会政治方面来看。魏晋时的新道家一方面通过注解《老》《庄》，进行形上哲学的阐释和建构，另一方面也希望以此为基础，对当时的社会政治予以"损益"和改革，为艰难的魏晋社会寻求新的政治出路。正始之时，王弼倡导"贵无"学说，为"名教出于自然"张本。他认为"无"即是"道"、"道"为"五教（五伦）之母"，因此是"本"；儒家的纲常名教即是从"自然之道"所化生的，既合乎"道"的自然之性、又合乎人的本性，从"道"的角度来看它是"末"。统治者的正确做法应该是"崇本举末"、无为而治，自然做到"仁德厚焉，行义正焉，礼敬清焉"、社会有序、政治清明。无疑，这是王弼为挽救当时的名教危机而提出的一种政治理想（楼宇烈《王弼集校释》）。郭象生活的年代与王弼有所不同，其时司马氏政权已在形式上统一了全国。统一的王朝需要新的政治思想为其服务，并作出理论的说明与论证。于是郭象在王弼调和"名教"与"自然"的基础上又做出进一步的论证，认为纲常名教的具体内容都是"天命之固当也"，是人的"自然"本性中固有之物，将"名教"与"自然"内在统一起来，主张"名教即自然"。如此，则名教之圣人"虽在庙堂之上，然其心无异于山林之中"，其身可游外、其心可弘内，外内相冥，名士既可挥尘尾以谈玄、又可戴冠冕而出仕，为晋代士人与现实政治的结合寻求到了一种"玄学"的理论根据。这样一来，魏晋时期的形上哲学、政治伦理与社会风气三位一体，朝野清谈、蔚然成风。士人关注的玄学思想衍变为一种社会思潮，在魏晋和南北朝时期产生了深远的影响。魏晋以后，中国的思想文化在六朝至隋唐时期发生了一个大转折，这就是从哲学到宗教、然后又从宗教到哲学的复归。这方面比较典型的例子，就是隋唐道教重玄学的兴盛和成熟。重玄学的思想内容实是以老子和庄子的"道"论为旨归，继承和扬弃魏晋玄学关于"有""无"等观念的思想内容，吸取大乘佛学三论宗的"中道"思想，从而熔铸形成具有思辨特征的新的自成体系的道教思想理论。

道教的这种新思想"不言药，不言仙，不言白日升青天"，而是接着老子和庄子讲"玄玄之言"，正好接续了从魏晋以后悄然而逝的道家思想脉络，从而形成道家思想文化衍变成型的第四种历史形态。

（四）隋唐重玄学说

魏晋以后，虽然还有个别道家人物或思想观点的出现，但作为思想学派的道家却在中国历史上不复存在了，历史似乎在这里出现了断链。道教是中国的本土宗教，它的教团组织初创于汉代，其后经过魏晋南北朝的衍变发展，至唐代而臻于强盛。唐代道教的教义理论祖述老庄，同时吸纳大乘佛教的般若智慧，融铸成为比较精深和成熟的道教思想———重玄学说。

从另一个角度可以认为，道家思想在魏晋以后的消失只是一个表面的历史现象，其实道家思想在实质上并未发生断链，而是在隋唐以后道教教义理论趋向成熟和丰富之中，转换成新的文化形态而延续下来。无论是从历史实际还是从思想维度来看，道家文化都是以"道"为统、一脉相承的。因此我们主张，对中国文化史上的"道家"概念不仅可作静态的区分，还须作动态的理解，即"道家"一词可以区分为"狭义的道家"与"广义的道家"。狭义的"道家"，是指自先秦老庄之学、秦汉黄老之学至魏晋玄学的道家学术流派；而广义的"道家"既包括先秦自魏晋的"道家"学术流派，也包括东汉以后创立的中国本土宗教"道教"及道教文化。这样，既对现代学科意义上哲学的"道家"与宗教的"道教"做出了明确的区分和理解，更重要的是表明了我们尊重自身文化传统的学术立场。在这里，广义的道家同中国文化史上"三家"或"三教"（儒、释、道）称谓的实际情形又是相吻合的。因为"三家"中的"道家"既指中国古代社会前期的道家，又包括中后期的道教。

重玄学的代表人物有初唐时的成玄英和李荣。他们撰有《老子注》和《庄子注》，认为"道"是涵盖天地万物、无形无名和不可言说的"虚极之理"，而魏晋玄学论"无"讲"有"都是偏执一方、犯了思维方法之"病"，应该以"中道"为药、"非有非无"，方能破除和医治"二偏之病"（这叫做"玄"）；然而又恐学者在思想上执著此"玄"、误将此"玄"认作真理，故必须进一步讲求"又玄"；"借'玄'以遣'有'、'无'，'有'、'无'既遣，'玄'亦自丧，故曰'又玄'"，这种新的道教思想就叫做"重玄"，隋唐五代时期探研这种重玄思想的学问就叫做"重玄学"。从广义的道家概念来看，道教重玄学属于道家文化的范畴。它是在中国隋唐时期出现的又一新道家形态，并具有以下特征：其一，从事这种学问的人主要是道教学者，而不是以前士大夫阶层的文学士人；其二，这种重玄思想虽然具有思辨的哲学特征，然而道教学者主要是通过重玄思想的建构来论证其最高的宗教信仰"至真大道"存在的合理性，因此其思想性质应属于宗教哲学的范畴；其三，前此道家思想的滥觞、衍变和创新，均是在中华文化的范围之内进行的。而道教重玄学首次面对外来文化的挑战，吸取了自印度传入的"三论"佛学的思想内容，熔铸建构了新的道家思想形态，对传统的道家文化进行了综合创新，从而立足于中华本土文化的立场，对异域文化的传入和挑战作出了积极的响应。这种立足中国本位文化、会通中外的思想尝试，无疑为后来者提供了重要的借鉴意义。

（五）宋、元内丹心性学

其后随着道教内丹术的发展，至宋元时期又形成道教内丹心性学。隋唐道教重玄学与宋元道教内丹心性学，都是既有宗教特征又有哲学特征的思想学说。

道家思想文化发展的第五种历史形态，是宋、元时期流行的道教内丹心性学。所谓内丹，实际是一种以中国传统文化"三教合一"为背景的特定的身心修炼方法。它的修炼方式和理论构成主要有以下四个方面的内容，即战国秦汉以来流传的"神仙炼养"方术，老庄的"清静无为"精神境界，儒家的"正心诚意"功夫，佛教禅宗以"明心见性"为特征的心性思想。道教内丹家视天地为大宇宙、人身为小宇宙，并将人的身体作为鼎炉，以精、气、神为药物，把人的内在道德修养作为必备条件；通过炼精化气、炼气化神、炼神还虚的过程，就可以逆自然之易、夺造化之功、返本还源，炼成金丹大道。

宋元道教内丹派主要有两家，即以王重阳、丘处机为代表的北宗和以张伯端、白玉蟾为代表的南宗。北宗主张"先性后命"，而南宗主张"先命后性"。实际上两派的特点都是"性命双修、禅道双融"，只不过修炼的次序与重点不一样。"命"是对人身形体的修炼，而"性"则是对人的心灵和精神的修炼，其重点则是通过"性功"的修炼绝除"有为"之"尘心"、显现"无为"之"清净心"，所谓"尘心绝尽即见自性"（玄全子《真仙直指语录》）。这是一种宗教的信仰，然而，融汇了儒家和佛学的道教心性学思想却为中国古代哲学思想的丰富和发展增添了新的内容和意义，成为道家思想文化发展的一个重要阶段。

（六）当代新道学的探索

通过以上对道家文化发展的五种历史形态的考察和分析，可以清楚地看出其中后来者对先前者的文化形态的继承和"损益"。通过这种"损益"和"扬弃"，使原有的文化形态增添了新的文化内容，融合成为新的道家文化形态（因此被后世称为"新道家"）。然而，由于每一种道家文化形态所处的历史条件和社会环境均不相同，所以它们"损益"的具体内容和性质也各呈异彩。先秦道家以"道"为旨归，故司马谈归之于"道家"。秦汉之际的黄老之学兼理内、外，躬行无为实是以老子思想为本，综合道、法两家与神仙养生的思想内容，将先秦道家的形上思想学说改造成为治国安邦的政治理论，故称为"秦汉新道家"。秦汉新道家的思想特征在于治国实用，在哲学的形上思想方面殊少贡献。魏晋新道家的学术成就，主要是通过对道、儒两家的思想调和从而实现了中国哲学本体论的建构与思维方式的转变，并把这种方法论从学术范围扩展到了整个社会，形成一种影响深远的社会思潮。虽然如此，从秦汉至魏晋道家思想的演变皆是在中国思想体系内部调适进行的。而隋唐道教重玄学却采用了宗教的形式，传承了老庄哲学的义理"道统"，既对以前的新道家有所扬弃、又对外来的异质文化进行了改造和吸收。这种宗教形态的新道家，在内容、形式与性质方面皆有所创新。而宋元内丹心性学既以儒、释、道三家的义理之学为基础，又突出表现为道教的身心修炼，故可视为古代哲学与科技的自然结合。这是道家文化在新的社会条件下呈现的新形态。上述道家文化形态之"新"，或表现为新的哲学思想，或表现为新的政治学说，或表现为新的社会思潮，或表现为新的宗教教义理论。凡此之新，在思想内容、文化形态、理论性质诸方面均有所不同，但是其思想旨归却是相同的，那就是对道家之"道"的认同。因此新道家的演变和形态虽然随着时代而不断"损益"、异彩纷呈，但万变不离其宗，即对道家之"道"的终极认同与重新诠释。因此，过去历史形态的"新道家"可作如下理解："新"者，为内容、形式或性质之新；"道"者，为万变不离其宗的宗旨和归依；"家"者，即学术之道。故从历史形态以观，具有以上内涵者，方可谓之为"新道家"。

随着道家文化研究的兴起，大陆学术界逐渐有了"新道家"的说法。董光璧在 20 世纪 90 年代初，概括了李约瑟、汤川秀树等科学家关于中国道家思想的观点，提出了"当代新道家"的概念（董光璧《当代新道家》），称当代物理学家、科学史家汤川秀树、李约瑟、卡普拉、薮内清为"当代新道家"。前二者我们可以认为尚是历史的研究，但是后者之所以标出"当代"，显然不仅因为这些物理学家与科学史家生活在当代，而且要求继承、创新先秦道家的精神，特别是其科学价值。董光璧先生在该书的引言中指出："当代新道家新文化观的哲学基础是，早已蕴涵在古代东方思想家的著作中并由现代科学重新揭示出来的世界观。""我使用'当代新道家'这个名称出于与'当代新儒家'对应的考虑。"

我们认为，提出和建立当代新道家是时势所趋。这样说主要有两方面的依据。首先，道家与儒家原本就是对立而互补的，是同处于一个儒道天人坐标体系之中的。其次，新道家的开放体系与现代科学精神相一致，只有新道家优越的思维方式和抽象思辨成就，可以弥补新儒家唯重道德伦理的不足。

事实表明，随着中国社会的转型与进步，一种新的思想学说似乎正在孕育产生。从历史文化的维度来看，"新"的思想学说或社会思潮的兴起，总是文化进步的表现。因此，对于"当代新道家"这一新生事物，学术界和社会各界应该予以重视。

然而，"当代新道家"在中国当代社会文化发展形态中如何定位？"当代新道家"怎样对以前的道学继承和"损益"？对西方文化怎样融合？这些都有待探索。

每一个民族都应该和必须有自己的文化。从这个方面看，中国的现代化同时也是中华民族的现代化，是中华民族传统文化的现代化。从文化上来说，古代和现代的分野尤其不仅表现为时间形式上的划分，而是应该有一个本质上的跃进。既然先秦儒家与道家是互补的，那么当代新儒家与当代新道家也仍然是互补的。也只有这样，才会使中国文化在天人两极上均保有优势，使其既具有人道精神，注重道德，又具有科学精神，注重逻辑思辨，在整体上兼具封闭性与开放性的双重性质。可以预见在21世纪的100年里，中国文化突破旧有格局，开创崭新局面，当代新道家思想将发挥出积极重要的作用。

三、道家思想的现实意义

儒家是"入世之学"，主要讲的是政治教化，其作用偏重于社会。就个人来说，偏重个人的品格修养。道家是"出世之学"，主要讲的是宇宙人生，其作用偏重于个人，而且偏重于个人的精神层面。儒家的孔孟思想是粮食，是天天要吃的；道家（道家思想，包括了兵家、纵横家的思想，乃至天文、地理、医药等等无所不包，）是药店，不生病可以不去（也可以去休闲、保健、养生），生了病则非去不可。生病就好比打击、变乱时期，要想拨乱反正，就非道家不可。

道家思想迄今仍具有"活的精神"；与其他的传统思想相比，它甚至包含了更多的具有持久生命力的真理，也包含了更多的可以走向现代化、走向未来的古老智慧。它充满了深厚博大的东方智慧，具有多方面、多层次的现代价值和现代意义，值得我们进行深入的开掘和阐发。下文将撷取道家思想部分精华作较为深入阐述，以作引玉之砖。

（一）道家思想影响着冷战后的中国外交思想

1. 老子的主外交要思想

道家的思想极为丰富，当然也包括了外交方面的思想，依据老子的《道德经》，老子的外交主要思想可以概括成以下诸方面：

（1）王道的思想。始祖老子重道贵德，主张王道，行仁政，以德治天下。在《道德经》中，老子最重视的是道，其次是德。书中 76 处讲到了道，44 处讲到了德。指出："人法地，地法天，天法道，道法自然"。

（2）和平思想。他的原则就是"不争"，即不竞争，不斗争，也包括不战争。他主张"不以兵强天下"。老子有时也支持正义战争，但是他在内心里却是厌恶战争的。他言道："兵者不祥之器，非君子之器，不得已而用之"。

（3）平等的思想。与儒家维护封建等级制的观念不同，老子尽管承认不平等是一种客观存在，但他却主张居上谦下，以下安上。他说："江海所以能为百谷王者，以其善下之，故能为百谷王。是以欲上民必以身后之。是以圣人处上而民不重，处前而民不害。"具体到国与国之间的关系，老子主张弱国和强国都要采取低姿态的做法，尤其是大国要居后，处下。他言道："大国者下流，……故大国以下小国，则取小国；小国以下大国，则取大国……夫两者各得其所欲者，大者宜为下"。

（4）自然无为的思想。无为是老子外交思想的核心，是他的哲学思想在政治上的应用。老子的这个思想绝不仅仅是消极的无所作为，它具有十分积极和深刻的内容。首先，老子的"无为"讲的是自然无为，也就是要顺应自然，符合自然的要求，而不能违背自然规律，任意胡为。例如老子说："道法自然"，"知常曰明，不知常，妄作凶"，"以辅万物之自然而不敢为"。从这个方面理解，老子的无为思想，隐含着对国际现状的承认，即使它是不合理的，也不要妄用人力去改变它，因为"取天下常以无事，及其有事，不足以取天下"，"为者败之，执者失之，是以圣人无为故无败，无执故无失"。其次，老子的无为是"为无为"和"无为而无不为"。"道常，无为而无不为。侯王若能守之，万物将自化"。因此，老子的思想是要用"无为"的态度去为。比如，他提出："为而不恃"，"为而不争"，应当按照客观规律去为，在顺应自然规律的前提下去充分发挥人的主观能动性。

（5）柔弱胜刚强的思想。从自然无为的思想出发，老子又提出了"柔弱胜刚强"外交战略和策略。他说："弱者道之用"。"守柔曰强"，"天下之至柔，驰骋天下之至坚"，"天下莫柔弱于水，而攻坚强者莫之能胜"。"柔弱胜刚强，""天下莫不之知，莫能行"。所以，自然的规律是"弱之胜强，柔之胜刚"。如何才能做到"柔弱胜刚强"呢？老子提出了办法：一是不敢为天下先。他写道："我有三宝，持而保之：一曰慈，二曰俭，三曰不敢为天下先。慈故能勇，俭故能广，不敢为天下先故能成器长"。第二个办法是知雄守雌，韬光养晦。为了达到以柔克刚的目的，老子提出：必须"知其雄，守其雌，为天下谿。……知其白，守其黑，为天下式……知其荣，守其辱，为天下谷"。这是一种比较积极主动的政治策略，实际上是以退为进，以守为攻。依此，老子还提出了"欲取姑与"的策略思想。他说："将欲缩之，必固张之。将欲弱之，必固强之。将欲发之，必先兴之。将欲夺之，必固与之"。第三个办法是处下不争。老子云："上善若水，水善利万物而'不争'，处众人所恶，故几于道……夫唯'不争'，故无尤"。圣人"以其不争，故天下莫能与之争"。"勇于敢则杀，勇于不敢则活……天之道，'不争'而善胜"。

2. 老子道家思想对冷战后的中国外交思想的影响

老子的思想对邓小平影响很大。首先，邓小平是四川人，四川是道教的发源地之一。青城山是著名的道教道观所在地。再从邓小平在中国政坛上三下三上的传奇经历看，邓小平是深谙道家的智慧之术的，是善于韬光养晦的。他把他在政坛上的经验引申到国际领域，形成了他的外交或国际战略思想。

集中体现道家外交思想影响的，是他的 28 字外交方针："冷静观察，稳住阵脚，沉着应付，韬光养晦，善于守拙，决不当头，有所作为。" 邓小平的外交思想受到道家影响的主要方面如下（以冷战后为主）：

（1）独立自主，自力更生。1982 年 9 月，邓小平提出："中国的事情要按照中国的情况来办。独立自主，自力更生，无论过去、现在和将来，都是我们的立足点。"邓小平的这个思想与老子有关系。老子有所谓"内圣外王"的思想，内圣即采取内向之努力。老子说："知人者智，自知者明；胜人者力，自胜者强"。因此，邓小平主张首先要把中国自己的事情办好，"集中力量搞四个现代化，着眼于振兴中华民族。没有四个现代化，中国在世界上就没有应有的地位。"邓小平还指出："先把经济搞上去，一切都好办。现在就是要硬着头皮把经济搞上去，就这么一个大局，一切都要服从这个大局。"从这个大局出发，邓强调："为了使中国发展起来，实现我们的宏伟目标，需要一个和平的国际环境"。由此他规定中国外交政策的基本目标就是："反对霸权主义，维护世界和平。我们把争取和平作为对外政策的首要任务。争取和平是世界人民的要求，也是我们搞建设的需要。没有和平环境，搞什么建设！"根据独立自主、自力更生的原则，邓小平还提出了不以意识形态看待和处理国家关系，坚持和平共处五项原则，不与大国结盟，不称霸，全方位地对外开放，以及建立国际政治和经济新秩序等主张。

（2）知雄守雌，韬光养晦。冷战结束以后，国际形势发生了很大变化。邓小平认为，冷战后的国际格局正处于新旧转换过程中，未来的国际格局将是多极化，但对国际形势仍需要冷静观察。他说："现在国际形势不可测的多得很，矛盾越来越突出……现在比那个时候要复杂得多，乱得多。""可能是一个冷战结束了，另外两个冷战又已经开始。一个是针对整个南方、第三世界的，另一个是针对社会主义的。西方国家正在打一场没有硝烟的第三次世界大战……就是要社会主义和平演变。"显然，冷战结束对中国有不利的一个方面，中国的国际地位下降了。但是国际形势也不是一团漆黑，也有对中国有利的方面，存在着对中国有利的条件和机会。如和平与发展仍为当今时代的主题，世界多极化的趋势日益明显等等。所以，对于冷战后的国际形势，邓小平主张冷静观察、稳住阵脚、沉着应付。要"冷静、冷静、再冷静，埋头实干，做好一件事，我们自己的事"。这实际上就是老子说的"知雄守雌"。知雄守雌的目的是要韬光养晦。"别人的事情我们管不了"，"第三世界一些国家希望中国当头。但是我们千万不要当头，这是一个基本国策。""综观全局，不管怎么变化，我们要真正扎扎实实地抓好这 10 年建设，不要耽搁。""抓住时机，发展自己，关键是发展经济。""等到中国发展起来了，制约战争的和平力量将会大大增强。"

(3) 实事求是，一国两制。对于过去历史上遗留下来的涉外问题，邓小平主张采取实事求是、一国两制的解决办法。他说："'一国两制'是从中国实际提出来的。""我们采取'一个国家，两种制度'的办法解决香港问题，不是一时的感情冲动，也不是玩弄手法，完全是从实际出发的，是充分照顾到香港的历史和现实情况的。""我们的政策是实行'一个国家，两种制度'，具体说，就是在中华人民共和国内，十亿人口的大陆实行社会主义制度，香港、台湾实行资本主义制度"。邓小平的这个思想与老子有关，老子主张无为，这包含着对现实的承认，老子曰："取天下常以无事，及其有事，不足以取天下。""将欲取天下而为之，吾见其不得已。天下神器，不可为也。为者败之，执者失之。"

首先，老子的思想是和平的，是合于王道的思想，他主张不争、无为以及"不以兵强天下"，是很宝贵的。其次，老子思想是弱者的生存战略。在国家国力不够强大的时候，需要韬光养晦，等待时机。第三，老子的思想确实异于常人，如提出以柔弱胜刚强；内圣外王，采内向之努力等，均是超常之智慧。当然，道家思想也有消极方面，如易使人走向消极，不求进取；老子的以柔克刚，内含杀机。清代学者魏源讲："阴之道虽柔，而其机则杀"。

老子的外交思想包含了许多丰富而深刻的智慧，无论现在还是将来，对于中国的社会发展和外交的影响也是巨大的。

(二) 外儒内道的统处世智慧

李约瑟说："中国文化就像一棵参天大树，而树的根在道家。"道家思想深不可测，它的思想是中华民族哲学的源头活水，无论对于个人成才、企业管理还是国家发展，道家思想是一座巨大的取之不尽用之不竭资源宝库。毋庸讳言，和任何传统思想文化一样，道家思想既有精华亦有其糟粕。道家因崇尚自然高远，鄙弃狭隘功利主义，而常常走向极端，甚至进而反对一切人类文化、知识和技术的进步、否定文明的价值；因反对权威和社会的等级秩序、批判社会弊端而放弃社会责任，淡漠参与意识，不信任甚至完全拒绝任

国学教程

何具体实际的社会改革措施等等。应该看到，道家思想中的这些历史局限性和消极面，的确对中国传统文化产生了许多不良影响。因此，作为有智慧的人，我们应该取其精华、弃之糟粕，为我所用。人生在世，是积极入世、以天下为己任，还是远离政治、独善自身？虽然你可以自由选择，但生活在现实社会中的每个人都必然要受到社会政治的影响。所以，生活在当代社会的人有必要理解中国传统处世智慧——外儒内道。

1. 儒家道家思想对比

热性入世的儒家学派，以"修身、齐家、治国、平天下"为人生的最高理想，主张参与现实政治，积极进取，以天下为己任，即使"身无分文"，也要"心怀天下"。孟子说："夫天未欲平治天下也。如欲平治天下，当今之世，舍我其谁也。"（《孟子·公孙丑下》）表现出儒家强烈的建功立业的要求和担当重任的自信。儒家主张刚健进取，积极入世，重视社会人伦关系，勇于担当社会责任，主张人生要有所作为，提倡为群体利益而奋斗甚至献身。这种人生态度的不足就是过分拘泥于现实政治和人伦实用，个体受制于群体，个性自由受到压抑，难以得到充分张扬。若一味进取，不知权变，有可能受到致命打击，蒙受不白之冤，甚至个体生命不保；一旦失意或身处逆境，就容易失去精神依托和心理平衡，有可能用自杀或向社会报复的极端方式来发泄不满。这样就不可避免地产生很多个人问题和社会问题问题。

冷性出世的道家学派，他们更多地关心个人身心的安顿，主张远离政治，遁世退隐。道家学派的理论先驱老子和庄子都是真隐士。《史记》说老子"其学以自隐无名为务。居周久之，见周之衰，乃遂去。"楚威王闻庄子贤，派人送厚礼给他，并许以为相，庄子却委婉而坚决地予以拒绝。道家的人生态度是人的生活中不可缺少的一面。它提倡返璞归真，追求个体精神自由，主张一切都顺应自然。从社会发展的角度看，它熏陶出一批隐逸之士或社会生活的旁观者和批判者，增强了社会发展的自我调节能力，促进了社会的和谐程度。这种人生态度的缺陷就是过分强调个体的绝对精神自由，消极退缩，不乐意担当社会责任，与现实格格不入，不切人伦实用。

把儒家思想和道家思想结合起来，批判地继承二者的精华，这就是中国传统处世智慧——外儒内道。

2. 儒道互补

实际上，儒、道两家在中国传统社会并非完全隔绝、毫不相干，而是彼此交融、表里相辅，即所谓"儒道互补"。儒道互补是历史事实，不仅可以从思想史上得到说明，而且可从历代知识分子的人生实践上得到印证。

儒家学派创始人孔子"修成康之道，述周公之训"（《淮南子·要略》），建立"仁学"而"自主观面开启道德价值之源，德性生命之门"（牟宗三语）；在经受过一系列的现实政治失意后，孔子修正了他"鸟兽不可与同群"，即立志不退隐的誓言，而主张：天下有道则见，无道则隐。邦有道，贫且贱焉，耻也；邦无道，富且贵焉，耻也。（《论语·泰伯》）道不行，乘桴浮于海。（《论语·公冶长》）邦有道，则仕；邦无道，则可卷而怀也。（《论语·卫灵公》）尽管孔子一生没有像他说的那样"道不行，乘桴浮于海"，而是始终没有忘记肩上的重担，但上述言论所表现出来的消极退隐思想，是孔子哲学中值得重视的一面。儒家讲退隐，是有前提的，这就是"天下无道"。眼见自己的政治抱负不能实现，便退而"独善其身"，不屈志以媚俗。

作为遁世派集大成者的老子，是道家学派的开山祖师，我们却可以从《老子》书中时时窥出不甘寂寞、建功立业的意绪。恰如李泽厚所说："人们经常强调《老子》的消极无为，其实，《老子》一再讲'圣人'、'侯王'，是一种'以无事取天下'的积极的政治理论。"（《老子》）也就是说，老子采取的是一条"以无事取天下"的特殊的进取途径。所谓"圣人后其身而身先，外其身而身存"（《老子》章七）；"将欲歙之，必固张之；将欲弱之，必固强之；将欲废之，必固兴之；将欲取之，必固与之。"（《老子》章三十六)）这实际上是一条以退为进，以曲求伸的途径。作为一代杰出的军事、政治和战略家的毛泽东，曾说《老子》是一部兵书，他大概是有亲身体会的，因为以他为首的共产党人领导的军队所走的就是一条从小到大，由弱至强，以柔克刚，以寡胜众的道路。只不过，老子也深知兔死狗烹、鸟尽弓藏的道理，所以反复告诫人们要"功成身退"，"功成而弗居"，这大概是对当时王侯们"可与共患难，不可与共乐"的现实有了清醒的认识和深切的了解之后不得已的选择。在当时，辅佐越王勾践灭吴雪耻而后即浮海远遁的范蠡的人生实践，可谓深契老子的意旨。由此可知，老子虽为遁世派的领袖人物，但他却又具有建功立业的热切情怀，只是老子特别爱惜个体的生命，所以主张建立功业之后，在侯王君主们尚未疑忌加害之前，即自行退出以保全生命。

孔、老之后，儒、道互补贯穿了中国的思想史。譬如魏晋玄学，冯友兰称之为"新道家"，它的"新"主要表现在接纳儒学。魏晋玄学的主要代表人物何晏、王弼、郭象等对儒道两家的经典如《周易》《论语》《老子》《庄子》都十分推崇。又如宋明理学，也被称为"新儒学"，它的"新"则表现在吸纳佛、道思想，构建起庞大的宇宙人生相贯通的哲学体系。无论是新道家还是新儒家，由于其儒道互补的特征，因而多有相通之处。例如新道家中的王弼，从哲学本体论的层次上论证"名教"与"自然"的合一，其维护纲常名教的心态与新儒家中的程朱陆王毫无二致。又如宋明新儒家里的泰州学派，高扬主体意识，提倡纯真人性，追求精神自由，都是受到道家的庄子学派和魏晋玄学放达任诞一派的影响。

3. 外儒内道及其现实意义

外儒内道，儒道互补，是一种理想的人生模式。但在实际的人生道路上，儒、道两家思想的作用和地位却又是有区别的。儒家居于中国文化的显层，是政治、文化、教育和道德领域的正宗和指导思想，道家则处于中国文化的深层，多数时候隐而不显，但却渗透到思想文化的方方面面。儒家主导着人生的外在入世进取，道家则支配着人生的内在心理慰藉。因此，儒显道隐、外儒内道、儒中有道、道中有儒，这是中国古代士人当中最常见的一种人生态度，通常表现为两种情况：

第一种，先儒后道。入世进取是生命的本能要求，因此，儒家的刚健进取精神是大多数知识分子所首先认同的。有志之士一开始总是豪情万丈，立志干一番轰轰烈烈的事业。但是，现实社会复杂变幻，难以把握，有人成功了，有人失败了，有人志得意满，有人落魄潦倒。失意者往往在经历了一系列的打击之后，不得已而断绝建功立业的念头，被迫隐退。更有一些人，天性清高孤傲，厌恶官场的腐朽黑暗和庸俗无聊，这些人不堪忍受现实政治的羁绊，主动抽身遁隐。

第二种，亦儒亦道。这类人占中国古代知识分子的绝大多数。他们并不遁迹山林，而是身居"庙堂"，心怀山林，一边走着儒家的入世进取之路，一边又游心于道家的世外高远之境。遇到挫折，既不消极退避，离群索居，也不用自杀或向社会报复的极端方式来对付。苏轼既具杰出的文学才能，也有超凡的政治见解和治世才干，但仕途却并不顺畅，屡遭贬谪，然而，他却并不因自己的失败和遭遇不公而意气用事，仍然尽职尽责，勤政爱民。同时，始终保持热爱自然、热爱自由、不较得失、豁达开朗的胸襟。宋代大儒朱熹，一辈子仕途极不得意，特别是晚年遭遇党禁之祸，处境十分危险，这时，便用道家思想来调节心理平衡，这一时期写出过极富道家色彩的辞章："脱却儒冠著羽衣，青山绿水浩然归。看成鼎内真龙虎，管甚人间闲是非！生羽翼，上烟霏，因头衹见冢累累。未寻跨凤吹箫侣，且伴孤云独鹤飞。"

外儒内道是一种理想的人生态度，这种人生态度在现代社会有很强实际意义。中国知识分子一方面在现实生活中受儒家思想影响，富有社会责任心和历史使命感，采取积极入世的人生态度，以天下为己任，以功业为目标，获得多彩人生，促进了社会的发展；另一方面又受道家哲学熏染，适时地采取超然通达的人生态度，能够淡泊名利，在逆境中显得从容自如、乐观豁达，顺应自然而不刻意强求。用儒家思想进取，用道家思想调节，穷则独善其身，达则兼善天下，在变动不居的人生道路上左右逢源，洒脱自在，始终不失精神依托。最终使我们做到真正意义上的超凡脱俗，完成了对人生功利境界的超越。无论是对个体还是对整个社会，都有极大的益处。

诸子百家是指活跃于春秋战国时期的中国各个学派的思想家，他们的思想对中国的文化、社会等产生了巨大的影响。这其中以儒家、道家、法家、墨家，影响最大且延续至今。儒家，以孔孟为代表，提倡道德修养，是两千多年来中国的主流思想，他的忠、孝、仁、义、礼、智、信、是汉民族道德观、价值观、审美观的基础标准。道家，以老庄为代表，提倡天人合一，顺其自然，对后世影响也很大。家和万事兴、和气生财、这些人们常说的成语都是受道家思想的影响。法家，以商鞅、韩非为代表，是国家治理的最好思想，提倡依法治国，公平、公正，中国人常说的"天子犯法与庶民同罪"就是法家的思想精髓。墨家，以墨翟为代表，提倡因果报应、不劳动不得食、勤俭朴实，墨家思想对下层劳动人民影响最为重要，常见的影响如今天中国人的节约、勤劳，还有就是信鬼神。虽然许多人觉得信鬼神是迷信，但其精髓是让人有"畏惧心"，这是我的理解。我们常说"平时不做亏心事，半夜不怕鬼敲门"就是提醒人们别做坏事，这在古代对人的警示还是很重要的。

老子的影响是很大的，因为他充实了孔子的学说和常识所留下的空虚。以心灵及才智而论，老子比孔子更有深度。孔子永远没有教人把生活看的轻松，倒不如说他教人用一种德国人的极端严肃和恳切的决心来生活。但中国人的灵魂中常有来自老子的沉思，及可怕的、沉默的忍耐力，对权威的缄口顺服，定意忍受一切痛苦，枯坐以待任何暴君自毙的伟大的无法抵抗，无论这些暴君的势力是多么的强大。因为，老子是世界上第一个深藏不露的哲学家，教人用质柔如水的力量。

中国文化史上，儒道两家同源而异流，两家既双峰对峙、势如水火，又相互联系、相互呼应，犹如鸟之两翼，车之双轮，缺一不可，从而构成支撑中国传统文化的两大精神支柱。

第六章　国学之佛教文化

如果有一个能够应付现代人科学需求，又能与科学共依的宗教，那必定是佛教。

——爱因斯坦

一、佛教概述

（一）佛教在印度的创立及发展

公元前六世纪，位于今尼泊尔境内的迦毗罗卫国王子乔达摩·悉达多为探索宇宙真谛，解救世间诸苦，毅然别妻离子，舍弃王位，于二十九岁离家修行，历经六年艰辛，最终在一棵菩提树下静思入定而获大彻大悟，创立佛教。

他成为释迦族的圣人，获"释迦牟尼"尊号，又叫"佛陀"，意为"觉悟者"；还被尊为"如来"，意"从如实之道而来，开创并揭示真理的人"。

佛陀从证悟佛道到涅槃的四十五年，为传播真理四处奔走，足迹遍布恒河两岸。各阶层的人，从国王、贵族、富商，到农夫、工匠甚至乞丐、妓女、奴隶，都被佛陀的言行和佛理感化，纷纷皈依，几乎整个印度次大陆都接受佛法。佛陀的精辟义理均为口述，全靠弟子心记笔录保存下来。

佛教的发展大致经历三个阶段。第一阶段为原始佛教阶段，佛陀涅槃后，其弟子在王舍城举行第一次"结集"，忆诵、记录佛陀的说教，整理编辑出第一批佛教经典，经不断补充修改，又加进一些戒律条文，构成原始佛教的第一部佛经《阿含经》，基本教义是"四谛""八正道""十二因缘""五蕴"，核心内容是善恶因果、生死轮回和现实世界的苦恼及解脱苦恼的方法。第二阶段为部派佛教阶段，佛陀涅槃一百年后，随着佛教传播范围扩大，佛教出现地域差异，并由于佛教内部对教义和戒律的不同看法，统一的佛教开始分裂，形成多个部派。最初分裂为较正统的"上座部"和较自由的"大众部"，史称"根本分裂"；这两部又分裂成"说一切有部""犊子部""法藏部""一说部""多闻部""化地部""经量部"等二十部，史称"枝末分裂"。部派佛教阶段的特点是举行大规模结集，编纂了《大毗婆娑论》《发智论》《六足论》等论书；形成《摩诃僧祇律》《四分律》《五分律》等经典，完善了戒律，使佛教典籍正式分为"经藏"和"律藏"；编纂了《佛生本经》，神化了佛陀；提出"灵魂"概念，补充佛陀在宇宙观方面的学说。第三阶段为大乘佛教阶段。公元一世纪，从大众部系统产生出大乘佛教，他们宣称自己的义理来自于佛陀对具备大悟者讲述的真谛，像巨大无比的车船一样能度无数众生脱离苦海，而把以往原始佛教和部派佛教贬称"小乘"。大乘佛教提出了完整的"天堂"与"地狱"观念，把成佛和转生极乐世界作为修行目标。

大乘佛教也经历三个发展阶段，公元一至四世纪为初期阶段，基本经典为《法华经》《华严经》《般若经》《维摩经》《无量寿经》；公元四至六世纪为中期阶段，基本经典有《涅槃一经》《胜鬘经》《解深密经》《楞伽经》；公元七至十三世纪为后期阶段，密教兴起，并逐渐成为印度佛教主流，宣称教义来源于化身佛大日如来，传教范围限于自己的眷属和最亲近者，故称密教；其他部派佛教的义理来源于应身佛释迦牟尼对一般大众的公开说教，因称显教。密教在中国的正式经典，唐朝开元年间才出现，当时善无畏、金刚智、不空三藏三位印度密教大师来中国传授密教法门。密教以设法场、举行秘密宗教仪式为修行的主要方式。

小乘不认为众生可以成佛，大乘认为众生经过累世修行可以成佛，密教认为通过身、口、意三密的修炼，众生现世可以成佛，宣扬"即身成佛"。密教至今仍有发展，当今派系有藏密、东密和台密。藏密即西藏的密宗，东密和台密是日本密宗的派别。

1. 什么是佛法?

"佛"是印度梵文音译，意即"智慧、觉悟"，佛教徒认为汉字的"智、觉"不能全部包括"佛陀"无限深广的含义，所以采用音译，再加以注解。

佛法讲"智"有三种:

第一，"一切智"，就是正确了解宇宙的本体;

第二，"道种智"，指种种繁多的现象，宇宙之间的现象，种类无量无边，从哪里来，到哪里去;

第三，"一切种智"，指对宇宙人生的真相，圆满地明了，没有一丝迷惑、一丝误差。

"觉"有三类：自己觉悟；能帮助别人觉悟，即觉他；圆满的觉悟。

《华严经》说"一切众生皆有如来智慧德相"即众生与佛平等。佛教认为大智大觉的对象，是无尽时空里包含的万事万物，佛用"法"代表万事万物。"佛法"就是无尽的智慧、觉悟，觉了宇宙人生的一切。"佛法无边"，即所觉的对象没有边际，能觉的智慧也没有边际，无量无边的智觉是自己的本能。

2. 什么是佛教？

佛教是教育，是"佛陀"的教育，是佛对众生至善圆满的教育，是教学，不是宗教，是智慧、觉悟人生宇宙的教育，是讲过去、现在、未来三世的教育。

这是因为人们称释迦牟尼为"本师"（根本的老师），学佛人自称"弟子"，即我们跟佛的关系是师生关系，而宗教是神与信徒的关系。

（二）佛教在中国的传播与发展

佛教创立后约五百年传入中国，其传播路线为：南传佛教以小乘上座部为主，从印度传入斯里兰卡，再传入泰国、柬埔寨、老挝、马来西亚、印尼及我国云南地区；北传佛教以大乘和金刚乘为主，从印度西北部的犍陀罗地区经西域传入中国内地，再由中国传入朝鲜、日本等国，或由现尼泊尔越过喜马拉雅山进入西藏，再由西藏传入蒙古、西伯利亚及中国内地。

佛教进入中国后形成三大系，即汉地佛教（汉语系）、藏传佛教（藏语系）和云南上部座佛教（巴利语系）。

佛教在中国的传播和发展可分为四个阶段：第一阶段是从东汉到南北朝，是中国佛教产生和发展的初期，历时约五百年。东汉明帝永平十年，佛教正式传入中国，明帝下令建造中国内地第一个寺院——白马寺，并遣使西域请来迦叶摩腾和竺法兰于寺中译出第一部汉文佛经——《四十二章经》。汉后外域法师来魏都洛阳、吴都建业译经弘法，译出《僧祇戒心》《昙无德羯磨》《无量寿经》《六度集经》等。孙权还拜支谦为博士，此阶段，各代帝王大都崇信和扶持佛教。梁武帝笃信佛教，四次舍身入寺，他建立大批寺院，亲自讲经说法，举行盛大斋会。梁朝有寺2846座，僧尼82700余人。北魏文成帝开凿大同云冈石窟，孝文帝营造龙门石窟。北魏末，有寺院3万余座，僧尼

200 余万人，流通佛经 415 部，1919 卷。北齐时有寺院 4 万余座，僧尼 400 余万人。杜牧《江南春》云"南朝四百八十寺，多少楼台烟雨中"就是此写照。秦王苻坚为请鸠摩罗什来中国，竟派 20 万大军接护，消灭了两个国家。鸠摩罗什在中国译出了《法华经》《维摩经》等大批大乘经典。这一时期，中国僧人法显、惠生等也西去取经。中国佛教开始走向独立发展的道路。

第二阶段是隋唐五代，这是中国佛教鼎盛期，历史上有十三棍僧救唐王的故事，太宗李世民很推崇佛教，玄奘求法回国后主持译经，这一时期名僧辈出，形成中国佛教的八大宗派，即天台宗、三论宗、法相宗、律宗、净土宗、禅宗、华严宗、密宗，佛教事业一片繁荣，还流传海外。由于唐武宗掀起灭法运动，杀僧毁寺，加上战乱，佛教几近覆没，只有禅宗度过此劫后，不仅发展迅速，而且取得中国佛教的主导地位。

第三阶段是宋代到清末，是中国佛教的停滞和衰落时期。北宋时，天台宗、华严宗、律宗、净土宗稍有复苏，南宋时江南佛教比较兴盛。元代禅宗、律宗有所发展。明代出现袾宏、真可、德清、智旭四大师。清代崇奉藏传佛教，主张佛儒道异用而同体，提倡佛教各派融合，中国佛教各宗派差异趋于消失，儒佛道相互融合。

第四阶段是清末至今，世俗佛教渐兴，佛教基本上成为佛教徒自办自存的事业。

二、佛教的基本教义

（一）四 谛

"四谛"是佛教的基本教义之一，也被认为是全部佛教教义的总纲，据说佛陀当年悟道成佛后，说的就是四谛。谛，梵文是真理的意思，四谛即佛教所讲的四个真理，故称"四圣谛"，佛教认为不明此四谛，就会"长处生死轮回"中，明白了这四谛，就能"断生死根本""从此岸到彼岸"，四谛是佛教对人生和世界的现状、原因、本质以及超越世俗痛苦的方法与境界的总的论述。

1. 苦谛：佛教认为俗世间的一切，本性都是苦，生老病死都是苦，求不得是苦，爱别离是苦，怨憎会是苦，……不离执著的人生是一切皆苦。

2. 集谛：亦作"习谛"，主要说明人生痛苦的生起及其根源，根据佛教的理论，一切都是因缘和合，痛苦自然也是由各种条件聚合而成的。集就是招聚、集合的意思，意为集合痛苦的原因。在佛教看来，人生之苦的根源在于无明和业集起，看不清事物的真相，起贪嗔痴，行杀盗淫，聚集苦因，即造下种种惑业，依业受报，即有轮回之苦（六道轮回）。

3. 灭谛：意谓灭除烦恼与痛苦，即一切苦恼皆可熄灭，六道轮回是可以超越的，从而超脱生死轮回，证入无苦的解脱境界——涅槃。这是佛教的最高理想和最终目标，是一种排除了一切主观感受和外在事物的干扰而达到的超时空、超体验、超越世俗世界的永恒寂静的安乐境界。

4. 道谛："道"就是道路，即灭苦之道，意为达到涅槃、实现解脱的途径与方法。佛教重人的解脱，突出智慧的作用，强调一种无上菩提的获得，追求一种大彻大悟的理想境界。这种无上菩提的获得，不能仅凭修行、信仰来获得，而必须遵循一种不偏不倚的正道。佛教认为的正道最主要的有八种，即"八正道"，正见、正知、正语、正命、正方便、正念、正定。八正道从人的思想、行为和语言三个方面提出了修持佛法、求得解脱的途径和方法。

总之，佛教的四谛要人明了人生是苦，苦的原因是人的惑业，从而修持佛道，断灭苦因，证得涅槃解脱。这就是佛教常说的苦应知，集应断，灭应证，道应修，这些构成了佛教的基本要求和佛法的主要内容。虽然在后来的佛教发展中和中国佛教的展开中，不同的佛典或学派对四谛有许多不同的解说，但其基本精神都是一脉相承的，都是强调依四谛才能得到解脱。四谛成为中国佛教理论的最基本内容之一。

（二）十二因缘论

"十二因缘"，也称"十二缘起"，是佛教关于三世轮回的理论。缘起，是佛教最基本的理论，即关系和条件。即一切事物或现象的生起，都是一种相互依存、互为因果、互为条件的关系。十二因缘即是佛教为解释现实人生痛苦的原因以及消除人生痛苦的方法而构建的一种理论。它把人生分为彼此联系、互为条件的十二个环节，来说明生死轮回的道理，称为"十二支"或"十二有支"。具体内容和关系如下：

1. 无明：又称"痴""痴愚"，特指对佛理的愚昧无知。佛教认为，无明是一切生死痛苦的总根源，生死轮回之所以发生，都在于无明的作用。

2.行：指由于无明而引起的各种世俗的思想和行为，包括身、口、意三个方面，有好坏、善恶之分。佛教认为"无明缘行"，就是说人们的各种行为都是由于无明而引起的。

3.识：托胎时的心识，它是先于形体而存在的精神统一体，是由"行"的影响力而引起的，佛教常说"行缘识"，意思就是有了人们的"行"，才使"识"投生于"行"的相应处。

4.名色：名指心，即精神；色指形体。名色就是指胎中已经具有身心的生命体。佛教认为"识缘名色"，就是说有了识的投胎，才有胎儿的身心发育。

5.六处：又名六根或者六入，指眼、耳、鼻、舌、身、意，即五种感觉器官再加思维器官，它们分别以色、声、香、味、触为对象，指具备了身心的胎儿进一步发育出各种认识器官，处于即将诞生的阶段。佛教认为"名色缘六处"，意思就是胎儿正常的发育成长，必然产生各种感觉器官。

6.触：即接触，指胎儿出生后六种认识器官与外界事物相接触，相当于幼儿阶段。佛教认为"六处缘触"即认为有感觉器官的胎儿出生后，必然要与外界接触，之所以能接触外界，源于人们有感觉器官。

7.受：即感受，指六种认识器官与外界接触后获得的苦、乐、不苦不乐三种感受，相当于童年阶段。佛教说"触缘受"，意为人们有了感受和认识器官，就会与外境接触。与外境接触，就必然会引发不同的感受。

8.爱：即贪爱。主要指由感受引起的物质贪欲等，相当于青年阶段。"受缘爱"，人成年后，由于各种贪爱，必然会引发种种追求执取的行为。

9.取：指追求执取，即由贪爱引起的对可供享受之物的追求。相当于成年时代。"爱缘取"，意思就是人成年后，由于各种贪爱，必然会引发种种追求执取的行为。

10.有：思想和行为的实有。佛教认为，贪爱与执取必然会招致相应的果报，就其能招致果报而言，名之为"有"。"取缘有"就是说只要有思想或行为，它作为招致果报的业，就是永远不会消失的，以此来确立业报轮回的必然性。

11.生：即诞生。这里指由于爱、取、有而产生的果报，导致了来世的再生。"有缘生"，主要是强调人的生死轮回都是自我过去之业的结果。

12.老死：有生就有死，来世之生仍将趋于老死。"生缘老死"，就是认为生是死的原因，有生必有死。

佛教提出"十二因缘"的主要目的在于，即强调一切众生由于无明而造业，从而沦于生死轮回的苦海之中，又为现实人生指出一条解脱生死轮回痛苦的方法，引导人们信奉佛法。不仅在理论上对人生现象进行了生动的概括，而且还为佛教信仰的确立奠定了理论基础。

（三）三世因果

"三世"即过去、现在、未来；"因果"又叫"因果业报"，"业"即行为。

1. 因果律

佛教认为，身口意的一切行为，都将产生相应后果。即"善有善报，恶有恶报"，种善因得善果，种恶因得恶果。经云：富贵者从布施中来，贫穷者从悭吝中来，长寿者从慈悲中来，短命者从杀生中来。

2. 三世因果

因果可以贯通三世。果报的显现分为现报（现生受报）、生报（来生受报）、后报（第三生乃至千百万年后受报）。经云：预知前世因，今生受者是；预知来世果，今生作者是。

3. 六道轮回

佛法讲生命不因死亡而消失，而是受业力牵引，投生到地狱、恶鬼、畜生、阿修罗、人、天六种境界继续生活，循环往复，如同车轮行走。其中天道、人道、修罗道为三善道；地狱道、恶鬼道、畜生道为三恶道。

三、佛教与中国儒道文化

公元前六世纪前后，中国先后创立了儒家和道家文化，而同时在印度也创立了佛家文化。儒道文化在传播过程中，逐渐成为中华文化的血脉、筋骨，而佛法在古印度流传的过程中，又以和平主动的方式向东发展，并渐渐融入到儒道文化中，甚而佛教在印度已逐渐衰微时，在中国却发扬光大，形成"三教合一"的局面。佛教与儒、道文化的关系，打个比方，中国传统文化犹如一大河流，其上游是儒、道两个支流的汇合，在中游处又有佛教支流汇入，与大河的原有水流相互激荡，奔向远方。在历史长河中，儒、道、佛三种思想，构成为三角关系，即佛对儒、道，儒对佛、道，道对儒、佛各有不同的关系，并在互动中发展。

（一）佛教与儒道文化

佛教价值观念的主要内容是人生解脱论。佛教认为一切事物都是由多种原因和条件构成，并处于不断变化、流动的过程中。人生也是如此。人有生老病死的自然变化，有对自由、幸福、永恒的强烈追求，有从自我出发的无穷欲念。由于与不断变化的客观现实相矛盾、相冲突而不能得到满足，因此人生是痛苦的。佛教还认为，人要根据生前的行为、表现，死后转生为相应的生命体，这叫做"生死轮回"，轮回是无休止的。这样人就陷于不断的生死轮回的痛苦深渊中。佛教认为，人的理想、目标是解除痛苦、超脱生死轮回，就是"解脱"。解脱的境界称为"涅槃"，涅槃梵语原意为"火的熄灭"。涅槃作为佛教所追求的一种解脱境界，是通过佛教修持，熄灭、超越一切欲念、烦恼、痛苦和生死轮回而达到的理想境界。人生现实是痛苦的，这是现实性，人生理想是涅槃，这是超越性，人生活在现实社会中，又要超越现实生活求得解脱，就是要由现实性转化为超越性，从而达到更高的主体性——理想人格。

中国传统文化中，儒家的价值观是重视人类在宇宙中的地位，称人、天、地为"三才"，且有鲜明的人格意识，如"三军可夺帅也，匹夫不可夺志也。"重视独立的意志和人格，提倡刚毅观念，强调自强不息。但是儒家又竭力主张等级制度，宣传浓厚的等级思想。儒家肯定人生是快乐的，主张"自乐其乐"、"乐天知命"。孟子说"反身而诚，乐莫大焉。"

道家的价值观念和儒家不同，具有强烈的批判意识，对现实不满。与此相应，道家以个人的自由超脱为人生理想，个人不受约束，也不损害社会。庄子更提出"逍遥游"的观念，认为任何事物都不能超越自己本性和客观环境，主张人要各任其性，消解差别，超然物外，从而在精神上产生一种超越现实的逍遥自在境界，成为"神人"。佛教传入后产生的道教则主张经过修炼得道，使形神不灭，超越生死，变幻莫测，成为"神仙"。道教是乐生、重死、贵生的，认为人生活在世上是一件乐事，而死亡是痛苦的，人们应当争取长生不死，起码要竟其天年。

儒家思想的核心是"仁"，强调"仁者爱人"，"己所不欲勿施于人"，而佛教讲究"慈悲",五戒第一戒为"戒杀生",甚而提出"一切男子是我父,一切女人是我母。"把孝顺父母的心发扬光大,"孝"是净业根本的根基。

儒家的仁义礼智信与佛教的戒及善恶也是一致的。"十恶"是杀生、偷盗、邪淫、妄语(说谎)、两舌(挑拨离间)、恶口(说粗话)、绮语(花言巧语、说淫秽语)、贪欲、瞋恚、愚痴。佛教所戒的妄语、两舌、恶口、绮语正与儒家提倡的"无宿诺"、"君子耻其言而过其行"一致;佛教戒偷盗、贪欲又与儒家提倡的"饭疏食饮水,曲肱而枕之,乐亦在其中矣。不义而富且贵,于我如浮云"相一致。子曰:"务民之义,敬鬼神而远之,可谓智矣。"近于戒"愚痴",戒"瞋恚"又与儒家的"克己复礼为仁。一日克己复礼,天下归仁焉。为仁由己,而由人乎哉?"及"非礼勿视、非礼勿听、非礼勿言、非礼勿动"一致。佛教的"孝养父母,奉侍师长"及"严持戒律"与儒家"恭而无礼则劳,慎而无礼则葸,勇而无礼则乱,直而无礼则绞"一致。

道家思想的核心是"道",认为"道",是宇宙的本源,也是统治宇宙中一切运动的法则。老子说:"有物混成,先天地生。寂兮寥兮,独立而不改,周行而不殆,可以为天地母。吾不知其名,强字之曰道,强为之名曰大"。

"道可道非常道,名可名非常名。"什么是道?道就是驱动万事万物运行的力量,不是通常所理解的"道"。什么是功名?"功名"自然是可以成就的,但不是通常所理解的"功名"。"常无欲,以观其妙;常有欲,以观其徼。"就是无为。在佛经《金刚经》中,所阐发抵达彼岸无坚不摧的无上智慧及《坛经》中主张解脱之道"在我不在天,在内不在外",甚而"众生平等,无有高下"与道家也是惊人的一致。

儒家是入世的,道家带有出世的倾向,道教是出世的,佛教也讲出世。在价值观念上,佛教与儒家是对立的,与道家则有相通之处,既同又异,主张超越现实是同,超越的途径、方式和目标不同是异。儒家更注重生,孔子说"未知生,焉知死!"而佛教认为生死事大,讲生也讲死,特别重视人的"来世"。生和死是人生的两个对立面,是一个十分严肃的整体人生观问题。儒家重视生,是一个方面,佛教重视死也是一个方面,两者可以互补。道教追求的长生不死,成神成仙,事实上不可能。佛教讲有生必有死,在理论上比道教圆满,更具有思想吸引力。

（二）佛教与中国文化发生交涉的内在思想机制

佛教传入中国内地时，中国本土文化已十分繁荣，儒、道等思想体系在社会生活中发挥了巨大作用，并积淀为社会心理和民族心理。佛教能逐渐融入并发扬光大，这除了一些帝王的崇佛、佛学与儒家、道家有相通之处，更因为佛教在与中国传统文化的撞击、交涉过程中，与中国文化发生联系的机制主要是佛教的直觉思维、具象思维等思维方式和中国传统的整体、综合思维方式有很多兼容之处。

佛教的思维方式内容丰富，类别颇多，其中的直觉思维、否定思维和具象思维等，与中国传统文化的思维方式，既有相同性，又有相异性，既有兼容性，又有不兼容性，这也是两者发生联系的重要机制。至于中国佛教学者运用综合圆融思维来判别、安排印度佛教各派教义和不同经典的关系、地位，则是和深受中国传统的整体、综合思维的影响直接有关。

直觉思维是佛教的基本思维方式。这是因为佛教是一种人生解脱论，其宗旨是对人生的终极关怀，追求人生的最高理想境界。按照佛教说法，这种境界大体上有三类：成佛进入佛国世界；对人生和世界的本质的最终认识、把握，如悟解一切皆空；对人类自我本性的最终认识、返归，如体认人的本性清净。这三类境界虽侧重点不同，同时又是可以统一的。这些境界具有神秘性、意向性、整体性、内在性等特征。一方面可以满足某些人的精神需要，一方面也决定了这种境界的把握是非逻辑分析的直觉思维。

佛教的直觉思维方式极为丰富，主要有禅观，要求一边坐禅，一边观照特定的对象；现观，运用般若智能直接观照对象，并合而为一；观心，返观自心，显示本性，这也是内向思维；禅悟，中国禅宗提倡在日常行事中，排除妄念，体证禅道。这些直觉思维方式具有直接切入性、整体契合性和神秘意会性等特征。

中国儒家和道家也都重视追求人生的最高理想境界，强调把握天道、道或理，所以，也重视和运用直觉思维。如老子提倡"玄览"，庄子主张"坐忘"，孟子讲"尽心、知性、知天"，张载主张"体悟"。这种思维方式的相同性、兼容性，有利于佛教与中国传统文化的共存。同时，佛教与中国本土文化的直觉思维方式的内容又有很大差异。佛教直觉思维是追求对人们现实生命的超越，终极目的是超越人成为佛。儒家和道家的直觉思维是对现实生活的超越，或追求理想人格，或追求精神自由，带有平实性。这些兼容性、不兼容性，又为佛教与中国本土文化带来互斥，也带来互补。魏晋以来迄至近代，佛教哲学与中国传统哲学的长期相互激荡、交渗、影响，充分地表明了这一点。

否定思维是佛教所特有的重要思维方式。佛教追求超越现实的人生理想境界，除了运用直觉思维外，还运用否定思维，以否定现实的真实，赞美肯定理想。这种否定思维是奠定在相对性的原理和以破为立的方法论的基础上的。佛教的基本哲学学说是缘起论，认为世界上一切事物和现象都是因缘（条件、原因）和合而成，都是互为因果、互相依存的，都是相对的、变化的，并由这种相对性、变化性说明事物没有永恒实体，没有主宰，是空的。

与缘起论相应，佛教还提倡以破为主，甚至是只破不立的思维方法，强调主观上对世界破除净尽是成佛的基本条件，甚至就是成佛的理想境界。佛教运用否定思维方式主要是否定两种真实，即主张主体和客体的空，这就是"人无我"和"法无我"的两个著名命题。"我"指实体、主宰。"法"，存在。人和一切存在都是因缘和合而成的，是不断变化的，是没有永恒的实体和主宰的，也就是说是空的。佛教还特别强调，人和事物都是"假名"，即假立的名言、名称、概念，并不是事物的本身，因此人们对外界不能执为实有。由此佛教又对主体提出一种思维规定，排除欲望、妄念、情感、意志、认识等精神活动，呈现"无心"状态，这种主观的思维等精神活动的寂灭，被禅宗视为是众生成佛的基本条件，甚至是成佛的理想境界。

在中国本土文化中，否定思维没有得到充分的运用和发展，儒家讲现实，不重玄想和否定。道家虽有批判意识，但它的顺应自然观念仍然是肯定思维的运用。道教多虚幻怪诞，但它肯定人的形神不灭，成仙得道。佛教的否定思维方式具有两重性，它在否定人和事物的客观真实存在的同时，也否定人和事物的主宰性、永恒性，并揭示了名称、概念和事物之间的差异、矛盾。佛教的否定思维方式受到儒家等本土文化的排拒，但却为具有强烈宗教意识和宗教需要的人们所接受，一些佛教学者并运用于哲学、道德、文学、艺术等领域，从而又丰富了中国传统文化的思维方式。

形象思维也是佛教的重要思维方式，这是与佛教的宗教特质直接相关的。佛教既是人们受自然力和社会关系的压抑的表现，也是对这种压抑的超越。它所追求的理想境界——彼岸世界是排除卑俗的欲求、污浊的功利的。与之相应，它所描绘的人类应当超脱的地狱、饿鬼等是充满罪恶和痛苦的。这两种带有强烈反差的世界，极易使信徒或引生美感，或引生恐怖感，或抒发虔诚的情感，或抒发畏惧的情感。佛教用丰富、奇特、浪漫神异的意象，运用丰富多彩的艺术去描绘佛国境界和地狱苦难，描绘佛或菩萨的法术威力，高僧大德的灵异事迹，这就要充分运用形象思维。佛教的形象思维既是具象思维，又是意象思维。具象思维是一种对特定的具体形象的反复、专一的思维活动，意向思维是一种内心的意想活动，在意想中形成各种形象，这两种思维是相连相通的。

佛教运用这些思维方式构成佛、菩萨、罗汉与佛国乐土、地狱饿鬼以及高僧与法术等形象或境界，而且用于宗教修持实践。比如小乘佛教禅观的不净观、白骨观，就是专以人身或白骨为对象进行观照活动，以排除欲念，不执著自我为实有，体悟"人无我"的佛理。再如密教，尤其是它的意密是以大日如来为观想对象。又如佛教观想念佛的思维方式，教人集中思维观想阿弥陀佛的美妙、庄严，以生起敬仰、向往之心，并说众生因如此虔诚而会由阿弥陀佛接引到西方极乐世界。如此等等。

佛教的形象思维具有自由无羁的联想、想象的性质，也是自身丰富的审美潜在力的艺术展现，为中国传统文化，尤其是为文学艺术提供了大量的想象、意象。中国儒学、道学文化也都具有丰富的形象思维，在审美情感和表现方法等方面与佛教都有惊人的一致之处，但是它们的浪漫性、想象力远远不如佛教，也没有人类最高潜在力的神化，没有出世、超世的宗教审美价值。正因为此，佛教对于中国传统文学艺术的丰富和发展起了也起了巨大的推动作用。

四、佛教与中国文学

佛教在中国的传播除比丘主动自觉的推广及统治者为满足自身统治需要而积极推广外，与文学作品有意与无意的推广离不开。

自佛教传入我国后，佛教就不可避免地成为文学的一大主题。被后世尊为"诗佛"的王维为后世留下许多充满禅意的山水田园诗，如"明月松间照，清泉石上流"、"空山新雨后，天气晚来秋"。其实在他之前，出身儒学世家的陶渊明同样给我们留下"此中有真意，欲辩已忘言"的禅意，只是因为人们更多赞美他的"不为五斗米折腰"的高士气节而忽略其对自由及禅意的表达，而在《五柳先生传》中，陶渊明写道："先生不知何许人也，亦不详其姓字。宅边有五柳树，因以为号焉。闲静少言，不慕荣利。好读书，不求甚解；每有会意，便欣然忘食。性嗜酒，家贫不能常得。亲旧知其如此，或置酒而招之。造饮辄尽，期在必醉；既醉而退，曾不吝情去留。环堵萧然，不蔽风日，短褐穿结，箪瓢屡空，晏如也。常著文章自娱，颇示己志。忘怀得失，以此自终。"这段文字所体现的生活之苦与精神之乐与王羲之在《兰亭集序》所写的"仰观宇宙之大，俯察品类之盛，所以游目骋怀，足以极视听之娱，信可乐也。""取舍万殊，静躁不同，当其欣于所遇，暂得于己，快然自足，曾不知老之将至。及其所之既倦，情随事迁，感慨系之矣！向之所欣，俯仰之间，已为陈迹，犹不能不以之兴怀，况修短随化，终期于尽！古人云：'死生亦大矣'，岂不痛哉！"都和佛教宣讲的生老死轮回一致。欧阳修《醉翁亭记》一句"环滁皆山也"的痛快淋漓也让人想起"心中有佛，眼中有佛"的境界。

佛教在中国的传播中遭遇多次的灭法，都与儒生有关，但也有很多儒生主动积极地接受和宣传着佛法，如中国历朝历代都有许多居士，而居士多为在家信佛的文人。这些居士也写下许多宣讲佛理佛法的作品令后人细细地品味。当人们称赞青莲居士游仙诗的道家飘逸时，儒家的入世追求、佛家的人生之苦都在掺杂其中。

东坡居士在有宋一代，像一股风刮过文坛、政坛，他的遭遇、思想已不能用复杂来概括，儒、道、佛观念都影响着这位遭际不凡的文人，所以他的豪放词只是其一个标签，"不识庐山真面目，只缘身在此山中"令人感受到几多禅意，读《赤壁赋》"驾一苇之所如，凌万顷之茫然"时，达摩一苇渡江的情景顿时浮现眼前，而《游金山寺》的归隐之志是与这佛教圣地息息相关。

柳泉居士蒲松龄的《聊斋志异》用多篇故事讲述了一个又一个善恶、因果、轮回的故事，用花鬼狐妖劝善、揭示人间的不平、人生的苦，形象展示佛法宣传的地狱、天堂景象。

五四运动后，佛教文化在科学、民主大旗之下，仍显现其作为一门独立文化的特色。受西方文化影响颇深的诗人徐志摩在他的《常州天宁寺闻礼忏声》中写道：

有如在火一般可爱的阳光里，偃卧在长梗的、杂乱的丛草里，听初夏第一声的鹂鸪，从天边直响入云中，从云中又回响到天边；

有如在月夜的沙漠里，月光温柔的手指，轻轻地抚摩着一颗颗热伤了的砂砾，在鹅绒般软滑的热带的空气里，听一个骆驼的铃声，轻灵的，轻灵的，在远处响着，近了，近了，又远了……

…………

我听着了天宁寺的礼忏声！

这是哪里来的神明？人间再没有这样的境界！

这鼓一声，钟一声，磬一声，木鱼一声，佛号一声……

乐音在大殿里，迂缓的，曼长的回荡着，无数冲突的波流谐合了，无数相反的色彩净化了，无数现世的高低消灭了……

这一声佛号，一声钟，一声鼓，一声木鱼，一声磬，谐音盘礴在宇宙间——解开一小颗时间的埃尘，收束了无量数世纪的因果；

这是哪里来的大和谐——星海里的光彩，大千世界的音籁，真生命的洪流：止息了一切的动，一切的扰攘；

在天地的尽头，在金漆的殿椽间，在佛像的眉宇间，在我的衣袖里，在耳鬓边，在官感里，在心灵里，在梦里，……

在梦里，这一瞥间的显示，青天，白水，绿草，慈母温软的胸怀，是故乡吗？是故乡吗？

光明的翅羽，在无极中飞舞！

大圆觉底里流出的欢喜，在伟大的，庄严的，寂灭的，无疆的，和谐的静定中实现了！

颂美呀，涅槃！赞美呀，涅槃！

诗人礼赞着大圆觉经带给人的伟大、庄严、和谐，感受听经时的慈悲、温软、自由，所有美好的感觉都在天宁寺礼忏声中得到。

除此以外，典型的例子还有中国文学作品中被视为传世经典的四大名著，四大名著有三本都用很大篇幅介绍佛教文化。《红楼梦》里贾宝玉最爱"毁僧谤道"，但解脱身体的病痛需一僧一道念诵语，解脱红尘之苦还是需要一僧一道带着他走入茫茫大地；贾妃让贾母做法事；贾母过生日家中所有奶奶小姐都要抄经文；甚至大丫头鸳鸯都一直念米佛以待有一天可以被贾母提携成龙女；王熙凤不积阴德，但在最后还是要刘姥姥帮忙，以及巧姐能免于狠心舅兄的骗卖，也赖于当初对刘姥姥的救助，正应"种善因得善果，种恶因得恶果"之说。赵姨娘之死与王熙凤的关系都体现这一观念。而最后薛宝钗能封妻生子同样被王夫人说为积德。小说中多次出现的刘姥姥是一个极有见识的积古老太太，他深得贾母欢心的一个原因就是信佛、相信因果，不仅可以给贾母还可以给大观园中的众位小姐及贾宝玉讲说佛法故事。刘姥姥来到大观园后带给大家第一个快乐就是见到牌匾立即拜倒，并说这样的牌匾、庙宇上的字她都认得；当她给贾母讲村中积善人家老年得子甚至仙女显灵不仅贾母爱听，连贾宝玉也深信不疑。当研究者给《红楼梦》以种种高度评价时，不能抹杀他宣扬佛教的主题：因果、轮回、色即是空——林黛玉还泪、妙玉留京、宝钗宝玉的金玉良缘之说、惜春的"可怜侯门绣户女、独卧青灯古佛旁"、鸳鸯"铰发"拒婚明志——一部《红楼梦》，可以令人想见当时佛教不仅广泛传播，而且深入到社会生活的每个角落，已经融入到中国文化之中，并成为中国文化难以分割的一部分。

《水浒传》开篇就讲一段因果故事，小说许多重要的情节都在寺庙中展开。鲁智深醉打山门、相国寺林冲遇鲁智深以及逼上梁山前的风雪山神庙，都展示了佛教已深入到中国人生活的每一侧面。人们生老病死都和佛法有关，小说中108人的命运总是围绕一个主题——轮回。

《西游记》全篇就是佛法的普及版教材，孙悟空七十二变逃不出如来手掌心，讲述佛法的无边，妖魔鬼怪是无法战胜佛法的。

作为通俗文学的小说，《西游记》为佛教文化的发展起着极大的推动作用，毁誉参半的《金瓶梅》篇首的评点就很有意思，读此书"生慈悲心，菩萨也；生怜悯心，君子也；生欢喜心，小人也；生效仿心，禽兽也。"小说中也多次出现寺庙、比丘、僧侣等，甚而各种法事。作为众人眼中的"第一淫书"怎样令人生慈悲心呢？小说的突出主题是：因果轮回。西门庆淫人妻女，他犯了"淫戒"，怎么办？"淫人妻女，别人亦淫其妻女。"显赫的西门大官人死后，他的妻女也遭人淫乱，甚至在他活着时，李瓶儿所生的官哥儿就惊吓而死；李瓶儿嫁入西门家后一心做个贤妻良母而不果，原因是"淫"，身为花子虚的妻子，勾引西门庆；同样，身为有夫之妇的潘金莲不仅犯了"淫戒"私通西门庆还毒杀丈夫武大郎，甚至到了西门家中还与陈经济（西门庆的女婿）及书童私通，所以她的遭际报应必须更加残酷。

现代小说大家金庸先生，由于对传统文化有深厚底蕴，其武侠作品不仅展示儒道的侠、仁、义、礼、智、信，更介绍了一部又一部的佛教经典，并用他天马行空的想象把佛经名词化为神妙的武功，无论是九阴白骨掌、一阳指、易筋经，还是无量山的凌波微步、或是南少林的葵花宝典、甚至邪气的乾坤大挪移都离不开佛教典籍，而《鹿鼎记》中满清藏宝的秘密也收藏在八部《四十二章经》中。

佛教文化深入中华文化之中，直到现在，我们的许多口语都来于佛教，比如"皆大欢喜""芸芸众生""不看僧面看佛面""苦海无边，回头是岸""放下屠刀，立地成佛""圆满、因缘、觉悟、随喜、慈悲、悲天悯人、天花乱坠"等，不仅丰富了我们的语言，还提升了我们的智慧。

五、佛教与中国艺术

佛教在漫长的历史长河中，与中国本土文化相接触，由依附、冲突逐渐到融合协调，成为中国文化有机组成部分。它不仅对中国人的世界观、人生观产生巨大的影响，同时对中国古代学术、艺术等方面也起着积极促进作用。而艺术一旦纳入佛教文化体系，佛教思想必然给它打上深刻的烙印，使其成为不同于一般世俗艺术的佛教艺术。佛教艺术传到中国，必然受到中国社会生活影响，必然受到中国传统美学思想和艺术风格的熏染，从而逐渐形成具有中国民族特色的佛教艺术体系。中国佛教艺术不仅为中国艺术宝库增添了夺目的光彩，也在人类艺术史上留下了辉煌的业绩。佛教艺术涉及建筑、雕刻、绘画、音乐等众多领域，大大地丰富了中国本土文化的内容，并成为中国文化的重要部分。

（一）建　筑

随着印度佛教传入中国，佛教艺术也相继传入。反映在建筑艺术上，主要表现在塔、寺院和石窟的建筑上。其中以佛塔出现较早，后来发展成为寺庙的主要建筑物。

1. 塔。塔，曰塔婆，中文为方坟，或曰支提，中文为灭恶生善处等等。塔起源印度时，是世尊入灭，弟子哀思，因而广建法塔，以表崇敬。我国佛塔之始，是在汉代时期。根据《魏书·释老志》载，东汉永平十年，在河南洛阳白马寺所建的塔，"犹依天竺旧状而重构之"，这就是说中国出现较早的佛塔，是仿天竺佛塔样式建造而成。后来随着佛教广泛传播，良工巧匠不断地探索，吸收印度"窣堵坡"（浮屠）的某些建筑特点，结合传统的建筑形式，创造出具有中国特色的新型塔。《后汉书·陶谦传》记载到："丹阳人笮融，在除州广陵间起浮屠寺，上累金盘，下为重楼，作黄金涂像，堂阁周上可容三千许人。"所谓"上累金盘"是指金属所制成的相轮（也称露盘、轮盖、伞等）；"重楼"即是汉代的多层木结构高楼，这种中印合璧的木塔是中国最初的基本样式。相传北魏时的洛阳永宁塔是中国最大的木塔之一，高一千尺，百里之遥皆能见之，可惜不久焚毁。现存在于山西应县佛宫寺的木塔，又名释迦塔，是中国现存最早的木塔。该塔建于辽道宗清宁二年，明清两代已重兴数次，高三百六十尺，八棱五级，每层绘有释迦像，最低层之像高二丈许，顶层称为南天门。全塔构造异常坚固，在结构上共用了五十七种不同斗拱以应不同的要求，是中国匠师登峰造极的杰作。

由于木塔在防火及坚固、耐久方面不够理想，故不久即出现砖塔，以及石塔。如存于河南登封县嵩山西麓的嵩岳寺塔，南京市栖霞山的舍利塔，浙江天台山的国清寺塔，江苏吴县的虎丘塔，云南的昆明东西塔等，都是古代遗留下的砖塔。

后来，建筑材料发展到铁、铜、珍珠、琉璃、金、银等，以此造塔既坚固持久，更光彩夺目。从造型上也从单一到多样，有楼阁式塔、密檐式塔、金刚宝塔等，如河南嵩山嵩岳寺的十二角十五层砖塔，北京天宁寺塔，洛阳白马寺齐云塔等，皆是密檐式塔。

在元以后，汉地出现藏式瓶形塔（复钵塔），如北京妙应寺的白塔。建于明成化九年（1473年），仿印度菩提伽耶精舍在北京真觉寺建金刚座塔，西安慈恩寺大雁，荐福寺的小雁塔等，造型更富有艺术美，气派更雄伟庄严，皆足以代表佛教坚毅的精神，给人以肃然起敬之感。尤其是河南少林寺二百二十余座的僧人塔，不仅数量居全国佛寺之冠，为最大的塔群，而且造型各异，有方形、圆形、瓶形、抛物线形、四角、六角等，应有尽有，多姿多彩，是举世闻名的"塔林"之一。这些塔的建筑，说明中国佛塔的建筑已由对印度佛塔机械的模仿发展到综合提高。虽然不如西域之实用，然皆力求美观，建筑材料由单一到多种，造型由简陋单一到复杂多样及本土化，逐渐形成了中国特色的佛教建筑艺术。

2. 寺院。寺院，亦名浮屠祠，小的也叫伽蓝、精舍等。中国最早的寺院是东汉明帝在洛阳为印度和尚摄摩腾、竺法兰建造的白马寺。原建筑规模雄伟，现仅存天王殿、大雄宝殿、大佛殿、接引殿等。到北魏文帝笃信佛教，迁都洛阳后，各寺院建置大增。《洛阳伽蓝记》形容此时寺塔之盛况："昭提栉比，宝塔骈罗，争写天上之姿，竞模山中之影。金刹与灵台比高，广殿共阿房等壮。岂直木衣绨绣，土被朱紫而已哉。"唐代诗人杜牧有"南朝四百八十寺，多少楼台烟雨中"的诗句，来描写寺塔之多。

唐代，是佛教发展的黄金时代，寺院的建筑更加辉煌，遍布全国各地。据《长安志》等书记载，唐代长安城内寺院就有一百九十五所，可查考的著名寺院不下三、四十处。其中，现存于五台山的南禅寺（建于公元 783 年）和佛光寺等比较独特，造型宏大，庄严简洁，是典型的唐代建筑风格。

到了宋代，寺院的建筑规模虽比不上唐时宏大，但也增建了不少寺院。如现存于河北蓟县独乐寺的山门和一座三层木构"观音阁"建于北宋时期（984 年），就是我国古代建筑的精神。当时，随着手工业在唐代的基础上得到更大的发展，建筑材料也多样化，创造出灿烂的琉璃瓦，以及精致的雕刻花纹及彩画。它们增强建筑的艺术效果，使寺院更金碧辉煌。

明代，翻修古刹，新建寺宇数量十分可观。《宛置杂记》记载："见其旧有存者，其殿塔幢幢，率齐云落星，备极靡丽，……又见其新有作者，其所集工匠，夫设歌而子来，运斤而去，行缆而织，如潭柘寺经年勿亟，香山寺、弘光寺数区并兴。"从中可窥见古中国寺院发展盛况，同时也可看出佛教对中国建筑艺术的影响之深。现存此时期的建筑有：五台山的显通寺，南京的灵谷寺，是拱券式的砖结构殿堂，俗称无梁殿，也是中国建筑史上较早的无梁式建筑。随着佛教广泛传播，建筑造型逐渐发展到复杂多样。如房屋前的装饰追求和谐美的过程，皆与西域建筑艺术状态有关。

3. 石窟。随着佛教的传入，佛教石窟艺术亦随之传入我国。它原本是印度佛教僧人的住处，后来发展成为两种形式：一是供比丘修禅居住的"禅窟"，二是雕造佛像供人瞻仰的"礼拜窟"。我国的石窟建筑是以印度寺庙为基础，集中国传统的建筑、雕塑、绘画之大成，构成具有中印艺术合璧的特色。分布在南方较有名的石窟有：南京栖霞山的千佛窟，杭州附近的飞来峰石屋洞、烟霞洞，江西赣州的通天崖，四川通江千佛崖，广元千佛崖等。北方著名的有：甘肃的敦煌（万佛峡、千佛洞和西千佛洞），沿河西走廊而下有武威的天梯山石窟，永靖有炳灵寺石窟，天水有麦积山石窟，王家沟罗洞石窟等。沿洛水有龙门石窟群、巩县石窟寺，山西的天龙山云冈石窟、直峡口石窟，河北有南北响堂山窟及宝山石窟，东北以辽宁的万佛堂最为著名。在这众多石窟中，最有特色的是云冈和龙门以及甘肃敦煌麦积山，都是闻名于世的艺术宝库。云冈第九洞和第十洞是北魏早期所开凿，模仿印度支提窟（是一个方形石窟，中有四根满加雕刻的支柱，在前面附属一个舍利塔）形式而稍加变化的，即把支提塔的部分和支提洞同时变为前后两个石窟，而把塔变为后窟中央的本尊雕刻，前窟的四根列柱则仍然保留支提窟的模式。柱的四面有造像，四壁和窟外都是精美的雕刻。云冈、龙门、敦煌三者比较，敦煌的莫高窟更是宏伟壮观，崖壁上密布着高低、大小不一如蜂窝似的洞窟。此窟创建于东晋时代，再经过北魏、隋唐、五代、宋、元各代的相继开凿，形成一个包罗万象的壁画与雕塑的艺术宝库，成为世界上罕见的文化奇迹。

（二）雕 刻

在南北朝，受佛教影响，中国的雕刻艺术广泛应用在佛教建筑和装饰上。特别是它与印度的犍陀罗笈多艺术相结合，发展成为中国民族风格的佛教雕刻艺术。

中国早期的佛教雕刻，从北魏遗留下的作品看，主要表现在洞的雕刻中。公元五、六世纪开凿的云冈石佛洞，现存四十余洞区。西部的五洞造像规模巨大，庄严巍峨，高达数丈。其中最大的雕像是第五窟后室北壁中央的坐佛，高达十七米，其膝上可站一百二十人，一只脚上可站十二人。四周围凿小佛环绕，相互映衬，蔚为壮观。造像的艺术与印度犍陀罗艺术及其后的笈多艺术有相似之处，又不全似。可见此时中印艺术已得以融合。壁中的贤劫小佛，面容多作犍陀罗式。中部第一第二两洞壁上，刻的佛传故事九图，形象优美逼真，也是继承犍陀罗的风格。云冈西部各小洞的晚期作品，飞天削肩瘦长，短裳长裙而不露脚，裙的边和缠绕彩带皆向后扬起，飘逸中有一种自然美，这与印度雕像不同，表明在北魏晚期，佛教雕塑艺术已经逐渐中国化。

龙门石窟是云冈石窟的继续，其窟的造像成功于北魏晚期。后来，在唐高宗、武后、中宗三朝又重新修造。其中，宾阳洞的佛像造型优美，比例比云岗为佳。伎乐供养人与藻井的图案均典丽飘逸，还有浮雕作品"帝后礼佛图"，人物形象生动逼真，各具神采。尤其是莫高窟的唐代彩塑达到了登峰造极的地步。技术上，由简朴发展到熟练，风格上，一变原先"透骨清象"而为"神气自如，肌肤丰润"，备极人体的健康和美丽的特点，表现出作者杰出的创造才能。又有现在于五台山佛学寺和南禅寺的唐代彩塑，更反映盛唐雕塑艺术前所未有的完美和庄严。艺术家巧妙地处理人物间的错综关系，在纷繁中又有着完整统一的气氛，着意表现贵族们在宗教活动中，那种虔诚严肃的心境和静穆而又行进着的活动状况，具有很高的艺术价值。

唐朝后期，在新疆拜城县的克孜千佛洞石窟的前室，艺术家在正壁塑坐佛龛、大立像，左右壁绘说法图，窟顶则在菱形方格网中画佛本生庞大故事，后室则绘佛像和涅槃像，和有关佛传的故事及供养像。这些造像作风来自印度伊朗式，而趋于西域地方色彩的描绘，结合当地的生活习俗，具有明显的民族风格。

自唐宋后，造像转以泥塑和木雕最为盛行，逐渐取代洞窟雕像。位于山东长青灵岩寺内的千佛展，有泥塑毗卢、弥勒、药师像，瑞相天然，慈祥端庄。壁有众多的雕塑小佛像，比例得度，神态各异，栩栩如生。塑工精绝，技法娴熟，把人物喜怒哀乐表现得淋漓尽致。

严格地说，泥塑艺术并非唐宋以后才出现，早在唐时已有了泥塑雕塑艺术，并且出现许多雕塑能手，其中，最知名的是杨惠之。他的雕塑在当时和吴道子的绘画齐名，故有"道子画，惠之塑，夺得僧繇神笔路"之说。

宋以后，中国的佛教雕塑，以各种罗汉最有特色，江苏用直保圣寺的十余尊罗汉，苏州东山紫金庵十八尊罗汉都是宋代作品。塑像体态丰满，神态惟妙惟肖。

总之，无论是早期的石雕或是后期的泥塑等作品，都显示了古代雕塑家神奇的创造力和经久不衰的艺术魅力，是我国雕塑艺术史上极有价值的珍品。它展现了佛教艺术的宏伟博大，丰富了中国传统文化的内容。

（三）绘　画

中国较早的佛教画像，大约出现在东汉明帝时。《魏书·释志老》云："东汉明帝时，令画工图佛像置清凉台及显节陵上"。又《冥祥记》记载："白马寺壁画千乘万骑绕塔三匝之像"。这可能就是中国画家较早的中国佛教画。此中佛画的题材和技巧沿用了印度佛画样式，但当时著名的佛画家在史书上记载的较少。到南北朝时，佛教的绘画技法、色彩均有发展。擅长佛画的画家如雨后春笋地纷纷涌现，创造出不少珍贵的佛画作品。就我国现存的古代壁画看，新疆塔里木盆地克子尔明层佛洞的壁画，就是随着佛法自西北传进来的通路上，所遗留的画风相似的壁画。敦煌千佛洞的壁画、高昌的壁画等都是北魏时期的作品。佛教画主要体现在人物（佛、菩萨、罗汉、高僧、在德等），佛成道及成道后为弟子说法等图。此外，还有山水图、建筑图等。这众多的作品仍然带有较多的印度佛教风格，而中国艺术的特点也十分浓厚。这些壁画中的相当部分至今保存完好。

在魏晋时，有擅长佛教画的曹不兴，他模仿玄奘法师会从西域带来的样本，绘制五尺长的佛像绢画，令人叹为观止。张彦远《历代名画记》说："连五十尺绢画一像，心敏手运，须臾立成，而且，头面手足，胸意肩背均不失度，此其难也。曹不兴能之"。西晋时，卫协有"画圣"之誉。孙畅之《述画记》云："上林苑图，协之迹最妙，又七佛图，人物不敢点眼睛。"当时，以卫协为师的有画家张墨和荀勖，他们作的画都重在神情气韵，对形态的描绘不甚精湛，"可与知音说，难与俗人道"。其中张墨也有"画圣"之誉，他作的维摩诘像，是大乘经变在中国出现的最早记载。中国早期佛教艺术的发展，到东晋晚期臻于鼎盛。画家顾恺之和戴逵都是名扬后世的佛家，《历代名画记·叙历代能画人名》记载：顾恺之曾在瓦官寺北小殿维摩诘一躯画讫，耀目数日，"及开户，光照一寺，施者填咽，俄而得百万钱"。戴逵致力于佛像雕塑的民族化，并取得了成就。他曾造无量寿佛木像，高丈六。绘画方面，画有五大罗汉图。

早期的佛画作品，大都是仿照印度传来的图样。到梁代以后，中国佛画逐渐中国化。当时，佛画家张僧繇就是一个有力的推动者，他擅长用简练的笔墨绘画佛像，史称其"笔才一二，而像已应焉"。旧时的画多为平面无阴阳明暗之分，他创立了"没骨皴法"，不以笔勾勒线条而重色渲染。他用印度的凸凹画法，在南京一乘寺画匾额，所绘花卉图案，远望有立体感，一时誉满天下。他的佛画骨肉兼得，形体具备，形成了独具一格的"张家样"。北宋曹仲达的画艺，带有域外作风而创立了"曹家样"。从他的画艺特点来看，衣服紧窄。这显然受到印度艺术风格的影响，与吴道子的"吴家样"相辉映，所谓"曹衣出水吴带当风"，就是对他们各自艺术风格的概括。吴道子是古代佛画名人之一，他的画风一直影响到宋以后，他在长安菩提寺画的《维摩诘变》，其中舍利弗，有转目视人的传神效果。

唐代佛教壁画盛极一时。张彦远《历代名画记》云："两京外寺观壁画"。有上都寺观画壁一百四十余处，东都观壁画有二十处，多出名家之笔，其中吴道子有三十二处。杜甫诗："画手看前辈，吴生独擅扬。"又据近人俞剑华《中国绘画史》统计，唐时，绘有佛画的寺院多达一百八十三座。知名画家七十多人。画像无数，佛传、经变、变相画也不少。在唐代石窟的壁画也极丰富，敦煌的石窟有很多佛画，经变人物画、图案人物画都是唐代的作品。特别是唐代壁画中的飞天，十分盛行。据统计，莫高窟壁画有四百九十二个洞窟，就有二百七十个绘有飞天图像，共计四千五百之多。最大的飞天每身约二米高，最小的飞天只有五至六厘米。唐代净土宗广泛流行，因此净寺变相在壁画中表现较多。为弘扬佛教，当时的画家着意把题材和当时人民爱好相融合，所以在我国画坛中占重要地位。

唐宋以来，由于禅宗的思想影响，山水画与写意画风盛行。在土太夫等文人之中兴起了一种幽淡清香、水彩墨淡的写意山水画，后来成为中国绘画界的瑰宝。唐代诗人王维是开创禅画的初祖，他曾作袁安卧雪图，有雪中芭蕉，与常见景物不同；又作花卉，不同四时，以桃杏芙蓉莲花，同入一幅。论者谓之"意在尘外，怪生笔端""得心应手，意到便成，故造理入神，迥得天机，此难与俗人论也。"苏东坡也谓："细味摩诘之诗，诗中有画，细观其画，画中有诗。"王维的禅画一直影响到宋以后。

宋代，随着佛教由盛转衰，佛教艺术也渐衰落，绘画艺术不再像唐时那样气魄宏大，但还有许多画家作品传世，如范宽、李公麟、贾古等，元代赵孟頫等，明代戴进等，清代方以智、吴历、邹哲等的作品都有留传于世。

（四）音　乐

佛教音乐是与佛教同步传入我国，在魏晋六朝时就有胡笛、唢呐、琵琶等印度和西域的乐器以及《蔓度大音香积》第一批佛曲传入东土，有此新调的渗入，使中国曲调更得发展，逐渐与中国传统音乐融为一体，有许多汉族音乐改编为佛曲。

三国时，曹植在模仿印度佛乐声律基础上，创造了适合汉语歌颂的梵呗。唐代僧人道世在《法苑珠林》卷三十四中记载："尝游鱼山，忽闻空中梵天之响，清雅哀婉，其声动心……乃摹其音，写为梵呗。"曹植在乐阿鱼山删治

《端应本起经》，制成了鱼山四十二契，关于曹植创造的梵呗已无可证信，但故事本身已告诉人们，当时已经存在着汉化的佛曲声腔。还有吴国支谦也依《无量寿经》、《中平起经》造《赞菩萨连名句梵呗》一契，为一代范式。由于梵呗和汉语的区别，中国的歌赞和印度的呗赞之法当然也有差异。正如慧皎大师所说："东国之歌也，则结韵以成咏；西方之赞也，则作偈以和声。虽复歌赞为殊，而并以协谐的钟律符靡宫商，方乃奥妙。故奏歌于金石，则谓之以为乐；设赞于管弦，则称之以为呗。"所以梵呗的产生丰富了中国音乐的内涵，促进了中国音乐的发展。

到了晋代时期，庐山慧远尚创立了唱导制度，融合了中国民间说唱方法的唱导而发展成立的佛教音乐的艺术，并逐步建立起一套中国佛教音乐的目的、内容、形式和场和的规模制度。南北朝时，涌现出许多擅长佛教音乐的高僧，如道照、昙宗、僧辨等。《高僧传》记载，他们"尤善唱导，出语成章"，"声韵锤铃"，"唱说之功，独步当世。"梁武帝笃信佛教，他在载定雅乐时，亲自创佛乐有《善哉》《大乐》《大欢》《天道》《仙道》《神王》《龙王》《过恶》《除爱水》《断苦轮》等十首，名为"正乐"。

隋朝时，佛曲已在社会盛行，并在宫廷宴乐中被采用。如七部乐中的"西凉乐"有一舞曲《于阗曲》的天竺乐中《天曲》，就是佛曲。在唐时，佛教音乐更繁荣，并已中国化。当时的演奏技艺达到出神入化的地步，有很大的潜力。它的影响不但波及唐大曲、唐散乐、唐戏弄、唐杂曲等方面，而且深入民间，利用百姓所熟悉的音调来演唱佛曲和赞呗音乐、唱导音乐。佛教僧人为弘扬佛教，还依据佛经故事创作曲的歌词。如昙鸾、善导、法照等人创作的《净土乐赞》《离六根赞》《相好赞》等。宋以后，佛教音乐逐渐转到民间艺人手里，且有自己的"瓦子""瓦肆"等活动场所，但全国各地的大寺院仍有大型音乐活动，直到现在，民间的器乐曲形成过程中几乎都有佛典影响的痕迹。至于寺庙中的木鱼、磬、钟、鼓等法器演奏的，皆与僧众日常修持的礼乐相应，使人听之能陶冶性情，修养身心，使人向善。

中国佛教艺术是印度佛教艺术和中国古代艺术结合而创新的产物，显示了佛教艺术在内容和形式上中国化的变革过程，不但凝结着广大人民高度的智慧、虔诚的信仰和精湛的技巧，而且极大地丰富了我国文化，并成为研究中国古代史的重要材料。

六、佛教典籍介绍

（一）大乘佛法启蒙经典——《地藏经》

《地藏经》是《地藏菩萨本愿经》的简称，为唐朝高僧实叉难陀所译，"地藏"含有"安忍不动犹如大地，静虑深密犹如秘藏"意。地藏菩萨受释迦牟尼嘱咐，发愿拯救诸苦，尽度六道众而后成佛。后地藏菩萨成冥世的总教主，以解救地狱众生诸苦为使命，是深受佛教信徒崇拜的大誓大愿菩萨。《地藏经》是关于地藏菩萨完成当初所立普度众生宏愿的经典，与《阿弥陀经》是相对应的经，《地藏经》阐述佛教的地狱观，《阿弥陀经》阐述佛教的天堂观。

（二）唯一被尊称为经的中国人写的佛教著作——《坛经》

《坛经》全称《六祖慧能大师法宝坛经》，又称《六祖坛经》，是中国人全部佛教著作中唯一被尊为经的，是禅宗六代祖师慧能口述，由弟子法海笔录而成。

菩提达摩是西天第二十八祖，也是东土初祖，他在梁武帝时代来到中国，将法传给二祖慧可，慧可传给三祖僧璨，四祖道信传给五祖弘忍，五祖传给六祖慧能。

此经记录慧能得法传宗的经历和启导门徒的言教，主张人生的觉悟和解脱之道在我不在天，在内不在外，唯一的正途是认识自身本性，实现自我，倡导"众生平等，无有高下""凡圣如一""众生皆有佛性"，轻蔑言教，挑战权威，视一切名言经典只不过是开智悟道的方便之门。

（三）佛家最精妙的宝典——《金刚经》

《金刚经》是《能断金刚般若波罗蜜多经》的简称，又称《金刚般若波罗蜜经》，此经在中国有六种译本，最流行本是鸠摩罗什的译本，另外还有菩提流之、陈真谛、达摩笈多、玄奘、义净的译本。《金刚经》阐发大乘佛教的核心义理。"金刚"意"无坚不摧"，"般若"意"无上智慧"，"波罗蜜"意"抵达彼岸"，经名总含义是"抵达彼岸无坚不摧的无上智慧"，是佛家至高无上的最精妙的宝典。

（四）在我国民间影响最深广的经——《阿弥陀经》

《阿弥陀经》是《佛说阿弥陀经》简称，又称《小无量寿经》，在公元一至二世纪流行于印度西北地区，鸠摩罗什将其译成中文，通行后世。

阿弥陀是掌管西方极乐世界的佛，意"无量光"，所以阿弥陀又称"无量光佛"或"无量寿佛"，本经是释迦牟尼佛为舍利佛等众弟子讲解西方极乐世界的美景和阿弥陀佛的无限功德，宣称众生只要发愿皈依佛法，常念不忘阿弥陀佛的名号，死后可往生西方极乐世界。

作为净土宗的主要经典，本经自宋明后成为我国各佛教寺院日常念诵经文。本经篇幅精短，文字优美，所描绘的西方极乐世界的美好来世对信徒有强大感召力，在我国影响深广。

（五）简约博大智慧的经——《心经》

《心经》是《般若波罗蜜多心经》的简称，又名《般若心经》，玄奘所译，此经仅 260 字，却包含博大深邃的般若智慧，用佛与舍利子问答形式昭示般若能度众生的一切困厄和苦难，使般若波罗蜜多智慧法门的修行者达到彼岸，获得至高无上的正等正觉。

附《心经》全文：

观自在菩萨。行深般若波罗蜜多时。照见五蕴皆空。度一切苦厄。舍利子。色不异空。空不异色。色即是空。空即是色。受想行识。亦复如是。舍利子。是诸法空相。不生不灭。不垢不净。不增不减。是故空中无色。无受想行识。无眼耳鼻舌身意。无色声香味触法。无眼界。乃至无意识界。无无明。亦无无明尽。乃至无老死。亦无老死尽。无苦集灭道。无智亦无得。以无所得故。菩提萨埵。依般若波罗蜜多故。心无挂碍。无挂碍故。无有恐怖。远离颠倒梦想。究竟涅槃。三世诸佛。依般若波罗蜜多故。得阿耨多罗三藐三菩提。故知般若波罗蜜多。是大神咒。是大明咒。是无上咒。是无等等咒。能除一切苦。真实不虚。故说般若波罗蜜多咒。即说咒曰。揭谛揭谛。波罗揭谛。波罗僧揭谛。菩提萨婆诃。

（六）朴实快乐学智慧——《百喻经》

《百喻经》亦称《百句譬喻经》，是伽斯那所集，原名《痴花鬘》，中文译者求那毗地。本经用寓言阐发佛理，用寓言申教戒。每篇都由喻和法两部分合成，喻是寓言，法是寓言显示的教戒，用幽默可笑的故事，讲解佛法，通俗易懂，启发智慧。它既是一部经，又是一部优美的文学作品。

（七）其他：《观音经》《楞伽经》

《观音经》是《妙法莲华经观世音菩萨普门品经》的简称，是《法华经》中的一品。观世音菩萨是释迦牟尼佛派往人间救度众生的使者，是救苦救难、大慈大悲的菩萨。该经用对话形式，表述观世音菩萨神威与无边无量法力。从经中可以看出在佛教徒心目中，观世音菩萨是慈悲的化身。

《楞伽经》是《楞伽阿跋多罗经》简称，又称《入楞伽经》。释迦牟尼入楞伽山说经而得名。该经采用佛与大慧菩萨对话的语录体裁形式阐发佛的高深义理。在经中，大慧菩萨向佛提出包括人生、人文、物理、宇宙等多方面问题，佛直指人的身心性命，与宇宙万象的根本性，阐述宇宙与万物是自心所见，唯有第八识（心）才是认识世界一切的根本。

七、佛教故事

（一）狮　吼

佛陀十大弟子之一的舍利弗智慧第一，外道若想同佛法辩论，总是输给舍利弗。舍利弗八岁就能诵十八部佛经，通解一切书籍，而且擅长辩论。

印度的论师正式辩论时，搭上大高台，高台上设一个主位、一个从位，底下是成千上万的听众。一次准备辩论时，年仅八岁的舍利弗主动坐上主位，且自信满满。论师看了说："是个小孩子，随便请一位应付一下吧。"舍利弗看看来者说："你不行，叫你家老师来。"

舍利弗开始辩论就言辞清晰、议论周详，那些大师都瞠目结舌，说"别看他是小孩子，他的智慧是天生的，一出生就像狮子一样，狮子坠地就能吼，他一吼，百兽都脑浆迸裂。"

金庸小说《倚天屠龙记》中金毛狮王谢逊的狮吼功灵感大概来于此。

（二）达摩一苇渡江

达摩，是天竺国香至王的儿子，拜释迦牟尼第二十七代佛祖般若多罗为师。一天，达摩向他的师傅求教说："我得到佛法以后，应到何地传化？"般若多罗说："你应该去震旦（即中国）"。又说："你到震旦以后，不要住在南方，那里的君主喜好功业，不能领悟佛理"。达摩遵照师父的嘱咐，驾起一叶扁舟，乘风破浪，漂洋过海，用了三年时间，历尽艰难曲折，来到了中国。达摩到中国以后，梁武帝派使臣把达摩接到南京，宾客相待。武帝是一个佛教信徒，主张自我解脱。达摩是禅宗大乘派，主张面壁静坐，普度众生。由于他们的主张不同，每谈论起佛事，二人总是不投机。达摩于是便告辞梁武帝萧衍，渡江北上。

当时有个高僧，名叫神光，正在南京雨花台讲经说法，当地群众称："神光讲经，委婉动听，地生金莲，顽石点头"。围观听讲的人是里三层，外三层，水泄不通，达摩路过雨花台，见到神光在那里讲经说法，就挤在人群中，侧耳倾听。达摩听到有些地方点点头，有些地方摇摇头。点头表示赞同神光讲的观点，摇头表示不赞同。神光在讲解中，发现达摩摇头，认为这是对自己的最大不尊，便问达摩："你为什么摇头？"

对佛教的认识二人因有分歧意见，达摩便主动让步，离开雨花台渡江北上去了。达摩去后，听讲的群众有人对神光说："他就是印度高僧菩提达摩，精通佛法，学识渊博。"神光听了以后，感到惭愧之极，于是他就赶快追达摩，达摩在前边走，神光在后面紧追，一直追到长江岸。达摩急着过江，停立江岸，只见水域茫茫既没有桥，也没有船，连个人影也不见。达摩正在这无可奈何之际，突然发现岸边不远的地方坐着一个老太太，身边放了一捆苇草，达摩迈步走上前去，恭恭敬敬地向老人施了一礼，说道："老菩萨，我要过江，怎奈无船，请您老人家化棵芦苇给我，以便代步。"老人见他眼睛炯炯有神，满脸络腮胡子，卷曲盘旋，身材魁梧，举止坦然，形象端庄，仪表非凡。顺手抽出一根芦苇与达摩。达摩双手接过芦苇，至江边，把芦苇放在江面上，只见一朵芦苇花，昂首高扬，五片芦叶，平展伸开，达摩双脚踏于芦苇之上，飘飘然渡过了长江。神光尾追达摩，看到达摩一苇渡江，就抱起老人身边一捆芦苇，扑通扔到水中，双脚跳上芦苇捆子，这捆芦苇不但不向前行进，反而沉入水中。神光急忙涉水而出，带着浑身泥水，责问老人："你给他一根芦苇就渡过江，我拿你一捆芦苇为什么还过不去呢？"老人不慌不忙地答道："他是化我的芦苇，助人有份；你是抢我的芦苇，岂能相助？"老人说罢，转瞬间悠然不见，浩瀚的江面上空无一人。这时神光自知有失，惭叹不已，懊悔而归。达摩过江以后，见山朝拜，遇寺坐禅，于北魏孝昌三年到达了嵩山。达摩看到这里群山环抱，森林茂密，山色秀丽，环境清幽，他就把少林寺作为传教的道场。广集僧徒，首传禅宗。自此以后，达摩便成为中国佛教禅宗的初祖，少林寺被称为中国佛教禅宗祖庭。现在少林寺碑廊里还有达摩一苇渡江图像碑。古人有诗赞曰："路行跨水复逢着，独自凄凄暗渡江。日下可怜双象马，二株嫩桂久昌昌。"

后世少林寺七十二绝技之一的轻功——草上飞即来源于此。

（三）目连救母及"盂兰盆会"由来

目连尊者生在印度大富之家，其母为富不仁，没有慈爱之心，饥馑荒年也见死不救，死后堕在饿鬼道。食物到她手里，即刻化为火焰，所谓"千百年不闻浆水之名"。目连尊者是佛陀十大弟子之一，且"神通第一"，看到母亲堕饿鬼道，受饥火焦咽之苦。尊者不能解脱母亲之苦，心急如焚，悲号涕泣，奔回祇树给孤独园找佛陀，求佛陀教他救母亲。

佛陀安慰他"一定仗众僧之力才能救你母亲。你等待结夏圆满七月十五僧众白恣之日，以百味珍馐置于盆中供佛斋僧，能获无量功德，可消除你母亲悭吝之罪。"这就是盂兰盆会的由来。

"盂兰"是印度语，即"倒悬"，"盆"为"救护之器"，"盂兰盆"就是救倒悬、解痛苦之意。

目连尊者发起盂兰盆会，把他母亲从饿鬼道解救出来。所以直到今天，佛弟子于七月十五佛欢喜日，做斋僧功德，度七世的父母。

（四）斋堂供弥勒的缘由

宁波天童寺是宗、教、律的道场，宗下参禅、律下传戒，又是教下讲经说法的地方。弥勒菩萨曾经在天童寺显化，经过是：

当时，天童寺正在供千斋僧，弥勒菩萨化作普通僧人模样也来赶斋。打了云板，赶斋的人都入座了，但大和尚还没来。而一位胖胖的和尚，却跑到大和尚的位子上坐下。纠察师看到，瞋心顿起，拽着他的耳朵往外拉，到了斋堂外一看，那和尚居然一动不动地坐在大和尚位子上，但耳朵却像弹簧一样被拉到斋堂外面，一放手，耳朵恢复原状。纠察师吓呆了。

大和尚进来刚好看到，就说："好、好、好，就由这位菩萨做吧。"所以天童寺的斋堂，直到现在大和尚不坐大位子，而大陆各处丛林的斋堂都供奉弥勒菩萨。

弥勒菩萨的肚子大是因为量大福大、不与众生计较。因此，各处庙宇中现存很多关于弥勒的联语：

北京丰台海会寺联：

终日解其颐，笑世事纷纭，曾无了局；

经年袒乃腹，看胸怀洒落，却是上乘。

河南洛阳白马寺联：

大肚能容容天下难容之事，慈颜常笑笑世间可笑之人。

四川峨眉山灵岩寺联：

开口便笑，笑古笑今，凡事付之一笑；

大肚能容，容天容地，与己何所不容。

四川乐山凌云寺联：

笑古笑今，笑东笑西，笑南笑北，笑来笑去，笑自己原无知无识；

观事观物，观天观地，观日观月，观来现去，观他人总有高有低。

浙江勤县天童寺联：

大肚能函，断却许多烦恼碍；

笑容可掬，结成无量欢喜缘。

（五）东坡与佛印

苏东坡住在江苏镇江时，佛印禅师住在镇江东的焦山寺。佛印与东坡是方外之交，性情相投，时常吟诗作对。东坡对佛经也有研究，一天，东坡做了一首赞佛的偈："稽首天中天，毫光照大千，八风吹不动，端坐紫金莲。"很是得意，就差佣人把偈子送给佛印，希望得到赞赏。禅师拿到后就在偈子上批了两个字。

东坡等到佣人回来，急忙问道："禅师讲什么了？"佣人说："他什么也没讲，只在偈子上批了两个字，您自己看吧。"东坡急忙看时，只见两个大

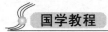

字："放屁。"

东坡大怒，我写得这么好，他怎么敢骂我，于是怒冲冲过江找佛印理论。佛印知道东坡会来，就写个字条贴在门上，闭门参禅。

东坡来到焦山寺，直奔禅房，只见纸上写："八风吹不动，一屁打过江！"他一看就知道佛印是嘲笑他：自己以为到了八风吹不动的境界了，一个"屁"就把你打过江来了。

还有一次，东坡与佛印一起打坐，东坡问："禅师，你看我现在像什么？"禅师说："我看你像一尊佛。"禅师也问道："你看我像什么？"东坡挖苦道："像一堆牛屎。"东坡说完，很是得意，自认占了上风，回家立时把这件事告诉了苏小妹，没想小妹说："哥哥，你又输了。"东坡不解，小妹道："禅师看你像佛，是他心中有佛！你看人家是一堆牛屎，是你心里污浊邋遢，实在是你输了。"

八、正确认识佛教文化

随着社会的发展，现代文明给人们带来富足物质的同时，也给人们带来越来越多的生存困惑，许多人又回到宗教中寻找答案。应当承认，佛教对人生所作的价值判断有其一定的合理性。人生确有欢乐的一面，但也有痛苦的一面，佛教看到了人生的痛苦，是符合现实的。佛教强调人生是痛苦，这是现实生活的深刻反映，表达了人的心灵深处的基本忧虑，这也是人的一种觉醒、自觉，对于人们清醒认识人生是有一定意义的。特别是对于在人生历程中遇到困难、挫折、磨难、不幸的人，更会引起他们的赞同与共鸣。佛教的价值观念表现了人生的内容，人们在赞同佛教价值观念后，就会产生出一种积极的甚至热烈的情感，从而获得心灵的抚慰和心理的平衡。人是有精神的，人的精神世界是平衡的整体。若人的精神长期失衡得不到调节，人也就失去为人的支撑。佛教的价值观念，为一些人的现世生活与出世愿望提供基本信念。作为一代年轻学子应怎样对待佛教，应从佛教中学到什么呢？

（一）破迷开悟

佛教教学方针是破除"迷信"，即佛门讲的"破迷开悟"也就是"破除迷信，启发真正的智慧"，能辨别现实环境里的真、善、美、假、丑、恶、树立理智、奋发、进取、乐观的积极的人生观。

不迷信。不迷信权威，有自己的见解，敢于追求真理、勇于捍卫真理、善于发现真理；不拘泥。不故步自封、不自以为是，敢于否定自己、解放自己、突破自己。

（二）一门深入

佛法修学的方法和观念讲究"一门深入"，即"一经通，一切经都通"。任选一部经典学起，一经未通，也就是不开悟，绝对不去看第二部经。现代社会中，信息丰富，对于知识的掌握年轻人也可以采取佛法修学那样，一门深入，提倡"钉子精神"，专心于本职工作，心无旁骛，精益求精，勇猛精进。

（三）严持戒律

佛教讲"具足众戒"，要求既要遵从社会共同的规则——法律，也要在日常生活中，处事、待人、接物，遵从一定规矩——道德、风俗、习惯。对别人奉行"众善"，对自己莫做"诸恶"，加强自身修养，遵纪守法实现修养的提高。

（四）法喜充满

佛法的目的是"离苦得乐"，即痛苦烦恼一天比一天少，快乐自在一天比一天多。现代工作和生活中，压力大、竞争多，要学会减压、放松。正确面对顺境、逆境，准确设定人生目标，不好高骛远，脚踏实地，正确评价自己与他人的成就，不自卑、不自满，以乐观自信的态度对待人生。

第七章　国学折射出的中国传统文化基本特征和民族文化精神

　　中国传统文化源远流长，博大精深。然而，在这久远和博大之中，却始终"统之有宗，会之有元"。若由著述典籍而论，经史子集、万亿卷帙，概以"三玄"（《周易》《老子》《庄子》）、"四书"（《大学》《中庸》《论语》《孟子》）、"五经"（《周易》《诗经》《尚书》《礼记》《春秋》）为其渊薮；若由学术统绪而言，三教九流、百家争鸣，则以儒、道二家为其归致。东晋以后，由印度传入的佛教文化逐步融入中国传统文化，释家之典籍与统绪也随之成了中国传统文化中的一个有机组成部分。儒、释、道三家，势为鼎足而又相互渗透，构成了唐宋以降中国文化的基本格局。所谓"以佛治心，以道治身，以儒治世"（南宋孝宗皇帝语，转引自元刘谧著《三教平心论》），明白地道出了中国传统文化的基本结构特征和文化精神。应该说，中华传统文化基本精神的优秀成分是中华民族凝聚力的思想基础和维系全体中国人的精神纽带，是推动中华民族不断进步的内在动力。

一、国学折射出的中国传统文化基本特征

　　中国传统文化是以人心和人生为观照，以趋善求治为特征的伦理政治型文化。它以道德情感代替宗教信仰，将全民族的宗教迷狂的可能性消弭于无形。因此，在中国古代社会从来没有教权高于王权的激进时代，宗教神学思想在中国始终没有也不可能成为意识形态的主流，相反，一直是王权高于教权、支配教权。因此，从总体上看，中国传统文化的基本特质是以人文主义为内核的。在此，我们把国学中所折射出来的这些文化基本特征概括为以下四个方面：一是注重人伦、孝行德施；二是注重自然、和谐统一；三是注重实际、强调安稳；四是注重理性、乐于施教。

（一）注重人伦、孝行德施

《论语》："有子曰：其为人也孝悌，而好犯上者鲜矣。不好犯上，而作乱者，未之有也。君子务本，本立而道生。孝悌也者，其为仁之本与！"认为懂孝道的君子要以"仁"为本，这种将"忠"、"孝"原则扩及开来，用以处理个人与社会、个人与他人的关系，其基本道德原则就是"能近取譬"。又如《论语·雍也》曰："夫仁者，己欲立而立人，己欲达而达人。"《孟子·梁惠王上》中也有"老吾老以及人之老，幼吾幼以及人之幼"说法，都是以自身作譬喻，考虑如何对待别人，古语又叫做"设身处地"、"推己及人"。

中国传统文化事实上是一种伦理型文化，也可以称为是"崇德"型文化。因为中国传统社会文化中最重要的社会根基是建立在以血缘关系为纽带的宗法制度，在很大程度上它又决定了中国社会的政治结构与意识形态。这主要体现在中国古代自然经济的社会结构及其运作机制中，"家"既是社会生产的基本单元，也是社会生活的细胞。在此，"家"由最初含义以血缘亲情为纽带的"家庭"，延伸为网络结构的社会关系——"家族"，进而拓展为整个社会关系——"国家"。在儒家传统文化视野中，"家"即"小国"，"国"即"大家"，"家""国"一体。这种由家——家族——国家所构成的社会结构形式，是以血缘亲情为纽带的，因而，"家"不仅是社会经济结构、政治秩序的基础，也构成了社会精神文化的堡垒，成了人们道德生活的价值源泉。在一定意义上可以说，中国古代伦理道德的根基是家族本位，以血缘关系为基础的"家国一体"的社会关系，是中国传统道德关系及道德规范形成的根源。这正如梁漱溟在《中国文化要义》一书中认为："家庭生活是中国人第一重的社会生活，亲戚邻里朋友是中国人第二重的社会生活。这两重社会生活，集中了中国人的要求，范围了中国人的活动，规定了其社会的道德条件和政治上的法律制度。"因此可以说，家族乃是中国人社会生活的主要舞台，也是历代统治者建立统治秩序的重要基础。孟子曰："天下之本在国，国之本在家"，高度概括了中国传统社会的实质。由家庭汇集成家族，再集合为宗族，组成社会，进而构成国家，体现了家国同构，即父是家君，君是国父，这种家国同构的宗法制度是传统文化重伦理、倡道德的根本原因所在。

在这种家国同构的宗法观念，"其视天下如一家，中国犹一人焉。"（王阳明《大学问》）个人行为被重重规束在群体之中，特别重视家庭成员之间的人伦关系，如父慈、子孝、兄友、弟恭等等。而这种人伦关系又对家庭各个成员的应尽责任和义务加以了规定，如父母对子女有抚育的责任，子女对父母有奉养的义务，这就是儒家所倡导的"人道亲亲"。由"亲亲"的观念出发，引申出对君臣、夫妻、长幼、朋友等关系的整套处理原则，而其中"孝道"是最基本的原则——"百善孝为先"。所以，梁漱溟称中国文化为："孝的文化"。"孝"的基本内容是"父为子纲"，延伸到社会组织中便有了"君为臣纲"。于是，个人对国家社会的责任就变成了对权威无条件的伦理服从，高居于万民之上的君主就获得了维护自己统治权的堂而皇之的理论依据并以道德教化控制臣民，形成"以孝治天下"。

为了贯彻"家国一体"的血缘等级道德规范，历代思想家还编制了一系列以"孝"促"忠"的各种"家训"典籍。如：《韩诗外传》中记有周公诫子伯禽的典故，《国语》中有父文伯母诫子的《母训》，《论语》中有孔子教子鲤的记载，汉代有马援的《戒先兄子严敦书》、郑玄的《诫子书》、班昭的《女诫》、蔡邕的《女训》等，三国时有诸葛亮、刘备的《诫子书》，魏晋时有嵇康的《家诫》、陶渊明的《与子俨等疏》，南北朝时有著名的《颜氏家训》，唐代的《家训》，宋代有司马光的《家仪》和《家范》、陆游的《放翁家训》、朱熹的《朱子家训》《家礼》，元末明初有郑涛的《郑氏规范》，明代有曹端的《家规辑略》、袁了凡的《训子言》、朱伯庐的《治家格言》，清代有陈确的《新妇谱补》、曾国藩的《家书》等。至于《三字经》中"孟母教子"和《增广贤文》中的治家格言，更是家喻户晓。上述"家训"类书在宋元明清时期刻版成书，广传于世，影响甚大。

从崇尚伦理道德的原则出发，中国传统文化特别重视"内圣外王"之道，即在政治上、要求实行"王道"和"仁政"，要以德治国。儒家认为要把道德原则贯彻到政治生活中去，用道德手段治国安民，才能真正管好国家。《论语》中子曰："道之以政，齐之以刑，民免而无耻；道之以德，齐之以礼，有耻且格"，认为单纯用行政的、法律的办法管理人民，只能使他们畏祸而守法，不能使他们具有道德观念。用道德的办法来教育、感化人民，用礼来约束他们，不仅能使之守法，还能使之具有道德自觉，心悦诚服地守法遵礼、知耻从善。不仅如此，他们还认为执政者的个人道德品质能够直接影响政令的执行情况。如在《论语·子路》中孔子认为"其身正，不令而行；其身不正，虽令不从"，并认为"为政以德，譬如北辰，居其所而众星共之"。于是，与"仁政德治"相联系，中国传统文化特别重视个人道德修养和人格完善，并以成"圣"作为最高的理想境界，而"为学"的目的就是为了使自己成为一个道德上的"完人"。因此，"治国"与"修身"二者是紧密地结合在一起的，为了"治国"就必须"修身"，只有努力进行道德修养，使自己成为一个道德高尚的人，才能把国家治好，《大学》又称是："修身、齐家、治国平天下"。

在中国的传统文化中，伦理思想贯穿其始终。从先秦的孔孟荀一直到宋明以后的程朱理学、陆王心学都始终把伦理道德教育作为中心，融汇在中国传统的哲学、政治、历史、文学、教育思想中，并且紧密地结合在一起，这是中国传统文化最显著的特征。但中国传统文化重伦理、倡道德的特色具有二重性，一方面，这种以道德为本位的传统文化特别重视个人对家庭的职责和对社会的义务。它有利于家庭的稳定、社会的和谐，有利于建立人与人之间和谐融洽的人际关系。另一方面，这种以道德为本位的传统文化的道德伦理原则，又是建立在以家庭为基础的自然经济和宗法制度为基础的社会政治结构上的。因此，它特别强调家长的权威，强调子女对父母、妻对于夫，家庭成员对于家长的绝对服从关系。把这种家长制扩大到社会生活中就是君主专制，君主具有绝对权威。因而中国的传统文化在一定程度上束缚了民主思想的发展。同时由于以家庭和社会为单位，个人的权利容易被忽视，容易压抑个人的自我意识，不利于个人自主性、独立性和创造性的发挥。

（二）注重自然、和谐统一

中国文化形态中以人伦关系为中心的"人和主义"价值观和行为追求占据着重要的位置，而强烈的"和谐"意识也使中华民族具有强大的民族凝聚力和民族向心力，是中华民族文化突出的特征之一。1993 年，《第三届中华民族精神与民族凝聚力国际讨论会纪要》称："源远流长的和谐意识是中国社会自秦以来高度统一的重要原因之一"。著名学者张岱年也认为，中国传统文化中"有一个一以贯之的东西，即中国传统文化比较重视人与自然、人与人之间的和谐与统一"。这种以中和为美的传统价值取向，事实上不仅是儒家文化精神的反映，同时也是道家与墨家的价值体现。因此，在此基础上形成的传统文化审美方式和审美形态，就构成一种有中国特色的整体系统思想，成了中国文化精神的精髓。

中国传统注重和谐统一的文化特点，首先体现为"人与自然"的和谐上。中国古代思想家早就提出了"天人协调"的观点，《周易·序卦》曰："有天地，然后有万物；有万物，然后有男女；有男女，然后有夫妇"。认为太极是天地的根源，天地是万物的根源。而人类作为自然界的产物，是自然界的一部分，自然界和人类社会是一个统一的整体。因此，既然人与自然是一个统一的整体，那么人的一切活动就要自觉地与自然相协调。于是，《易传·文言》又提出"与天地合德"的观念，认为："夫大人者，与天地合其德，与日月合其明，与四时合其序，与鬼神合其吉凶。先天而天弗违，后天而奉天时，天且弗违，而况于人乎？"，文中的"先天"指在自然变化之前的形态，"后天"指自然变化之后的意念，这就是说，德行高尚的人的行为不仅符合先天的自然法则，也遵循自然变化的规律，体现了人与自然的辩证关系。同时，《中庸》提出："唯天下之至诚，为能尽其性。能尽其性，则能尽人性。能尽人之性，则能尽物之性。能尽物之性，则可以赞天地之化育。可以赞天地之化育，则可以与天地参矣。"认为圣人能够尽量了解自己的本性，就可以了解天地万物的本质，可以"赞助"天地化育万物，与天地并立，最终达到天与人的和谐统一。

汉代以后，天人协调的思想又溶入"天人合一"的观念中并进一步得到发展。西汉董仲舒提出"人副天数"说，宋代张载、程颢、朱□等人主张"天人合一"、"天人一物"。其中，张载认为万物同属一气之变化，人物之性本来同一，我与物、内与外原无间隔。他在著名的《西铭》中以天喻父，以地喻母，以同胞兄弟喻人与人，以同类喻人与物之关系，主张泛爱所有的人，兼体所有的物。他认为，人生的理想是天人的谐调，肯定"天人合一"是"诚明"境界，而诚是最高的道德修养，明是最高的智慧。

应该注意的是，中国古代的"天人协调"说与"天人合一"说，并不否认和排斥人对自然的改造、调节、控制和引导能力。如荀子就提出"明于天人之分"和"制天命而用之"。可以看出，中国古代传统思想大致都认为人在自然中处于辅助参赞的地位，人既要改造自然，更亦顺应自然，这是一种辩证的哲学关系。因此，中国传统文化讲究"大乐与天地同和，上下与天地同流"。清代著名画家郑板桥对这个问题作了很深刻的论述。他一封家书中说道："平生最不喜笼中养鸟，我图娱悦，彼在囚牢，何情何理，而必屈物之性以适吾性乎？至于发系蜻蜓，线缚螃蟹，为小儿玩具，不过一时片刻，便折拉而死。夫天地生物，化育劬劳，一虫一蚁，皆本阴阳五行之气氤氲而出，上帝亦心心爱念，而万物之性人为贵，吾辈竟不能体天地之心以为心，万物将何所托命乎？"这段话的意思是说，人不能为了自己一时的享受和乐趣，破坏了万物的自然本性，其中隐含了古人的生态意识和环境意识。总之，重视人与自然的和谐这是中国古代思想家的共同特征。

中国传统文化重视和谐统一的特征还体现在处理人与人的关系上，这可总结为："贵和尚中"。《论语》有言："礼之用，和为贵"，孟子也提出："天时不如地利，地利不如人和"，把"人和"放在取得事业成功的必备条件之首。《国语·郑语》称："商契能和合五教，以保于百姓者也，五教和合能使百姓安身立命"。其中五教是指：父义、母慈、兄友、弟恭、子孝。《管子》也认为："畜之以道，养之以德。畜之以道，则民和；养之以德，则民合。和合故能习，习故能偕，偕习以悉，莫之能伤也"。这里把民众的"和合"作为民众道德的直接体现，认为学习和合，就是学习道德，民众只要能够和合，就能产生"莫之能伤"的强大力量。反之，天下不安定的原因就是"内之父子兄弟作怨仇，皆有离散之心，不能相和合。"《墨子》甚至认为越王勾践卧薪尝胆复国成功的重要原因是"教训臣民，和合之。"

但和谐不是无原则的等同，和谐是不同因素与矛盾的有机组合和辩证统一，即求同存异。孔子曰："君子和而不同，小人同而不和"，表明社会中只有不同思想的正常交流，才能构成和谐；如果一味地趋同，甚至同流合污，社会就不会有正常的和谐气氛，而只能是小人的世界。而儒家以为，和谐的最高境界就是"大同理想"和"中庸之道"。"大同理想"是一种和合境界的最高追求，"中庸之道"是处理人与人、人和社会关系达到和谐境界的最高原则和最高境界。孔子把"中庸"称作是最完美的道德——"中庸之为德，其至矣乎"。何谓"中庸"？宋代理学家程子解释为："不偏之谓中，不易之为庸；中者天下正道，庸者天下之定理。""中者，不偏不倚无过不及之名；庸，平常也"。可见，中庸的核心思想就是强调人们在为人处事上思想和行为的适度和守常。这也附和孔子所倡导的五德，即"惠而不费，劳而不怨，欲而不贪，泰而不骄，威而不猛"，"文质彬彬，然后君子"。因此，古人认为只有达到人与人之间和睦相处，才能实现社会的"大同"理想。后来，各个朝代又把这个原则用来处理民族之间、邦国之间的关系，以求达到"协和万邦"，这也就是中国爱好和平优良传统的根源所在。

（三）注重实际、强调安稳

从老子"鸡犬之声相闻，老死不相往来"的小国寡民理想到孟子"五亩之宅，树之以桑……百亩之田，勿夺其时，……"的仁政规划，再到陶渊明"榆柳荫后檐，桃李罗堂前"的优美田园风光，都是农业文明中先民生活理想的真实写照。几千年来，以农为主、重农抑商一直是中国历代统治者积极推行的政策，农业文明简单重复的生产方式也就决定了中国传统文化具有了注重实际、追求安稳的特点。

黄河与长江孕育的华夏大地，土壤肥沃，四季分明，为早期先民们的生存繁衍提供了丰厚的自然地理条件。尽管中国古代生产工具落后，生产力水平低下，但人口与土地的比例总体保持适中，若无大的自然灾害或遇到兵荒马乱，"日出而作，日入而息，凿井而饮"，先民们也大体可以年复一年、世世代代的优哉乐哉。统治者认为农业生产所需要的条件除了土地肥沃、四季有序、风调雨顺外，只要勤于耕作即可。于是，在这种简单重复、朴素实际的生产方式下，农业生产的节奏影响了整个国家的政治、经济、文化生活的运转，形成了重实际而轻玄想，重稳定而轻变动的文化品格。

农业生产是在四季循环往复中进行的一种简单重复的生产。一方面"一分耕耘，一分收获"使中华民族变成了一个纯朴务实的民族。所谓利无幸至，力不虚掷，空话无补于事，实心做事必有所获，因此，即使在不从事农耕的士大夫中"大人不华、君子务实"也被历代圣贤所大力提倡。另一方面，农业的再生产过程与四季的有序轮回又使中华民族对于"恒常"和"轮易"的理解具有辩证色彩。通俗的说法就是，变是一时，"恒"才是远，而变亦有"道"，正是这种观念的长期留存使中华民族"安土乐天"，不喜变动。甚至有人把中国文化的这一特点概括为"实用——经验理性"，并以此为基础对中华民族法古守成、容易满足、求是务实等进行分析，总结出了许多中华文化的特点。

中国传统思想中的"知行"之辨，是农业文明条件下中国传统文化注重实际、轻视理论这一特点的深刻反映。在"知"与"行"的关系上，自孔子始就有"听其言而观其行""君子言之必可行也"，"知之者不如好之者，好之者不如乐之者"等说法，《中庸》认为："是故君子耻有其言而无其行"，是故虽然提倡知行兼顾——"言顾行、行顾言"，但实际上一直存在一种轻言重行的倾向。

但到了宋明理学家那里，"知"与"行"的关系就发生了一些变化，他们开始注重"知"对"行"的指导作用。无论是朱熹的"理在事先"故人须先"穷理"，还是陆九渊的"心即理"故人须"一悟本心"，都更注重个人内心的修养。理学注重思辨的特色成就了中国思想文化的黄金时代，但理学最终走向衰落也从另一个侧面反映出了中国传统文化中"重行轻知"观念的牢固。明代以后，王守仁针对理学的偏离"现实"倾向提出过"知行合一"，但这里的"知"与"行"与此前的概念是不同，存在把"知"提到与"行"并列的趋向。

近现代以来，革命的先行者孙中山先生鉴于中国传统文化中存在着"重行轻知"的特点，为了强调革命者应该具有革命信仰和斗争思想，又提出"知难行易"命题。这一新论断在当时的历史条件下，对于统一革命党内部认识，加强革命团体凝聚力起到了重大的作用。而进入新民主主义革命以后，中国共产党对马克思主义理论指导地位的强调和坚持，在某种意义上与孙中山的重视"知"具有相同意义和价值指向。

不容忽视的是，中国传统文化思想中与农业文明直接相关的范畴除了"知行之辨"外，还有对于"恒"与"变"关系的认识。中华文化重"恒"轻"变"，追求"久远"。他们认为，"恒"即是"常"，指一般规律也即是"不变"，而"变"不过是"恒"的一种表现形式。一个特殊阶段，绝大部分的中国人都乐于安定，要求顾全大局，能委曲求全，这种"恒"与"变"的观念表现在中国人的政治、经济生活的方方面面，如国家政治理论中的"五德终始"、"天不变，道亦不变"。中国哲学思想里还有"阴阳轮回，五行相生相克"，"分久必合，合久必分"的说法，这些都寓"变"于"恒"之中，使"变"与"恒"相结合。著名文学家苏轼在《前赤壁赋》里论及人生"无常"与"永恒"时就曾说过："盖将自其变者而观之，则天地曾不能以一瞬。自其不变者而观之，则物与我皆无尽也。"是对"恒"与"变"的生动描述。

产生于农业文明的中国传统文化注重实际，执著于人间世道的实用探求，为中国传统文化的繁荣与发展奠定了一个坚实基础。著名哲学家冯友兰先生曾说过："中国哲学有一个主要的传统，有一个思想的主流。这个传统就是求一种最高的境界。这种境界是最高的，但又是不离乎人伦日用的。这种境界，就是即世间而出世间的。这种境界以及这种哲学，我们说它是'极高明而道中庸'。"冯友兰所谓"极高明而道中庸"，高明是指最高的精神境界，中庸是指这种精神境界的实现并不离乎人伦日用，因此可以说"四大发明"也都是"实用技术"高度发达的证明。

（四）以人为本、乐于施教

在人与神之间，中国古人坚持以人为本位，重视现世的人伦生活，而将鬼神和宗教信仰置于其后。可以说，在中国传统文化中，神本主义始终未曾居于主导地位，中国人的目光始终投注于现实之中。西周时，人们就已重人轻神，《礼记》有云："周人尊礼尚施，事鬼敬神而远之，近人而忠焉"（《礼记?丧礼》），《尚书·泰誓上》曰："惟人万物之灵"。西周统治者在吸取商、夏两朝兴亡的基础上总结出一道"敬天保民"、"明德慎罚"的治国理论，如《尚书·酒诰》中说："人无于水鉴，当于民鉴"，《尚书·泰誓》曰："天视自我民视，天听自我民听"。人类精神以神话和宗教为开端，这是当今学者的共识。而宗教的基本功能，就是通过对超自然的神灵的顶礼膜拜与狂热信仰，以求解脱现实中的痛苦和对世界的迷惑。在人类的封建时代，差不多所有的国家和民族都处于宗教的统治之下，唯独中国是一个例外。中国自西周开始就出现了"重民轻神"的思想，在宗教的外壳里明显地孕育着人本精神，《礼记》曰："周人尊礼尚施，事鬼敬神而远之，近人而忠焉。"

到了春秋战国时期，先秦诸子更是以人本立场，称颂人性独有的尊贵与卓越，如"天地之性人为贵"（《孝经·圣治章》）、人为"三才"之一、能"参天地，赞化育"，"裁成天地之道，辅相天地之宜"（《易·泰·象传》）。儒家尤其以人为重，《论语》早就有"子不语怪、力、乱、神"（《论语·述而》），"务民之义，敬鬼神而远之，可谓知矣"（《论语·雍也》），"未能事人，焉能事鬼"（《论语·雍也》），"未知生，焉知死"（《论语·先进》）。这种以人为中心的人本主义传统，后来更是得到儒家的发扬，受其影响，无神论思想很早就开始植根于古人的心里。而恰恰相反的是，在西方封建时代的中世纪，宗教却始终占统治地位，政教合一，甚至教权神权高于皇权。基督教认为"上帝是宇宙的创始者和主宰者"，伊斯兰教认为"安拉"是万物之主，于是把一切托付给"上帝"和"安拉"，人在"上帝"与"安拉"之间，形成一种绝对的依附关系。信仰外在的万能"上帝"和"真主"，遵守上帝的诫令或旨意，把自我奉献给上帝，在精神上与"上帝"和"真主"合一，这是西方社会中世纪时代人们精神生活的主要特征。为此，在中世纪的西方哲学史中，许多唯心主义者都把论证"上帝存在"、"灵魂不死"当做哲学的重要课题。

然而，而自古以来以儒家文明为主体的中国传统文化则以弘扬理性精神为主旨，不仅排斥宗教，而且对宗教、有神论思想进行了深刻的批判。这种唯物论和无神论的传统，给人文主义、理性主义有力的支持。因此在中国哲学里，不仅唯物论哲学家主张无神论，而且许多唯心主义者都在一定限度内坚持无神论。于是，从先秦时代老子、庄子到宋明时代的朱熹、陆九渊、王守仁等唯心主义哲学家，都在不同程度上主张无神论，排斥宗教，积极倡导和弘扬人的主体精神。中国传统文化这种非宗教的具有浓厚的理性主义和人文精神的特点，也正是中国传统文化远远高出于其他国家封建时代文化的突出标志。

但是，超越了宗教，摆脱了神的控制，又靠什么来支撑人们的精神信念和维系社会关系呢？答案是——道德理性。所以在中国的历史发展过程中，维系社会伦理道德，调节个人心理平衡和精神生活方面，不是依靠外在的"上帝"或"神"的力量，而是强调通过主体内在的道德自觉来约束自我、提升自我、完善自我，并通过自我的完善来维系社会关系。而通过道德教育、礼乐的熏陶，从道德和艺术入手进行人格理想和人生境界的培养，从而使人不断地从动物的状态中摆脱出来得到升华，就被认为是到达一种高尚精神境界的有效途径。因而，孔子非常重视诗教和乐教，认为"兴于诗，立于礼，成于乐"（《论语》）。在孔子心目中，立志而后学诗，学诗而后知礼，知礼以后才能从音乐的启迪中去自觉地陶冶性情。事实上，孔子本人就特别善于欣赏乐曲。《论语·述而》载："子在齐闻《韶》，三月不知肉味，曰，不图为乐之至于斯也。"在孔子看来，诗有助于振奋精神、陶冶性情，礼有助于立身处世，乐有助于完美情操，正是在这意义上，他整理了《诗经》并把它列为六经之一。同时，也正是从孔子倡导开始，中国诗歌的发展从先秦到唐宋乃至明清都达到了很高的成就。

作为中国传统文化基本特征概括，或者还有更多的特点，但以上四点标明的是中国人创造的文化在历史上所展现的特有轨辙，独立个性和风貌之主要方面，它可以被称为中国文化的基因和脉络，是传统中国文化的主体特征，也是构成了今天我们无法回避和忽视的"生存场"，是中文化寻求现代化转化和重建的客观背景和既有基质。因此，正确理解这些基本特征，不仅对传统文化学习和深入掌握是必要的，对传统文化的现代转化、再造和复兴也具有根本意义。

二、中国传统文化的优点和缺点

中国传统文化是一种从"农业—宗法"社会的土壤中生长出来的伦理型文化。其基本特征是既有区别又相互联系的内在统一体。我们通过这四个方面的基本特征可以看到，中国传统文化既有许多值得我们今天加以总结批判继承的优秀传统，又有不可忽视的缺陷。

中国传统文化基本特征的优点主要体现在以下几个方面：一是积极的入世精神。中国文化一直是积极入世的，而不是消极出世的。以中国文化的代表——儒家文化为例，儒家思想高扬"积极入世"的实践精神，倡导"富贵不能淫、威武不能屈、贫贱不能移"的个人健康人格，提出了"舍生取义"的人生最高道德标准，从而塑造了民族强健的精神支柱和充满浩然正气的民族性格，完整地构建了中华民族的道德体系，加上儒家"德治爱民"的政治文化、"孝悌和亲"的伦理文化、"文质彬彬"的礼乐文化、"远神近人"的人本取向，都渗透在中国社会文化的各个方面。道家看似虚玄，倡言"无为"，然而其真正的目的却是为了"无不为"。它展现为一种承负着为生命寻求安身立命之本、为社会的存在和发展寻求"深根固柢，长生久视"之道的哲学使命，这种哲学思维崇尚精神的自适和朴真、注重事物的统一性与整体性、追求社会发展的均衡性和恒久性，是内在的外向化。而法家文化更是要求一切以实效为依归，具有更为明显的现实精神，他们认为历史是向前发展的，一切的法律和制度都要随历史的发展而发展，既不能复古倒退，也不能因循守旧。如商鞅明确地提出了"不法古，不循今"的主张。韩非则更进一步发展了商鞅的主张，提出"时移而治不易者乱"，反对保守复古思想，主张锐意改革。

二是强烈的道德色彩。中国古代的社会组织、经济结构和政治宗教设施，无一不是与宗法血缘关系紧密结合在一起。儒家思想中"道德至上"的观念致使人们日常生活中唯有追求群体的和谐统一，进而创造一种其乐融融的生活氛围，才是现实中最终的目标。在这种以和为贵的观念下，人们提倡尊老爱幼，注重家庭建设，进而形成了强大的民族凝聚力。

三是顽强的再生能力。中国传统文化最富于魅力并引起世人赞叹的，不仅在于它的古老，更在于它在内忧外患之中，一次又一次表现出来的顽强再生能力。除了环境等因素，中国传统文化本身所具有的生生不息的活力，贯穿于中国民族历史活动中的那种"天行健，君子以自强不息"的顽强精神，以及中国古代朴素系统论所具有的涵盖面广、常变相参的思维机制，也是这种情况得以出现的重要原因。

四是注重"中和"的思想方法。《礼记·中庸》说："中也者，天下之大本也；和也者，天下之远道也。致中和，天地位焉，万物皆焉"。中庸之道的"中和"思想突出强调了两个侧面：一是"中"，即把握事物的量的准确性；二是"和"，即不同因素、不同方面的合理组合、对立统一。这种思想方法在古代中国社会曾经促使中国人民在很大程度上实现了自身协调、天人协调和人我协调，对于民族团结、社会稳定起到了积极作用。

中国传统文化的缺点也可以总结为如下四个方面：一是重道德而轻事功。在德、智关系上，儒家认为，人格远远要比知识重要。在义利关系上，虽然也有"义以生利"的说法，但"何必曰利"的观念却是长期深植于中国古代知识分子的心灵之中。这种文化取向，造成中国古代的知识分子空谈心性而轻视实践，寻觅"良知"而鄙视对客观世界的探索，以致阻塞了探索知识、改造世界的雄心与锐气。

二是尚"义理"而鄙"艺器"。儒家有所谓："形而上者谓之道，形而下者谓之器"之说，人们认为"为道之学"可以传诸天下，而"形名度数之学"则不可登大雅之堂。中国的科学研究长期得不到鼓励，并只是掌握在一些"匠人"之手，因而总是感性的多，缺乏内在理论和逻辑性，因而往往不能形成科学公理。

三是重和稳定而忽视变易。《中庸》认为："君子慎其独"，这种观点经过宋明理学家们的发挥，使其成为道德心性之学的重要内容，不仅具有本体的意义，而且成为指导人们日常生活和处理人我关系的准则，并演化为和僵死不变的教条。再加之道家从消极方面以"柔弱之道"和"不争之德"作为回避矛盾、摆脱纷争的处世哲学，逐渐使这种思想压抑了人们的斗争精神，让这一传统流变为"折中调和"、"安分守己"等保守的、逃避现实的消极观念。它造成了个人创造性的萎缩，抑制了竞争性观念和道德的生长，因而使人们缺乏西方民族那种竞争、进取精神。

四是尊君思想严重，影响了民主精神的传播。战国时的韩非是法家的集大成者，他从天下"定于一尊"的构想出发，提出了"事在四方，要在中央，圣人执要，四方来效"的中央集权的政治设计，并规定这种政治结构内部是君对民、君对臣拥有绝对的统治权利。西汉大儒也提出了具有神学理论色彩的尊君论，"天子受命于天，天下受命于天子"，唐代大儒韩愈进一步设计了君、臣、民的社会使命。宋明理学更是将君权推到"天理"的高度。总之，集权主义是中国政治文化的一大特点，它影响了民主思想的深入和传播。

综上所述，我们应该在继承中国优秀传统文化的基础上，引进、容纳、消化吸收西方文化的优秀方面，通过综合创造，建设具有中国特色的社会主义新文化。

三、国学蕴涵的中华民族文化精神

中华文化在五千年的发展历程中，由于受国学理论的影响，在社会政治结构、经济结构、和日常生活形态等各方面都形成了自己鲜明的特点和精神特质，亦即中华文化的基本精神。中华文化的基本精神，是中华民族特定价值系统、思维方式、社会心理、伦理观念、审美情趣等精神特质的基本风貌反映。

中国文化博大精深、源远流长，其依据的思想理论体系也是非常庞杂的。在中国思想史上，最古老的是阴阳五行学说。它体现的是最朴素的平衡与和谐的观念，这是源于中国古人对两性关系的认识和对自然界观察的总体结论。到近代社会以前，为中国古代文化提供思想资源的主要是三大理论体系：儒、道和佛。儒、道学说形成于先秦，是中国的本土文化，而佛教文化的形成则是吸收外来文化的成果。对中国古代文化的这三大理论体系的综合及思考，可以把中国民族文化的基本精神概括为以下十个方面：

（一）天人合一

"天人合一"是中国传统文化的总体特征，也是中国传统文化的基本精神。最早提出"天"这个概念的人是孔子。他说"天何言哉！四时行焉，百物生焉，天何言哉！"（《论语·阳货》）这里的天指的是自然之天。他又说

"天生德于予，桓魋其如予何?"（《论语·述而》）这里指的是天命之天，如果我们把这两句话与孔子说过的有关天的话合起来，可以明显地看出，在孔子心目中，天是一个有着道德倾向并与人有不可分割关系的存在。由此可见，"天人合一"中"天"包含了自然之天、天命之天这两重含义。而"天人合一"的中心就是顺应自然，顺应自然界的本然法则与状态。正如张岱年在《文化与哲学》一书中指出的："中国哲学中天人合一观点有复杂的涵义，主要包含两层意义。第一层意义是，人是天地生成的，人的生活服从自然界的普遍规律。第二层意义是，自然界的普遍规律和人类道德的最高原则是一而二、二而一的。"这里强调了人与自然的统一，人与自然的协调，人的道德理性与自然理性的一致性。"天人合一"的提出，体现了传统中国人试图辩证地认识人自身与其所在的宇宙自然即主体与客体的整体关系，努力寻求对自我命运的主动掌握从而实现人生价值的独特而深刻的文化思考与探索。

"天人合一"的思想在西周时期就开始萌芽，其内涵是天定人伦，而到了春秋战国时期"天人合一观"才基本形成，《易传·文言》中说"夫大人者，与天地合其德，与日月合其明，与四时合其序，与鬼神合其吉凶，先天而天弗违，后天而奉天时"，指出了理想人格即"大人"乃是道德完美，他既能洞知自然规律又顺应自然规律，具有天人合一的人格。因此，虽然当时的思想界百家争鸣，但思想家们却也大都认同天人一体、人天同质、人能合天，要求天人协调、天人相用。道家思想强调因物性、顺自然，老子曰："辅万物之自然而不敢为"（《道德经》），这种观念在庄子身上得到了进一步发扬，庄子主张"无以人灭天"，认为天人是一气流通的统一体，而人生的最高境界就是"天地与我并生，而万物与我为一"（《庄子·齐物论》）。因为在道家来看，天是自然，人是自然的一部分。"有人，天也；有天，亦天也。"（《庄子·山木》）

"天人合一"的思想，在传统儒家文化中也得到了相当的强调和丰富。但与道家不同的是，儒家的"天人合一"从一开始便是讨论的人在宇宙中的地位以及人类的精神价值来源。《孟子·尽心上》认为："尽其心者，知其性也。知其性则知天矣"，这种观点在《中庸》中被进一步阐释为"唯天下之至诚，为能尽其性；能尽其性，则能尽人之性；能尽人之性，则能尽物之性；能尽物之性，则可以赞天地之化育；可以赞天地之化育，则可以与天地参矣。"而佛家提出"烦恼即菩提，凡夫即佛"，这本身就借鉴了道家的一切顺应自然之意。于是从这个意义之上看，"佛"就是要达到"天人合一"，佛与众生，原无差别，迷即佛是众生，悟则众生是佛。

当然，作为不同的思想派别儒释道诸家对"天人合一"的认知和理解上存在在世的道德性与超世超道德性的分歧，但"教虽分三，道乃归一"（《道藏》），三者所强调和突出的人类精神所能达到的那种普遍性、自觉性、超越性和永恒性，都体现了"天人合一"的思想。所以，可以这么说"天人合一"乃是中国传统文化中最核心的精神、最基本的思维方式、最醇美的生活理想和人生的最高境界。

（二）中华一统

纵观中华民族的历史，以和为贵、团结统一是中国人民一贯的精神风貌，国家统一、民族团结是中华儿女长期维护的价值取向之一。大一统观念扎根于中华民族的深层意识中，成为引导人们自觉维护国家统一、民族团结的核心理念。作为一种价值观念和思想体系，大一统观念是中华民族向心力、凝聚力的源泉。

中华一统主要指的是政治一统。《诗经》谓："普天之下，莫非王土；率土之滨，莫非王臣"（《诗经·小雅·北山》），周天子作为君统和宗统的核心，成为天下一体的象征。明确提出并阐述"大一统"观念的是《春秋·公羊传》："何言乎王正月？大一统也。"这种统一应该如何施行呢？其主旨体现在"内圣外王"。内圣外王，指内具有圣人的才德，对外施行土道。"内圣外王"一词最早出自《庄子·天下篇》："是故内圣外王之道，暗而不明，郁而不发，天下之人，各为其所欲焉，以自为方。"同样，"内圣外王"的思想体现在孔子的思想中，子曰："修己以敬""修己以安人""修己以安百姓"（《论语·宪问》）。孔子以为内圣和外王是相互统一的，内圣是基础，外王是目的，只有内心的不断修养，才能成为"仁人""君子"，才能达到内圣，也只有在内圣的基础之上，才能够安邦治国，达到外王的目的。汉代董仲舒在发挥"内圣外王"学说的同时，更加注重突出"外王"的政治理想，并使之与专制政体结合，使儒学彻底政治化了。董仲舒说："春秋之大一统者，天地之常经，古今之通义谊也。"（《汉书·董仲舒传》）他把政治与思想的大一统说成是宇宙间普遍的原则。同时，中华民族的古代思想家在阐述这些政治原则和理想时，没有附加任何虚幻的彼岸世界的宗教性成分，强调那是应当在现实的人间世界加以实现的原则。

在民间，天下一家，"四海之内皆兄弟"的观念也是根深蒂固的。正因为此，在中华民族这个大家庭的形成和发展过程中，各民族之间和睦相处，以致不断融合，一直是民族关系的主流。

（三）民惟邦本

"以民为贵"的民本主义精神在我国古代典籍中屡见不鲜，早在殷商时期就有了以民为本的观点记载，《尚书·盘庚》云："重我民"、"唯民之承"、"施实德于民"，《尚书·泰誓上》："民之所欲，天必从之"。而《左传》、《国语》等诸多典籍中，也多处彰显了以民为本的观念，如"夫民，神之主也"（《左传·桓公六年》）、"国将兴，听于民；将亡，听于神"（《左传·庄公三十二年》）、"民和而后神降之福"（《国语·鲁语》）。

早期孔子提出"仁"和"为政以德"，其核心就是爱民。他要求为政者要"正"：一要正身、修身；二要廉洁、勤政。"以民为本"是"为政以德"思想的政策纲领，要求当政者在制定具体的"使民"政策时，必须充分考虑民众的利益，不能过度的"伤民"、"害民"。因此，他极力反对季孙提高对农民征收税率的做法，指出："君子之行也，度于礼。施取其厚，事举其中，敛以其薄"《左传·鲁哀公十一年》）。不仅如此，孔子还认为民心是国家政权的基础，是历史的主宰——"丘闻之，君者舟也，庶人者，水也，水则载舟，水则覆舟，君以此思危，则危将焉而不至矣！"（《荀子·哀公》），这就是著名的"载舟覆舟"论。进而，孟子提出"民为贵"的理论，把民本思想推向了一个高峰。孟子曰："失其民者，失其心也。""得其民，斯得天下矣。"（孟子·离娄上），儒家从爱民的观点出发，主张为政者要得民心，顺民意，这在春秋时期是难能可贵的。后来，儒家继承者进一步发展这一理论，使其更加丰富和系统，他们提出："民可近，不可下。民惟邦本，本固邦宁"（《尚书·五子之歌》），"国以民为本，社稷亦为民而立。"（《四书章句集注》）

除儒家之外，道家、墨家、法家等也都具有民为邦本的重民思想。老子认为"圣人无常心，以百姓心为心"（《道德经》），法家虽然以严刑酷法为治国之道，但也不乏重民思想，《韩非子》就提出："凡治天下，必因人情"、"利之所在民归之"等。汉唐时期民本思想得到进一步发展，汉代贾谊认为："闻之于政也，民无不为本也"（《新书·大政上》），唐代开国君主李世民更是深诸民贵君轻之道，认定"君依于国，国依于民"（《资治通鉴》卷一九二），北宋张载宣传"民胞物与"，朱熹则认为"天下之务莫大于恤民"（《宋史·朱熹传》），这一系列重民思想，集中反映了中国传统文化中民为邦本思想的发展和演进，也呈现了中国式的人本主义传统的根本所在。

对"人"的关注是中国的人本思想的根本，从一定程度上讲，这种关注反映了古代中国人反压迫、求自主的深切渴望，对制约暴君苛政、改良人民的政治处境具有一定的积极意义，但是，中国的民本思想并无对公民权利的法理内容规定，更没有人民共同管理国家社会的意思，"普天之下，莫非王土，率土之滨，莫非王臣"（《诗经·小雅·北山》），个人只是在宗法专制条件下的"子民"，君王始终是民众的监护者和放牧者。可以这么说，中国人不相信政治应由人民自己来管理，一直认为政治应由贤德的人来做，如有贤德的人在位，则必以民之好为好，民之恶为恶，如此政治便不啻由民自管自理"（金耀基《从传统到现代》）。

（四）贵和执中

贵和执中也是中国文化的基本精神之一。"和"，是指和谐、和平、祥和，"和谐"是指人类古往今来孜孜以求的自然、社会、人际、身心、文明中诸多元素之间的理想关系状态。"中"，即中庸之道，"不偏之谓中，不易之谓庸"（《中庸》），任何事情都要把握一个"度"，不走极端。看重和谐，坚持中道，是浸透中华民族文化肌体每一个毛孔的精神。

《周易》乾卦《象传》云："保合大和，乃利贞。"这是说，阴阳合德，四时协调，万物孕生，长治久安。"大和"即"太和"，强调的是矛盾的妥协性与统一性，贵和执中即讲和谐、求中庸，这是和合文化的深层内涵。在孔子之前，晏子就用相反相济的思想丰富了"和"的内涵，他将其运用于君臣关系的处理上，认为君臣在处理国家事务时要"相济"，如果有分歧，应"济其不及，以泄其过"（《左传·昭公二十年》），这样才能使君臣关系保"政平而不干"的和谐局面。

孔子用"执中"的办法，来规定和谐的界限，在《论语·学而》他中认为："礼之用，和为贵。先王之道，斯为美，小大由之。有所不行，知和而和，不以礼节之，亦不可行也。"这是讲，"礼"以"和"为贵，是"和"的体现。制度化的"礼"与精神性的"和"，两者刚柔相济，不可或缺。当然，

"礼"能否落实"和"的精神、达到社会和谐的目标，关键要看它是否体现了正义原则。孟子也主张"天时不如地利，地利不如人和"。在孔子看来"和"指的是"中和"，也即是他所提倡的"中庸"之德，他试图用"中庸"的方法，来处理和调整各种关系的界限，以达到和谐共处。他提出"中庸之为德也，其至矣乎！"（《论语·庸也》）反对过与不及。《中庸》曰："喜怒哀乐之未发，谓之中；发而皆中节，谓之和。中也者，天下之大本也；和也者，天下之达道也。致中和，天地位焉，万物育焉。"所谓"中"是指"喜怒哀乐之未发"，内心平正无偏无易，所谓"和"是指"发而皆中节"，即喜怒哀乐已发，但能合乎法度。

孔子之后的孟子、荀子等人都认同"中庸"、"中和"的人际关系处理原则，把这种执中的原则从"至德"提到"天下之大本"、"天下之达道"的哲理高度。强调通过对执中原则的体认和践履，去实现人与人之间、人道与天道之间的和谐。其实，"和合"思想还包括"和而不同"的辩证理念，对此我国古代思想家作过许多论述。如《国语·郑语》记载了史伯关于"和""同"的论述："夫和实生物，同则不继。……若以同裨同，尽乃弃矣。"他认为阴阳和而万物生，完全相同的东西则无所生。因此，"和而不同"强调的是事物存在的多样性和复杂性是其本质属性。在《论语·子路》中孔子也提出："君子和而不同，小人同而不和。"儒家的这种"和合"理念不仅体现了如何处理人与人之间关系的问题，推而广之，同样也适合于人与社会、人与自然、国与国之间的关系处理。

经过长期的历史沉淀，持"和为贵，忍为高"，"与人为善"，"仁者爱人"，"不与邻为壑"，"四海之内皆兄弟"，"己所不欲，勿施于人"，"冲气以为和"，"保合大和"，等等，这些信条千百年来铸就了中华民族热爱和平、追求和谐的民族性格。林语堂在《中国人》一书中，分析了中国人的和平主义、豁达大度和老成温厚的文化，他指出："宽容是中国文化最伟大的品质，它也将成为成熟后的世界文化的最伟大的品质。"作为中国传统文化精神的一个构成部分，它对于我们民族的影响是多方面的、深刻的。在长期的社会发展过程中，为中华民族实现自身谐调、人我谐调、天人谐调，对于民族团结、社会稳定以及民族文化整体中辩证思维的生长都起到了非常重要的作用。不仅如此，由于这一贵和持中的传统，使得中国文化对于天人关系、人我关系、自身关系的阐释颇具特色、极富价值。由于全民族在贵和执中观念上的认同，使得中国人十分注重和谐局面的实现和保持，重视人与自然的和谐，人与社会的和谐，人与人之间的和谐以及每个人内心的和谐。做事不走极端，着力维护集体利益，求大同存小异，成了人们的普遍思维原则。这些对于民族精神的凝聚和扩展，统一的多民族政权的维护都有着积极的作用。

（五）重义轻利

义体现的是社会公利的道德标准，利指的是个人的利益得失。在义与利的关系上，儒家主张"君子义以为上"（《论语·阳货》），强调道德的非功利性。号召人们努力去追求义，即社会公利，为社会多做贡献，用社会公利限制、约束个人私利。在义利冲突时，要"见利思义，见危授命"（《论语·宪问》），所谓"君子喻于义，小人喻于利"（《论语·里仁》），"君子谋道不谋食"（《论语·卫灵公》）等等。孟子完全继承了孔子这一思想，提出"生亦我所欲也，义亦我所欲也，二者不可得兼，舍生而取义也"（《孟子·尽心》），荀子也指出："天下之要，义为本"（《荀子·强国》）。虽然，儒家并不否定利，但对于合"义"之私利却并不提倡，有时甚至还把追逐私利的人称之为"小人"。所谓："君子喻于义，小人喻于利"（《论语·里仁》），"君子谋道不谋食，……君子忧道不忧贫，小人反是"（《论语·卫灵公》），指的就是这个意思。人所重者，在于功名、富贵与情感这本无可厚非。然而，如果仅限于此，却不能获知真理大道，则其已得的外在之物，也极易失去，而其所求的外在之物，也极难得到。

同时，荀子在《荀子·天论》中指出："君子……好善无掩"，"君子道其常，而小人计其功"。沿着孔孟的思想发展，传统儒家在道德观上表现出强烈的超功利性，"重义轻利"、"德本财末"、"为富不仁"就成了中华传统文化的主流价值取向。

（六）群体至上

《荀子·富国》提出："人之生，不能无群"。荀子认为，作为个体的人，力量十分有限，如果彼此分离，则难于生存，然而，只要把个体结合为群体，就能够形成支配自然的强大力量。事实上，儒家强调的"人"是"类"的人，而不是个体的人，这个"类"的人是和社会融为一体的。

以家族为单位的集体主义，是群体至上的价值体现。中国传统儒家思想强调在家族的内部以"孝悌"来作为团结和凝聚人心的纽带；而对于家族之外的人际关系，主张以"道义"的原则，通过适当的"礼"和"德"，处理好人与人之间和各个社会单位之间关系。于是，儒家正是通过强调内部"孝悌"，外部的"道义"，把社会的各个"细胞"联结起来，为以家族为本位的集体主义提供了坚实的社会基础，并关注个人在社会中的责任和义务。在《论语·颜渊》中孔子提出："己所不欲，勿施于人"，《论语·雍也》也认为："己欲立而立人，己欲达而达人。"儒家认为，个人在实现自我价值的同时，也应当尊重他人自我实现的意愿，它注重的是群体性而不是个人，把个人完全置于群体和社会之中。孟子继承了孔子的思想，提出"达则兼善天下"（《孟子·尽心上》），"善与人同，舍己从人，乐于助人以为善。"（《孟子·公孙丑上》），从表面上看，立足点是个体，但实际上，个体的"格物"、"致知"、"诚意"、"正心"、"修身"，其目的是为了"齐家"、"治国"、"平天下"，个人的价值体现在对他人和社会群体的价值之中。因此，在这些理念中把立己与立人联系起来，这就意味着个人价值的自我实现应该是超越一己之域的，它的最终导向还是群体的认同。?而群体的认同，便表现为"群而不党"。为此，传统儒家倡导积极入世精神，提倡个体的使命感和责任感。就是在这种价值观的支配之下，当一个人置身于一个社会群体或组织系统时，往往就会把集体利益放在首位，成员间要求和谐相处，发扬团队精神，倡导集体主义。

（七）舍生取义

孔子、孟子把"仁"作为理想的道德价值，把它称为是最高人生价值的体现。那如何才能达到人生最高道德境界呢？天赋善性只是一种潜在道德价值，而不是一种理想的道德价值，要达到"仁"的理想道德境界，在孟子看来，还要有赖于后天的道德践履和道德修养，"故天将降大任于斯人也，必先苦其心志，劳其筋骨，饿其体肤，空乏其身，行拂乱其所为，所以动心忍性，增益其所不能。"（《孟子·告子下》）

为了维护人的这种道德理想，必要时还要不惜牺牲生命。"生，亦我所欲也，二者不可得兼，舍生而取义者也"（《孟子·告子上》），"志士仁人，无求生以害仁，有杀身以成仁"（《论语·卫灵公》），"杀身成仁、舍生取义"

反映了孔孟重视人生理想的道德价值甚于人的生命价值，而当两者发生冲突时，宁可舍生而求"义"。这一价值取向，在中国历史上产生了深远的影响，它对中华民族重气节、尚情操的风尚形成起到了重要的作用。苏武、岳飞、文天祥、于谦、谭嗣同等民族英雄正是在这种价值取向的影响下，用自己的生命谱写了一曲"成仁成义"的正气歌。今天，随着历史的发展，"舍生"已不限于舍弃生命，也包括与生命同等重要的个人利益。"取义"也已不限于正义，而是包括正义在内的一切公益。这种意义上的舍生取义，虽不像先前的义士、烈士那般气壮山河，但却是不可低估的一朵火花——星星之火可以燎原。只有平时肯为公益放弃个人利益，在关键时刻才会毫不犹豫地献出生命。也正所谓："而临大节，无不可夺之志；当危事，不能舍生取义。"（《晋书·梁王彤传》）

（八）正道直行

正道直行是中华民族精神的精华，体现了鲜明的民族特性。中华民族是坚持正义、勇于追求真理、崇尚气节的民族。《论语·卫灵公》曰："吾之于人也，谁毁谁誉？如有所誉者，其有所试矣。斯民也，三代之所以直道而行也。"在此，孔子声称："我对于人，诋毁过谁？赞美过谁？如有所赞誉的，他必定经受了考验。他这个人，一定是在夏商周三代所正道之行的人。"《史记》载孔子三十多岁时曾问礼于老子，临别时老子赠言曰："聪明深察而近于死者，好议人者也。博辩广大危其身者，发人之恶者也。为人子者毋以有己，为人臣者毋以有己。"这是老子对孔子善意的提醒，也指出了孔子看问题太深刻，讲话太过于直接，这会伤害一些有地位的人以至于给自己带来危险。应该说，孔子是生性正直，又主张直道而行的。

司马光在《训俭示康》认为："君子寡欲则不役于物，可以直道而行。"而这种价值追求则集中体现在"富贵不能淫，贫贱不能移，威武不能屈"（《孟子·藤文公下》）的"大丈夫"气概上，体现在"志士仁人，无求生以害仁，有杀身成仁"的民族气节和道德情操上。这种人格价值，表现了人格尊严的权利，作为个人的内在要求和道德修养，同时扩展到整个中华民族。同时，维护人格尊严的内在要求与"天下兴亡，匹夫有责"的高度历史责任感和使命感相结合，形成了以民族尊严为依托的牢固民族凝聚力，使中华民族不甘于屈辱、愚昧、贫穷、落后，多次经受内忧外患的严峻考验，拯救民族于危亡之中，并把这种以个人独立人格支撑的自强刚健精神锻造成作为整个民族精神支撑的爱国意识、忧患意识和群起奋进的集体主义精神，"先天下之忧而忧，后天下之乐而乐"，突出表现了中华儿女以天下为己任的高度历史责任感。正道直行，是民族精神的精华，体现了鲜明的民族特性，激发了人们的民族自尊心和自豪感。它理所当然地成为维系民族统一体存在、发展、壮大的精神力量，成为推动民族进步的思想源泉。

（九）忧患意识

"忧患"一词最早出现在《易传》和《孟子》当中。《周易·系辞下传》说："《易》之兴也，其于中古乎？作《易》者，其有忧患乎？"《孟子·告子下》曰："入则无法家拂士，出则无敌国外患者，因恒亡。然后知生于安乐，而死于忧患也。"

事实上，忧患意识早在殷商时代就产生了，那时人们臣服于"上天"的意志，人间的一切事务，诸如农耕畜牧、建邦立国、杀伐征讨等都被当时的人们看做是在执行着"上苍"的意愿，是在争取讨得"上天"这一至高主宰的欢心。这其中便蕴含着当时人们的一种忧患意识：要想风调雨顺、五谷丰登，就不能惹怒"上苍"，而必须循规蹈矩地四时奉祭，老老实实地询神问卜，以探求上苍的意志而后行。随着时代的发展，忧患意识的内涵也发生了重大变化。这种忧患意识不再是以揣测"上苍"意志为宗旨，而是要努力通过完善人类自身的道德、展现人类现实的力量而应"天命"。保存于《尚书》中的周代文献绝大部分篇章都在训诫人们注重自身之"德"；儒家圣人孔子谆谆教诲人们注重自身道德修养，强调礼义仁爱；诸子百家努力探讨人性善恶；爱国诗人屈原九问苍天等，都是忧患意识的具体体现。在《周易》看来，可否做到防患未然，并不单纯是一个认识问题，还是一个德性修养的问题，如《乾》卦九三爻辞就说："君子终日乾乾，夕惕若，厉无咎。"意思是说君子整日进德修业，到晚上还戒惧反省，就不会有什么灾害降临到自己身上。可见，防患未然的关键是谨慎自守，提高道德修养。北宋著名政治家范仲淹的"先天下之忧而忧，后天下之乐而乐"更是成为中国历代仁人志士自强不息、担当道义的自警格言。凡此种种，都体现了中国人自从放弃对"上天"的顶礼膜拜后注重自身发展、追求自身道德修养、防微杜渐的深刻忧患意识。这种意识一经确立，便深深地植入了中国文化，积淀成为中华民族的一个优秀传统，千百年来为无数的人们所保有。

忧患意识，蕴含着悲天悯人和承担责任两层意义。所谓悲天悯人，被孟子称之为"不忍人之心"、"恻隐之心"（《孟子·公孙丑上》）。责任感引发忧患感，忧患感又激发责任感。才能最终消除隐患，超越忧患，才能树立"苟利国家生死以，岂因祸福避趋之"（林则徐《赴戍登程口占示家人》）的承担意识，才能培养"战战兢兢，如临深渊，如履薄冰"（《诗经·小雅·小口》）的沉毅品格。范仲淹在《岳阳楼记》中写道"居庙堂之高，则忧其民；处江湖之远，则忧其君。是进亦忧，退亦忧。然则何时而乐耶？其必曰：先天下之忧而忧，后天下之乐而乐。"这是忧国忧民的精神，是一种深切的忧患意识，更是一种强烈的责任意识。

忧患意识还体现为对天下兴衰和政权交替的忧虑。《周易·系辞传》借孔子之口说："危者，安其位者也；亡者，保其存者也；乱者，有其治者也。是故，君子安而不忘危，存而不忘亡，治而不忘乱；是以，身安而国家可保也。"这是叫人对自己的处境和现状时刻抱有警惕之心，孟子把它概括为"生于忧患而死于安乐"（《孟子·告子下》）。欧阳修在其所著的《新五代史·伶官传序》中说，"忧劳可以兴国，逸豫可以亡身"，"夫祸患常积于忽微，而智勇多困于所溺"。顾炎武在其《日知录》中称"保国者，其君其臣，肉食者谋之。保天下者，匹夫之贱，与有责焉耳矣"，乃至俗谚谓"天下兴亡，匹夫有责"等，都是我们民族强调忧患意识的最好例证。可以这样说，总结历史经验和居安思危，是忧患意识发展到一定阶段的突出反映。忧患意识不是消极悲观，不是灰心丧气，更非患得患失。相反，其最终目的是要在忧患中奋起，在忧患中奋进。忧患意识也要求人们以"知其不可而为之"（《论语·宪问》），以求得"精诚所至，金石为开"。正是这种忧患意识，激发人们强烈的入世精神，激发无数仁人志士改造社会、变革现实的巨大的热情。

（十）自强不息

"自强不息"是中华民族精神的一个极为突出的方面。女娲补天、夸父逐日、精卫填海、刑天舞干戚……中国远古神话中充满了人与自然搏斗，以及对"天帝"的抗争，这种自强不息、锲而不舍，宁死不屈的大无畏精神，在中华民族的文化褓褓中就已奠定，它是博大的中华文化永不停息的血脉，是中华民族5000年发展的精神支柱和强大的动力。它可以被看成是中国传统文化中天人合一观及辩证法思想在中国人的生存态度上积极的价值渗透与塑造最集中的反映与结晶，也是对中华民族整体人格状态的准确的历史概括与写照。

第一次明确提出自强不息的思想是在《易》经之中，《易·乾·象传》中说："天行健，君子以自强不息。"这是从天道说明人道，人道效法天道的角度提出来，认为天的运行刚健永不衰竭，因此君子应该以天为法，奋发有为，积极进取。首先，自强不息作为一种个人修养，它要求一个人要成就大事，一定要先立志。"志"是个人对自己人生意义的一种预先肯定。孔子说："士志于道，而耻恶衣恶食者，未足与议也"（《论语·里仁》）。显然，如果立志于道义，是不应该贪图物质享受的。所以孔子非常推崇伯夷、叔齐，"不降其志，不辱其身"（《论语·微子》），就是肯定他们的行为合乎他们的志向。其次是"求诸己"，就是遇到事情要求自己，依靠自己。孔子说"君子求诸己，小人求诸人"。求诸己有两层意思：一是不强调客观，不指望别人，一切靠自己。"不怨天，不尤人"（《论语·宪问》）；二是不断修养自己，提高自己。所谓"见贤思齐焉，见不贤而内自省也"（《论语·里仁》）。孟子也提出养"浩然之气"，要求人们长期努力修养，自觉地把道德理性的实践相结合，培养高尚的道德境界。

自强不息作为一种积极进取的人生态度，已深深融入了中华民族的血脉中。民族精英，无不是效仿天的性质刚健，永远运行不息。孔子生活在春秋时期，他提出以"仁"为核心，以"礼"为手段，"祖述尧舜，宪章文武"治国主张。他为实现自己的理想，率领众弟子周游泳列国，四处奔波，被人讥为"是知其不可而为之者"（《论语·宪问》），却在《论语·子罕》中坚定地表明他的心声："沽之哉！沽之哉！我待贾者也。"虽然"自强不息"最早是对君子提出的要求是作为一种理想的人生态度提出来的，但随着社会时代的发展，这种精神已逐渐被视为关系国运盛衰、社会文化健康与否的重要因素而加以强调，成为了为中华民族所信奉，并能激励人们前进，有促进社会发展的作用，成为维系中华民族生存、推动中华民族前进的精神。颜元就说："晋宋之苟安，佛之空，老之无，周程朱邵之静坐，徒事口笔，总之皆不动也，而人才尽矣，圣道亡矣，乾坤降矣。吾尝言；一身动则一身强，一家动则一家强，一国动则一国强，天下动则天下强。"（《颜习斋言行录》）

中华民族优秀传统文化精神是民族的灵魂，由整个民族文化凝聚而成并贯穿于中华民族发展的每一个时代。民族精神是动态发展的，它随时代的发展而发展，各时代都有珍贵的东西沉积到主脉中来，因此，它既是民族现实存在的根据，也是民族现实发展的根据。民族精神形成民族特有的人生态度和生存方式，又成为民族凝聚力的根源，它无所不在地灌注于人们的日常生活之中，影响着生产方式和生活方式的方方面面，构成其历史和现实，进而动态地构成其未来。在变革的年代，一方面新事物层出不穷，另一方面社会又充满矛盾和动荡，新体制、新观念、新文化的诞生，基于民族精神又为民族精神注入新的活力。

四、培育民族精神，弘扬民族文化

孔子曰："人能弘道，非道宏人。"曾子说："士不可以弘毅，任重而道远。"在这所谓的道义背后，是中华民族的文化精神植根在优秀传统文化中的民族意识、民族品格、民族气质，是中华民族传统文化最根本、最集中的精神体现。它深刻地影响着东方的中华文明。它不但阐述了人格修养、人生家庭、社会宇宙等诸多哲理，更于当今时代具有振聋发聩的反省意义。中国古代文化滋养孕育出了温柔敦厚、至大至刚的人格；乐天知命、坦荡无忧的性情；忠恕存心、择善而行的品德；天心仁厚、悲天悯人的情怀；知本知末、通权达变的学问；豫立不劳、无为而为的智慧。在五千多年的发展中，中华民族形成了以中华一统、民惟邦本、贵和执中、舍生取义、自强不息等民族精神。这种精神，是中华民族生生不息、发展壮大的强大精神力量，也是中国人民在未来的岁月里薪火相传、继往开来的丰厚宝藏。在经济全球化条件下，弘扬和培育民族精神，对于增强民族自信心，提高国家软实力都具有特别重要的意义。

那么，如何弘扬和培育民族精神？党的十六大指出，"必须把弘扬和培育民族精神作为文化建设极为重要的任务，纳入国民教育全过程，纳入精神文明建设全过程"。因此，要培育民族精神，弘扬民族文化就要注重做好如下三个方面：

一是弘扬爱国主义精神。

崇高的爱国主义精神，是中华民族精神的核心和灵魂，是中华民族灿烂文化传统中最宝贵的精神财富。培育和弘扬民族精神，最根本的是要大力培养爱国主义精神。邓小平曾强调："要特别教育我们的下一代下两代，一定要树立共产主义的远大理想"，"用坚定的信念把人民团结起来"。爱国主义和理想信念教育，应进一步发挥历史人文和文化遗址、博物馆、纪念馆在培育民众民族精神中的重要作用。通过深入开展基本国情宣传和民族文化教育，让人们熟悉并接受民族精神，并使其成为人生观、世界观的重要组成内容，从而增强为中华民族伟大复兴而奋斗的责任感、使命感。

二是重视中国历史文化教育。

弘扬和培育民族精神，离不开对民族历史和优秀传统文化的深刻理解和把握，离不开民族自尊心和民族自豪感的树立与增强。因为中华民族的民族精神是在中华民族的历史场长河中产生和发展起来的，是中华民族有机历史文化的积淀与升华。通过历史教育，人们可以了解中华民族自强不息、百折不挠的发展里程，了解我国各族人民对人类文明的卓越贡献，了解我国历史上的重大事件和著名人物，了解中国人民反对外来侵略和压迫、争取民族独立和解放，为实现国家富强与人民共同富裕而英勇奋斗的崇高精神和光辉业绩。这样才能激发人们的民族自尊心和自豪感，不断振奋民族精神。为此，要深入开展中华民族悠久历史和优秀传统文化教育，不断振奋民族精神，充分发挥好课堂教学主渠道的作用。

三是注重开展文化教育活动。

民族精神是在群众参与文化生活的过程中受到熏陶、受到教育而不断得到培养和弘扬的，因此要着眼于人们的思想实际和生活需求，积极开展面向大众的各类文化活动。如，在各种节日、重大历史事件和历史人物的纪念日开展丰富多彩的教育活动，寓教于学，寓教于乐，把各种文化活动作为培育民族精神的园地和摇篮，传播传统文化，塑造美好心灵。从而使民族精神不断得到弘扬和培育。

中国传统文化不仅在形式上丰富多彩，而且在内容上也博大精深。这里面固然有封建时代的糟粕，但更多的是中华民族的智慧结晶。这当中有强调实事求是，注重知行统一，主张制天命而用之的唯物主义思想；有倡言"治世不一道，变国不必法古"的变革要求；有强调民惟邦本、民贵君轻的民本思想和人道主义精神；有自强不息、刚健有为的人生哲学；有积极进取、不同流合污的处世态度；有发奋图强、锲而不舍舍的拼搏精神；有"富贵不能淫，贫贱不能移，威武不能屈"的浩然正气；有"大丈夫宁为玉碎，不为瓦全"的铮铮铁骨和英雄气概；有"先天下之忧而忧，后天下之乐而乐"的高尚情操和严肃的社会责任感；有"天下兴亡，匹夫有责"的强烈的爱国主义精神；有对"天下为公"的理想社会的热切向往和执著追求等等。这些都是中华民族思想品德的真实写照，人生襟怀的有力表征，值得我们去传承、发扬、光大，并使之代代相传。

第二部分　学生自测题

第一章　国学概说自测题

一、单项选择题

1. 中国人称本国的学术为国学，外国人称中国的学术为（　　　）。

A. 国学　　　　　　B. 汉学　　　　　　C. 儒学　　　　D.经典学

2. 章太炎著有（　　　）一书。

A.《国故论衡》　B.《国学常识》　C.《新语》　　D.《阅微草堂笔记》

3. 清代人将中国学问分为义理之学、考据之学、辞章之学，曾国藩更主张增列（　　　）。

A. 伦理治学　　　B. 社会之学　　　C. 道德之学　　D. 经世之学

4. 我国古代兵家的书列于（　　　）部中。

A. 经　　　　　　B. 史　　　　　　C. 子　　　　　D. 集

5. 现存于台北故宫博物院中的《四库全书》，是属于（　　　）的那一部。

A. 清宫文渊阁　　　B. 奉天行宫文溯阁

C. 圆明园文渊阁　　D. 热河行宫文津阁

6. 清乾隆时修《四库全书》，将图书分成"经、史、子、集"四类。按照这四类的区分，下列表格中完全正确的选项是：（　　　）

	经	史	子	集
A	《左传》	《太平广记》	《吕氏春秋》	《昭明文选》
B	《孟子》	《战国策》	《孙子》	《元丰类稿》
C	《论语》	《资治通鉴》	《贞观政要》	《乐府诗集》
D	《道德经》	《五代史记》	《荀子》	《楚辞章句》

7. 中国文化是以（　　　）思想为主流。

A. 儒家　　　　　　B. 道家　　　　　　C. 法家　　　　D. 墨家

8.《尚书》古代只称（　　　）

A. 经　　　　　　B. 书　　　　　　C.诰　　　　　D. 典

9.中国的道统思想，孔子偏重仁道，孟子注重（　　　　　）

A.忠孝　　　　　B.仁爱　　　　　C.仁义　　　　D.信义

10.入选四书的儒家经典有（　　　　）

A.《孟子》　　　B.《论语》　　　C.《学记》　　　D.《荀子》

11.以下四点，哪一个不是诸子产生的背景（　　　）

A.封建制度崩溃　　　　　　B.贵族阶级动摇

C.经济制度变化　　　　　　D.教育事业不发达

12.对政治改革充满热情，而且意志坚强的是（　　　　）

A.儒家　　　　B.墨家　　　C.法家　　　D.道家

13.五术也是中国特有的一项文化，自三国时代开始，就将术士称为（　　　）

A.阴阳家　　　B.术学思想家

C.纵横家　　　D.杂家

14.《周礼·保氏》："养国子以道，乃教之六艺：一曰五（　　　），二曰六乐，三曰五射，四曰五驭，五曰六书，六曰九数。"

A.礼　　　　　B.易　　　　　C.颂　　　　　D.春秋

15.司马谈《论六家要旨》所指的"六家"为（　　　）

A.阴阳、儒、墨、名、法、道德

B.阴阳、儒、墨、名、法、纵横

C.阴阳、儒、墨、名、法、杂

D.阴阳、儒、墨、名、法、小说

16.以下哪种说法不正确：（　　　　）

A.纵横家虽然被列入九流十家，实为战国时代两种外交策略

B.苏秦主张合纵，张仪倡导连横

C.鬼谷子是纵横家的代表人物

D.纵横家是帝王之学，其权谋运用，纵横捭阖，对今天的国际外交战略没有什么用处

二、多项选择题

1.西方学者称中国学术为（　　　　）

A.汉学　　　B.中国学　　　C.中国研究　　　D.远东研究

2. 一般人称义理之学，是包括（   ）

A. 诗学   B. 经学   C. 玄学   D. 理学

3. 清代《四库全书》共抄录七部，后毁于英法联军和太平天国的是收藏在（   ）的《四库全书》。

A. 文渊阁   B. 文宗阁   C. 文汇阁   D. 文津阁

4. 《四库全书》中集部的书包括（   ）

A. 《楚辞》   B. 别集   C. 总集   D. 诗文评

5. 下列关于中国学术，叙述正确的选项是：（   ）

A. 儒、墨、道、法、名、阴阳、纵横、杂、农、小说等家合称十家，去除杂家则为九流

B. 儒家流派中，孟子主张性善，法后王；荀子主张性恶，法先王

C. 魏晋玄学发达，清谈之风盛行，多治《周易》《老子》《庄子》，以王弼、何晏、阮籍、嵇康等人为代表

D. 明代王学兴起，以研究心性之学著称，又名"道学"。

6. 五术是中国古代文化中极为重要的组成部分，是对庞大复杂的道术系统的最主要的分类，一般认为包括山、（   ）一共五类。

A. 医   B. 命   C. 卜   D. 相

7. 《四库全书》的编纂过程包括（   ）

A. 征集图书   B. 整理图书   C. 抄写底本   D. 校订

8. （   ）参加了《四库全书》的编修工作。

A. 纪昀   B. 陆锡熊   C. 孙士毅   D. 陆费墀

9. 依四库全书的划分，下列典籍划分正确的有（   ）

A. 毛诗正义—经部   B. 欧阳文忠公集—集部

C. 昭明文选—子部   D. 吕氏春秋—子部

10. 下列有关国学常识的叙述，正确的选项是（   ）

A. 《诗经》是中国最早的诗歌总集，内含十五国风、二雅、三颂

B. 陶渊明诗文质朴，与六朝文风大异，以写田园诗闻名，世称田园诗人

C. 韩愈、柳宗元两人大力倡导古文

D. 《水浒传》、《三国演义》、《红楼梦》都是当时白话古典小说。

11. 下列关于《四库全书》说法正确的有：（   ）

A. 收录国学的全部著作

B. 今人讨国学，大体仍依照四库全书的分法

C. 子部小家，自唐传奇至明清章回小说，收集齐全

D. 集部的词曲，收杂剧，传奇等剧本 E 虽仅分经，史，子，集四部，但各部又作细分，合计有四十四部。

三、简答题

1. 何谓"国学"？

2. "国学"和"汉学"有何不同？

3. 国学的范围？

4. 浅谈研究国学应具备的素养？

5. 《四库全书》是怎样的一部书？

6. 经学的意义何在？

7. "子"的涵义是什么？

8. 从子学的内容回答中国哲学关注的问题是什么？

9. 由子学看中西哲学的方法差异？

10. 何谓"四史"？

第二章　国学群经略说自测题

一、单项选择题

1. "不愤不启，不悱不发"的思想最早出自（　　　　　）

A.《论语》　　　　B.《学记》　　　　C.《四书集注》　　　　D.《孟子》

2. 下列名言属于孟子说的是（　　　　　）

A. 志士仁人，无求生以害人，有杀生以成仁。

B. 百工居肆以成其事，君子学以致其道。

C. 士不可以不弘毅，任重而道远。仁以为己任，不亦重乎？死而后已，不亦远乎！

D. 富贵不能淫，贫贱不能移，威武不能屈。

3. "不愤不启，不悱不发。"这句话出自（　　　　　）

A.《学记》　　　　B.《论语》　　　　C.五经四书　　　　D.《说文解字》

4. "民为贵，社稷次之，君为轻。"体现了孟子的（　　　　　）

A.教育思想　　　　B.学术思想　　　　C.等级观念　　　　D.民本思想

5. 以孔孟为代表的儒家，其核心思想就是（　　　　　）。

A. 义　　　　　　B. 仁　　　　　　C. 礼　　　　　　D. 智

6. "明圣"的意思是（　　　　　）

A. 制作礼乐的人　　　　　　　　B. 传授礼乐的人

C. 传授与制作礼乐的人　　　　　D. 在学术道德上取得极高成就的人

7. "谨庠序之教，申之以孝悌之义，颁白者不负戴于道路矣。老者衣帛食肉，黎民不饥不寒，然而不王者，未之有也"一句出自（　　　　　）

A.《大学》　　　　B.《论语》　　　　C.《孟子》　　　　D.《中庸》

8. 《中庸》认为人可以从两条途径得到完善，一是发掘人的内在天性，称为"尊德性"；二是通过对外部世界的求知，以达到人的内在本性的发扬，称为"道问学"。这两条途径是（　　　　　）。

A.相依并进，相辅相成　　　　　B.相矛盾

C.相中和　　　　D.相抑制

9."礼乐不可斯须去身"出自（　　　　　）

A.《大学》　　　B.《易经》　　　C.《论语》　　　D.《礼记》

10.《学记》是（　　　　　）四十九篇中的一篇。

A.《大学》　　　B.《论语》　　　C.《礼记》　　　D.《中庸》

11.《中庸》一开头就指出："天命之谓性，率性之谓道，修道之谓教。"只是继承了思孟学派（　　　　　）的思想。

A.天命论　　　　B.性善论　　　　C.初本论　　　D.其他

12.孟子曰："博学而详说之，将以反说约也。"此话意在说明广博地学习，详尽地解说，目的在于融会贯通后返归到（　　　　　）上去。

A.简约　　　　B.复杂　　　　C.炫耀　　　D.文化

13."文质彬彬，然后君子"出自（　　　　　）

A.《论语》　　　B.《荀子》　　　C.《春秋》　　　D.《中庸》

14.下列句子中通假字不正确的是？（　　　　　）

A.而颛（zhuān）为自恣苟简之治 "颛"通"专"，专门。

B.埽（sǎo）除其迹而悉去之 "埽"通"扫"，扫除。

C.渐（jiān）民以仁 "渐"通"间"，离间。

D.臧（cáng）于骨髓 "臧"通"藏"，收藏。

15. 所谓诚其意者，毋自欺也。如恶恶臭，如好好色，此之谓自谦。故君子（　　　　　）也。

A.必慎其独　　　B.必慎其慎　　　C.必独其慎　　　D.必独其独

16. 孟子认为恻隐之心是（　　　　　）

A.智之端　　　B.仁之端　　　C.义之端　　　D.礼之端

17.小疑则小（　　　　　）

A.智　　　　B.聪　　　　C.悟　　　　D.愚

18."颂其诗，读其书，不知其人，可乎？是以论其世也。是尚友也。"孟子此话中提出了（　　　　　）的观点。

A.以意逆志　　　B.以己度人　　　C.知人论世　　　D.诗无达诂

19.季康子问政于孔子曰："如杀无道，以就有道，何如？"孔子对曰："子为政，焉用杀？子欲善而民善矣。君子之德风，小人之德草，草上之风，

必偃。"这个回答体现出孔子（　　　　）的治国思想。

    A. 取信于民　　　B. 为政以德　　　C. 讲究礼节　　　D. 因材施教

20. 宋代开国宰相赵普曾有"半部（　　　　）治天下"的名言。

    A.《论语》　　　B.《荀子》　　　C.《孟子》　　　D.《韩非子》

21. 礼是用来（　　　　）

    A. 协和感情　　　B. 区别等级　　　C. 使人亲近　　　D. 相互尊敬

22. "人生而静，天之性也"的意思是（　　　　）

    A. 人生很平静，这是上天注定的

    B. 人生没有大起大落

    C. 人出生没有情欲，这是天赋予的本性

    D. 人生的情欲是由上天注定的

23. 孟子认为有无（　　　　）是人和禽兽相区别的重要标志。

    A. 知识　　　　B. 先天善良本性　C. 才能　　　　D. 财富

24. 孔子教学的主要科目是"六艺"，"六艺"指的是（　　　　）

    A. 礼、乐、射、御、书、数

    B.《诗》《书》《礼》《乐》《易》《春秋》

    C. 文法、修辞、辩证法、礼乐、书数、射御

    D. 算术、几何、文法、辩证法、天文、书数

25. 秦朝继承周朝之后，"重禁文学"，这里的"文学"指：（　　　　）

    A. 儒家学说　　　B. 现代文学　　　C. 当代文学　　　D. 其他

26.《诗》曰："夙夜匪解。"是什么意思？（　　　　）

    A. 从早到晚都在解题。　　　　　　B. 从早到晚都不懈怠。

    C. 早出晚归　　　　　　　　　　　D. 早上和晚上都没有时间。

27. 大学之道，（　　　　）在止于至善。知止而后有定，定而后能静，静而后能安，安而后能虑，虑而后能得。

    A. 在明明德，在亲民　　　　　　B. 在名明德，在亲民

    C. 在明明德，在兴民　　　　　　D. 在明名德，在亲民

28. "致知之途有二：曰学曰思"语出（　　　　）

    A.《习性诸论》　　B.《书院》　　C.《尚书引义》　　D.《四书训义》

29. 子曰："吾尝终日不食，终夜不寝，以思，无益，不如学也。"这一段讲（　　　　）的重要性。

A.躬身实践　　B.冥思苦想　　C.学思结合　　D.废寝忘食

30.以下句子翻译错误的是：（　　　）

A.夫万民之从利也，如水之走下，不以教化提防之，不能止也。（万民追逐利益，就像水向下流一样，不用教化来做提防，就不能防止了。）

B.《诗》曰："夙夜匪解（xiè）。"（《诗经》说："从早到晚都不懈怠。"）

C.《书》云："茂哉茂哉。"（《尚书》说："茂盛啊，茂盛啊。"）

D.然则常玉不琢，不成文章。（然而一般的玉不雕琢的话，就不能成就美好的花纹。）

二、多项选择题

1.入选四书的儒家经典有（　　　）

A.《孟子》　　B.《论语》　　C.《学记》　　D.《荀子》

2.《大学》强调的是（　　　）的统一。

A.知　　B.情　　C.意　　D.行

3.下面哪些表现音乐的道理与政治相通（　　　）

A.治世之音安，以乐其政和　　B.乱世之音怨，以怒其政乖

C.亡国之音哀，以思其民困　　D.以上都对

4.孟子施教的目标是培养（　　　）的君子。

A.明人伦　　B.修身齐家　　C.治国　　D.平天下

5.孟子的教育内容是（　　　）

A.人伦教育　　B.道德教育　　C.权术教育　　D.法律教育

6.以下哪些言论是孔子讲学的内容（　　　）

A.为政以德　　B.以礼治国　　C.有教无类　　D.事异则备变

7.荀子的教学思想主要包括（　　　）

A.注重"积""渐"　　B.闻、见、知、行结合

C."虚壹而静"，专心有恒　　D.解蔽救偏，兼陈中衡

8.孔子的教学内容包括（　　　）三个部分。

A.生产劳动　　B.道德教育　　C.文化知识　　D.技能技巧培养

9.在《颜氏家训》中，颜之推宣扬性三品说，"三品"指（　　　）

A.上中下三等人　　B.上智之人　　C.下愚之人　　D.中庸之人

10.荀子把教师提高到与（　　　　）同等的地位。

A. 天　　　　　B. 地　　　　　C. 君　　　　　D. 神　　　　E. 亲

11. 乐得到推行了，有什么样的作用？（　　　　）

A. 耳聪目明　　B. 血气和平　　C. 移风易俗　　D. 以欲忘道

12. 研究乐可以提高内心修养，可以产生（　　　　）之心

A.平易　　　　　B. 正直　　　　C. 慈爱　　　　D. 诚信

13. 天下的道理除了君臣关系之理，还有（　　　　）。

A.父子关系之理　B.夫妇关系之理　C. 兄弟关系之理　D. 朋友交往之理

14. 在《对贤良策》中，董仲舒主要针对文教政策提出了以下哪三点建议？（　　　　）

A. 罢百家以尊儒　B. 立大学以养士　C. 行贡举以选士

D. 天行健，君子以自强不息

15. 君王要怎样做才能使国家的根本明显？（　　　　）

A. 很谨慎地对待奉承天意之事　　　　B. 用修明的教育感化人民

C. 辨证法度是否适宜，区别上下使有秩序

D. 以上都正确

三、简答题

1.简述"四书五经"在传统文化中的地位及其影响？

2.简述《十三经》及其形成过程。

3.《四库全书》的内容是什么？

4.简述中庸之五伦三德。

5.《孟子》在仁义和民本思想四个方面的讨论是什么？

第三章 国学经典阅读指导与阅读实践自测题

一、单项选择题

1.将《大学》列为"四书"之首的是（　　　　）

  A.郑玄　　　　　B.朱熹　　　　　C.程颐　　　　　D.王阳明

2.从《大学》的"三纲领"看，教育的最高目的是（　　　　）。

  A.政治目的　　　B.经济目的　　　C.文化目的　　　D.历史目的

3.《中庸》认为人可以从两条途径得到完善，一是发掘人的内在天性，称为"尊德性"；二是通过对外部世界的求知，以达到人的内在本性的发扬，称为"道问学"。这两条途径是（　　　　）

  A.相依并进，相辅相成　　　　　B.相矛盾

  C.相中和　　　　　　　　　　　D.相抑制

4.《中庸》一开头就指出："天命之谓性，率性之谓道，修道之谓教。"只是继承了孔孟学派（　　　　）的思想。

  A.天命论　　　　B.性善论　　　　C.初本论　　　　D.其他

5."不愤不启，不悱不发。"这句话出自（　　　　）

  A.《孟子》　　　B.《论语》　　　C.《庄子》　　　D.《说文解字》

6.中国古代提出"有教无类"的思想家是（　　　　）

  A.孔子　　　　　B.孟子　　　　　C.荀子　　　　　D.墨子

7."穷则独善其身，达则兼济天下"历来是中国文人的理想，这句话出自（　　　　）。

  A.《论语》　　　B.《庄子》　　　C.《孟子》　　　D.《大学》

8."民为贵，社稷次之，君为轻"体现了孟子的（　　　　）

  A.教育思想　　　B.学术思想　　　C.等级观念　　　D.民本思想

9."谨庠序之教，申之以孝悌之义，颁白者不负载于道路矣。"一句中"庠序"指的是（　　　　）

A. 官府　　　　　B. 学校　　　　　C. 家庭　　　　　D. 社会

10. "学然后知不足，教然后知困。知不足，然后能自反也；知困，然后能自强也。故曰：教学相长也。"一句出自（　　　　）

A.《论语》　　　B.《师说》　　　C.《学记》　　　D.《孟子》

11.《小戴礼记》共有（　　　　）篇。

A. 85　　　　　B. 39　　　　　C. 40　　　　　D. 49

12. "在上不骄，高而不危；制节谨度，满而不溢"是对（　　　　）阶层孝道的要求。

A. 卿大夫　　　B. 诸侯　　　　C. 士　　　　　D. 庶人

13. 下列经典中集中论述儒家伦理道德的是（　　　　）

A.《论语》　　　B.《孟子》　　　C.《孝经》　　　D.《荀子》

14.《南华真经》是（　　　　）的别称。

A.《老子》　　　B.《周易》　　　C.《庄子》　　　D.《抱朴子》

15. 下列名句出处对应都正确的一项是（　　　　）

① 方今天下，舍我其谁。② 朝闻道，夕死可矣。

③ 吾生也有涯，而知也无涯。④ 九层之台，起于累土。

A. 孔子　孟子　老子　庄子　　　B. 孟子　孔子　老子　庄子
C. 孟子　孔子　庄子　老子　　　D. 孔子　孟子　庄子老子

16. 颜之推说："父母威严而有慈，则子女畏慎而生孝矣。"是说父母的教育应该（　　　　）

A. 严爱　　　　B. 慈爱　　　　C. 严慈结合　　　D. 顺其自然

17. 颜之推特别重视为人之道的教育，最主要的主张是（　　　　）

A. 强调为人厚重　　　　　　B. 强调孝与仁
C. 强调为人厚道　　　　　　D. 强调诚实守信

二、多项选择题

1. 下列入选"四书"的儒家经典有（　　　　）

A.《孟子》　　B.《大学》　　C.《学记》　　D.《荀子》

2. 下列属于《大学》"三纲领"的有（　　　　）

A. 明明德　　　　　　　　B. 齐家治国平天下
C. 亲民　　　　　　　　　D. 止于至善

3.中庸之道的三个原则是（   ）

A.慎独自修　　　B.博学明辨　　　　C.忠恕宽容　　　　　D.至诚尽性

4.下列哪些属于《中庸》里提及的学习方式（   ）

A.博学　　　　　B.审问　　　　　　C.慎思　　　　D.明辨　　　E.笃行

5.以下哪些言论是孔子讲学的内容（   ）

A.为政以德　　　B.以礼治国　　　　C.有教无类　　　　D.事异则备变

6.下列哪些言论属于孔子论修身做人的内容（   ）

A.士不可以不弘毅，任重而道远。

B.岁寒，然后知松柏之后凋也。

C.学而不思则罔，思而不学则殆。

D.己所不欲，勿施于人。

7.下列观点出自《孟子》的有（   ）

A.富贵不能淫，贫贱不能移，威武不能屈。

B.老吾老以及人之老，幼吾幼以及人之幼

C.名不正则言不顺

D.我善养吾浩然之气

8.孟子所云的四心是指（   ）

A.恻隐之心　　　B.进取之心　　　　C.丑恶之心　　　　D.辞让之心

E.是非之心

9."四书"中哪些著作源自《礼记》？（   ）

A.《大学》　　　B.《学记》　　　　C.《中庸》　　　　D.《孟子》

10.下列哪些观念出自《礼记》？（   ）

A.无为　　　　　B.大同　　　　　　C.小康　　　　　　D.坐忘

11.儒家关于礼学的代表著作有（   ）

A.《礼记》　　　B.《仪礼》　　　　C.《周礼》　　　　D.《孝经》

12.下列哪些属于《孝经》中对于普通人尽"孝"的具体要求？（   ）

A.居则致其敬　　B.养则致其乐　　　C.病则致其忧　　　D.丧则致其哀

13.下列寓言出自《庄子》的有（   ）

A.井底之蛙　　　B.薪火相传　　　　C.朝三暮四　　　　D.越俎代庖

14. 《庄子》的"三言"笔法具体是指（　　　　　）

A. 寓言　　　　　B. 重言　　　　　C. 微言　　　　　D. 卮言

15. 在《颜氏家训》中，颜之推宣扬性三品说，"三品"指（　　　　）

A. 上中下三等人　B. 上智之人　　　C. 下愚之人　　　D. 中庸之人

16. 关于学习态度和方法，颜之推提倡（　　　　　）

A. 虚心务实　　　B. 博习广见　　　C. 勤勉惜时　　　D. 相互切磋

17. 关于家庭教育，颜之推的主张是（　　　　　）

A. 尽早施教，严格教育

B. 注重环境习染

C. 处理好家庭关系

D. 重视家庭的语言教育和注重道德教育

三、简答题

1. 简论《大学》"三纲八目"对中国文化的影响。

2. 《大学》中"格物致知"真正的意义是什么？

3. 谈谈《中庸》中的"中和"思想。

4. 谈谈孔子"中庸之道"与《中庸》中的"中庸之道"的区别。

5. 谈谈孔子中庸之道的主要观点。

6. 试以《论语》为例，简述儒家的忠恕之道及其当代价值。

7. 请你谈谈孔子的教育观。

8. 如何理解孟子对人性善的证明？

9. 简述孟子思想与孔子思想的关系。

10. 试述《礼记·学记》篇中的教育思想。

11. 谈谈《礼记》中描绘的大同社会的主要特点。

12. 如何理解《孝经》中的"移孝于忠"？

13. 简述《孝经》的当代价值。

14. 庄子之"道"与老子之"道"有何不同？

15. 谈谈你对老庄哲学的理解？

16. 《颜氏家训》主要记载了哪些内容？

17. 如何看待《颜氏家训》中的教育思想？

第四章　国学之儒家思想自测题

一、单项选择题

1.宋代以朱熹为代表的新儒学所吸收的思想是（　　　）

A.佛教和道教思想　　　　　　B.法家思想和"经世致用"学说

C.佛教、道教和法家思想　　　D.佛教思想和"经世致用"

2.汉武帝问策贤良文学，董仲舒对曰："臣愚以为诸不在六艺之科、孔子之术者，皆绝其道，勿使并进。"（引自《汉书·董仲舒传》）董的对策（　　　）

A.指出了汉武帝弱点　　　　　B.违背了汉武帝初衷

C.触犯了汉武帝忌讳　　　　　D.迎合了汉武帝意愿

3.秦始皇焚书坑儒的主要目的是（　　　）

A.禁止儒学传播　　　　　　　B.箝制思想

C.加强专制统治　　　　　　　D.摧残文化

孔子曰："君子（社会的管理者）之德风，小人（社会的被管理者）之德草，风往哪边吹，草往哪边倒。"又曰："政者，正也，子帅以正，孰敢不正。""其身正，不令而行；其身不正，虽令不从。"据此回答4-5题。

4.孔子上述观点（　　　）

A.强调因材施教的原则　　　　B.强调社会管理者的榜样作用

C.体现了以民为本的思想　　　D.体现了孔子的高尚道德情操

5.孔子的这些观点给我们今天治国的启示是（　　　）

A.实行依法治国的基本方略

B.坚持对人民负责原则，全心全意为人民服务

C.加强思想政治工作

D.要加强领导干部自身的道德建设

6.从宋代理学提出"灭人欲"到明代心学提出"内心反省"克服私欲，

说明（　　　）

A. 主流思想文化维系了专制统治　　B. 儒学的发展强调个人的道德修养

C. 儒学的演变已阻碍了社会的进步　D. 孔子的仁学被发扬到极端

7. 南北朝的佛教盛行的最主要原因是（　　　）

A. 佛教文化和中国传统文化的结合　B. 封建统治者的大力提倡

C. 连年战乱人民寻求精神寄托　　　D. 广大人民被佛教所麻醉

8. 宋濂指出"自贡举法行，学者知以摘经拟题为志，……余者漫不加省。与之交谈，两目瞪然视，舌术强不能对。"这种现状形成的原因是（　　　）

A. 秦朝焚书坑儒　　　　　　　　　B. 西汉罢黜百家，独尊儒术

C. 明清时期的八股取士　　　　　　D. 满洲人入关以后不适应汉族文化

9. 董仲舒的"罢黜百家，独尊儒术"主张与当时"大一统"两者的关系是（　　　）

A. 以政治上的统一确保思想上的统一

B. 思想上的统一为巩固政治上的统一服务

C. 董仲舒的学说适应了实现政治统一的需要

D. 儒学思想成为封建社会的正统思想

10. 儒家思想之所以成为封建社会的统治思想，从根本上说是因为（　　　）

A. 它是封建社会的进步思想

B. 历代都有信奉儒家思想的人做大官

C. 它适应了加强君主专制统治的需要

D. 它宣扬的仁政思想得到人民的拥护

11. 孟子仁政思想的实质是（　　　）

A. 改变封建制度的一种途径　　　　B. 实行封建统治的基础

C. 维护劳动人民利益的一种举措　　D. 加强对人民统治的一种手段

12. 汉武帝大力推行儒学教育的社会背景是（　　　）

A. 君主集权取得对割据势力的胜利　B. 西汉中央地方教育系统的建立

C. 佛教冲击了我们的传统文化　　　D. 经济发展使综合国力增强

13. 刘禹锡提出天与人"交相胜、还相用"的观点，与董仲舒提出的"大一统"的关系是（　　　）

A. 相互对立　　　B. 继续发展　　　C. 毫无关系　　　D. 完全一致

14. 儒家学说到了汉代被赋予了新的含义，即（　　　）

A. 人定胜天　　　B. 独尊儒术　　　C. 君权神授　　　D. 实行仁政

15. 在一次国际学术会议上，外国学者引用了 2300 年前中国思想家的名言："天时不如地利，地利不如人和。"这位思想家是（　　　　）

　　A. 老子　　　　B. 孔子　　　　C. 孟子　　　　D. 荀子

16. 儒家思想的许多积极部分不仅对中华民族（包括海外华人）有着深远的影响，而且被东亚一些国家、民族所包容，被世界所推崇。这表明（　　）

　　A. 儒家思想已成为放之四海而皆准的真理

　　B. 世界文化既具有多样性，又有统一性

　　C. 人类社会的文化最终将会走向统一

　　D. 优秀文化既有民族性，又有世界性

17. 中国近代史上，康有为在宣传维新变法时，把西方资本主义的政治学说同传统的儒家思想相结合，这主要说明了（　　　　）

　　A. 维新变法运动带有浓重的封建性　　B. 民族资产阶级的软弱性

　　C. 西方的政治学说开始在我国传播　　D. 孔子是历代改革的先师

18. 下列不属于孔子思想精华内容的是（　　　　）

　　A. 己所不欲，勿施于人　　　　　　B. 以德治民，反对苛政

　　C. 维护周礼，贵贱有序　　　　　　D. 有教无类

19. 两千多年来，儒家思想之所以能够长盛不衰，主要在于（　　　　　）

　　A. 儒家思想代表封建统治阶级利益

　　B. 孔子在中国人心中的地位不可动摇

　　C. 儒家思想本身具有兼容和发展的特性

　　D. 其他思想不能对儒家思想构成威胁

20. 理学是儒学发展的一个重要阶段，其特点包括（　　　　）

① 吸收了佛教和道教思想 ② 维护封建等级制度，压制人性

③ 认为"理"是客观规律 ④ 是极端主观唯心主义思想

A. ①②　　　　B. ②③　　　　C. ③④　　　　D. ①④

21. 儒家思想在与其他思想的不断碰撞中（　　　）

　　A. 不断修改自己的学说　　　　　　B. 保持正统思想不变

　　C. 吸收其他思想补充发展自己　　　D. 压制其他思想发展

22. 袁世凯就任大总统后，封孔子、祀孔庙、倡读经，这主要是由于（）

　　A. 辛亥革命没有彻底批判封建思想　　B. 孔子思想仍符合时代潮流

C.孔子、孔庙、儒家经典是都国宝　D.袁世凯复辟帝制的需要

23.电影《墨攻》讲述了由香港影星刘德华饰演的墨家智者革离孤身拯救遭十万赵国大军围攻的梁城的故事，据说拍戏前刘德华苦读相关剧本资料，下列介绍故事背景的资料违背史实的是（　　　）

A.思想界出现了"百家争鸣"的局面

B.原先地位低的"士"阶层开始崛起

C.有些墨家学派成员会使用铁犁牛耕

D."学在官府"导致墨家不能办私学

24.孔子看到鲁国季氏用了天子的乐舞，便愤然谴责道："是可忍，孰不可忍！"材料反映了孔子的思想主张是（　　　）

A.仁者爱人　　　B.忠恕之道　　　C.克己复礼　　　D.中庸之道

25.在党的十七大上，胡锦涛总书记指出："教育是民族振兴的基石，教育公平是社会公平的重要基础。"在当代中国，教育公平是人民群众最关心、最直接、最现实的利益问题之一。孔子的下列观点中，最能体现这一思想的是（　　　）

A.因材施教　　　B.有教无类　　　C.温故知新　　　D.当仁不让于师

26.有一家父母得知其小孩在外偷了东西，如果他们相信荀子的理论，可能对小孩采取的态度是（　　　）

A.认为孩子的本性是恶的，但只要好好教育，孩子会改正错误。

B.认为孩子的本性是善的，他犯错误是一时糊涂

C.认为孩子的本性是恶的，必须严厉地惩罚他，使他害怕，以防再犯

D.认为孩子犯错并非本性造成，而是环境不好，应择善而居

27.某国学探究课上，学生从"穿衣"的角度表达他们对诸子百家思想的理解，甲生说："穿衣服应合乎大自然四季的变化来穿衣，天气冷多穿一点，天气热少穿一点；乙生说：穿衣服要看你的身份地位，什么身份何种地位，该穿什么样的衣服就穿什么样的衣服；丙生说：讲究衣服的穿着是一种浪费，穿得简单、甚至破烂的衣服也未尝不好；丁生说：何必麻烦，由上面规定，大家都穿一样的制服不就好了吗？"他们的描述所对应的思想是（　　　）

A.甲—儒，乙—墨，丙—法，丁—道

B.甲—道，乙—儒，丙—墨，丁—法

C.甲—儒，乙—法，丙—墨，丁—道

D.甲—道，乙—墨，丙—法，丁—儒

28.春秋战国至秦汉时期，各种思想流派纷呈。有学者将它们分别描述为："全面归服自然的隐士派"，"专制君主的参谋集团"，"劳苦大众的行动帮会"，"拥有无限同情心与向上心的文化人的学派"。请按顺序指出它们分别代表哪一流派（　　）

A.儒、道、墨、法　　　　　B.墨、儒、法、道

C.法、儒、道、墨　　　　　D.道、法、墨、儒

29.春秋战国时期思想家的下列言论中哪一项不利于新兴地主阶级的发展（　　）

A."道无为而无不为，侯王若能守之，万物将自化"

B."农与工肆之人，有能则举之，高予之爵，重予之禄"

C."民为贵，社稷次之，君为轻"

D."事在四方，要在中央，圣人执要，四方来效"

30.汉武帝之所以采纳董仲舒的主张，其根本原因是（　　）

A.新儒学有利于汉武帝拓展大一统事业

B.汉武帝思想开朗

C."罢黜百家，独尊儒术"有利于思想统一

D.新儒学有利于打击地方割据势力

31.下列观点不属于孟子主张的是（　　）

A."民为贵，社稷次之，君为轻"

B."养浩然之气"，"先义后利，舍生取义"

C."富贵不能淫，贫贱不能移，威武不能屈"

D."法不阿贵"，"刑过不避大臣，赏善不遗匹夫"

32.现在，我国提倡"以德治国"，而春秋时期，孔子就提出过"以德治民"的主张。这说明（　　）

A."德治"将要取代"法治"

B.对以儒家思想为核心的传统文化必须批判继承

C.时代发展了仍须遵循一致的道德准则

D.对传统文化必须绝对地予以肯定

33.明政府以"敢倡乱道，惑世诬民"的罪名将李贽迫害致死，下列哪些是其"敢倡乱道，惑世诬民"的表现（　　　　）

① 尖锐地揭露道学家"阳为道学，行若猪狗"

② 是非应随时代变迁发展而改变，不应以孔子的话作为永久不变的定论

③ 主张维持封建社会男尊女卑的现象，反对追求平等、个性

④ 赞扬寡妇再嫁，赞扬改革，肯定农民起义

A. ①②④　　　　B. ②③④　　　　C. ①③④　　　　D. ①②③

34. 下列反映中华民族写照的言论出现的先后顺序是（　　　）

① "保天下者，匹夫之贱，与有责焉" ② "人固有一死，或重于泰山，或轻于鸿毛" ③ "己所不欲，勿施于人" ④ "先天下之忧而忧，后天下之乐而乐"

A. ①②③④　　　B. ③②④①　　　C. ②①③④　　　D. ①②④③

35. 下列主张"经世致用"的思想家是（　　　）

① 李贽 ② 黄宗羲 ③ 顾炎武 ④ 王夫子

A. ③④　　　　　B. ①②③④　　　C. ①②　　　　D. ②③

二、多项选择题

1. 孔子思想中主张以爱人之心调解与和谐社会人际关系的是（　　　）

A. "仁者，爱人"　　　　　　　　B. 贵贱有"序"

C. "己所不欲，勿施于人"　　　　D. "有教无类"

2. 孔子是儒家学派的创始人，他的思想包括（　　　）

A. 以爱人之心调解与和谐社会人际关系

B. 反对社会改革，维护旧制度

C. 主张以德治民，取信于民

D. 维护周礼，主张贵贱有序

3. 古代思想家孟子认为："使百姓有"五亩之宅，树之以桑，五十者可以衣帛矣。鸡豚狗彘之畜，无失其时，七十者可以食肉矣。百亩之田，勿夺其时，数口之家可以无饥矣"。对孟子的上述言论理解正确的是（　　　）

A. 这是对孔子的思想体系核心部分的继承和发展

B. 他的这一主张有利于当时社会生产的发展，具有进步意义

C. 客观反映了战争频繁年代人民对安居乐业的渴望

D. 站在平民的立场上提出了分给农民田宅的思想

4. 中国古代儒家思想的内涵在不断地丰富于发展着，下列说法正确的是（　　　）

A. 汉朝时, 儒家思想吸收了法家的"大一统"思想

B. 董仲舒和朱熹对儒家思想的发展都作出了贡献

C. 宋朝时, 新儒学中已经吸收了佛教等外国文化的成分

D. 明末清初, 儒家思想的正统地位被西方文化取而代之

5. 朱熹是我国宋代杰出的儒学宗师, 下列有关他的叙述, 不正确的是 (　　　　)

A. 他最早把儒家思想发展为理学

B. 他认为"气"是构成宇宙万物的材料

C. 其思想特点是以儒家思想为基础, 吸收了法家、道家思想

D. 他发展了孟子的性善论, 提出"人欲"与"天理"的辩证统一

6. 儒家思想在中国政治思想发展中的主要表现有 (　　　　)

A. 大一统　　　　B. 存百姓　　　　C. 工商皆本　　　　D. 以德治国

7. 下列对明清两代儒家思想的分析, 正确的是 (　　　　)

A. 儒家的理学和心学相继占据统治地位

B. 李贽是我国反封建思想的先驱

C. 王夫之否定了理学家主静的形而上学思想

D. 黄宗羲反对"咸以孔子之是非为是非"

8. 儒家思想在前期新文化运动中被彻底否定, 激进民主主义者提出了"打倒孔家店"的口号, 下列评论正确的是 (　　　　)

A. 与尊孔复古逆流针锋相对　　　　B. 冲击了封建思想的统治地位

C. 促进了人们思想的空前解放　　　　D. 对待传统文化有偏激情绪

9. 全球首次联合祭孔, 说明德治在现代社会中的作用越来越重要。德治与法治的区别主要是 (　　　　)

A. 德治属于思想建设, 法治属于政治建设

B. 德治是公民的事, 法治是国家的事

C. 德治注重感召力和劝导力, 法治强调权威性和强制性

D. 德治的对象是全体公民, 法治的对象是违法犯罪分子

10. 儒家思想体系包含中华民族优秀传统, 这些优秀思想传统包括 (　　　　)

A. 以德治国　　　　B. 依法治国　　　　C. 轻徭薄赋　　　　D. "仁"

三、简答题

1. 儒家学说成为我国 2000 多年封建文化的正统, 主要原因是什么? 对于

儒家思想，我们应采取什么正确态度？试举一例加以说明。

2. 司马迁说孔子学说"迂远则阔于事情"，秦始皇以"焚书坑儒"压制儒家学派，而汉武帝却采纳了"独尊儒术"的建议，分析说明儒学在战国、秦、汉命运不同的原因。

3. 董仲舒说："天之所大奉使之王者，必有非人力所能至而自至者，此受命之符也。"又说："诸不在六艺之科，孔子之术者，皆绝其道，勿使并进。"就上引言论，指出其思想核心，说明其社会根源，评价其作用和影响。

4. 康有为在《新学伪经考》中维护孔子，把孔子奉为主张变革的先师；而陈独秀、李大钊等批判孔子，指出孔子是"历代专制之护符"。从中国资本主义运动发展的背景中，分析上述现象并谈谈你的认识。

5. 1988 年，世界诺贝尔奖金获得者在巴黎集会发表宣言称："如果人类要在 21 世纪生存下去，必须回溯 2540 年，去吸取孔子的智慧。"全世界的科学巨匠为什么会发出"如果人类要在 21 世纪生存下去，必须回溯 2540 年，去吸取孔子的智慧"呼吁？孔子的思想精华对我们现代精神文明建设有什么重要意义？

第五章　国学之道家思想自测题

一、单项选择题

1. 下列是道家主张的是（　　　　）

A. "大丈夫"气概　　　　　　　B. 顺应自然

C. "兼爱"、非攻　　　　　　　D. 实行法治，建立中央集权

2. "泉涸，鱼相与处于陆，相呴以湿，相濡以沫，不如相忘于江湖。"是（　　　　）的表述

A. 《道德经》　　B. 《庄子》　　C. 《论语》　　D. 《孟子》

3. 公元前 6 世纪到公元前 2 世纪是人类文明的"轴心时代"，人类首次觉醒，理性思维所创造的精神文化决定着其后诸民族的文化走向。对于中国而言，最能体现这一特征的现象是（　　　　）

A. 百家争鸣　　B. 焚书坑儒　　C. 独尊儒术　　D. 崇儒尚佛

4. 易中天在央视《百家讲坛》讲《先秦诸子百家争鸣》时说：最近最热的一个词大概就是"救市"，而在两千年前的春秋战国时期也有一个需要——救世。先秦诸子就是出来救世的。这种"救世"出现的共同背景是（　　　　）

A. 奴隶制彻底瓦解　　　　　　B. 各家思想趋向合流

C. 社会矛盾尖锐　　　　　　　D. 争霸称雄局面结束

5. 在国语探究课上，学生从"如何遏制学生上课说话现象"的角度表达他们对诸子百家思想的理解。甲生说："这是品德问题，应该以德教化。"乙生说："这是违纪行为，应该严格惩罚。"丙生说："这是无意识的，要让学生自我觉悟。"他们的描述所对应的思想是（　　　　）

A. 甲：儒；乙：法；丙：道　　　B. 甲：儒；乙：道；丙：墨

C. 甲：墨；乙：法；丙：道　　　D. 甲：道；乙：墨；丙：儒

6. "贤者举而上之，富而贵之，以为官长；不肖者抑而废之，贫而贱之，以为徒役"。这句话主要反映了诸子百家中哪家的思想（　　　　）

A. 墨家思想　　　B. 儒家思想　　　C. 道家思想　　　D. 法家思想

7. "天下难事，必作于易；天下大事，必作于细"出自（　　　　）

A.《易经》　　　B.《道德经》　　　C.《墨子》　　　D.《庄子》

8. 不是庄子理想人格的标志的是（　　）

A. 这种人了解人生痛苦的根源。

B. 这种人懂得并掌握如何摆脱各种限制的方法和途径。

C. 这种人有超凡的精神境界和脱俗的生活方式

D. 这种人了没有缺点。

9.《淮南子》融合了儒、法、阴阳各家的思想，但其主要思想是（　　）。

A. 道家　　　B. 墨家　　　C. 农家　　　D. 兵家

10. 提出"越名教而任自然"的法哲学思想的是（　　　　）。

A. 嵇康　　　B. 王弼　　　C. 郭象　　　D. 杜预

11. 我国古代世界级的哲学家是（　　A　　）

A. 老子　　　B. 孙子　　　C. 张衡　　　D. 成吉思汗

12. "天下莫柔弱于水，而攻坚强者莫之能胜"——《老子》。

以上言论反映的思想是（　　　　）

A. 唯物论思想　　B. 辩证法思想　　C. 无为而治思想　　D. 民本思想

13. 以下对庄子的评述，正确的是（　　　　）

① 提出齐物观点　② 他认为君主是最尊贵的

③ 他的哲学是唯物主义的　④ 他鄙视富贵利禄痛恨不平

A.①④　　　B.②③　　　C.①③　　　D.②④

14. 东汉初，面对经济凋敝，社会动荡，刘秀以"柔道"治国，其根本指导思想是（　　　　）

A. 倡导仁政的儒家　　　　　B. 主张严刑酷法的法家

C. 力主兼爱非攻的墨家　　　D. 主张清静无为的道家

15. 魏晋南北朝时期，用老庄思想解释儒家易经的玄学与佛、道风行一时，影响着统治者的政策和社会风气，此时的儒学（　　　　）

A. 保持传统地位不变　　　　B. 遭到统治者的打击

C. 被社会遗弃　　　　　　　D. 社会地位空前提高

16. 以下有关道教的叙述，正确的是（　　　　）

① 是中国土生土长的宗教　　　② 主要经典是《太平经》

③东晋时经葛洪改造而官方化　④萧梁时陶弘景建立起神仙体系

　　A.①②③　　　　B.②③④　　　　C.①②④　　　　D.①②③④

17.唐朝皇帝大都重视宗教的作用，推行三教并行的政策。这三教是（　　　）

　　A.道教、佛教、伊斯兰教　　　　B.道教、儒教、基督教

　　C.伊斯兰教、景教、基督教　　　　D.道教、佛教、儒教

18.道家的政治学说以（　　　　）为思想核心。

　　A.王道　　　　　　B.法自然　　　　C.无为而治　　　　D.非攻

19.下列说法不正确的是（　　　　）

　　A.《淮南子》可以说是汉初黄老之学的总集，其核心思想是内以治身，外以治国。

　　B.道教出现后，老子被尊为"太上老君"，道教称其是太上老君的第一个化身。

　　C.隋唐道教重玄学与宋元道教内丹心性学，都是既有宗教特征又有哲学特征的思想学说。

　　D.王弼提出的"得意忘言"说，是中国哲学史上思维方式的重大变革，有着里程碑式的意义。

20.战国时期，一些思想家在一起进行辩论，根据下列卷文字，判断哪些学派的思想家参加了这次聚会？"兼相爱，交相利""窃钩者诛，窃国者诸侯""明主峭法而其刑，威势之町以禁暴，而德厚之不足以止乱"（　　　　）

　　①儒家　②墨家　③道家　④法家

　　A.①②④　　　　B.①②③　　　　C.①③④　　　　D.②③④

21.黄老思想作为政治上的指导思想，在社会上居于支配地位的历史时期是（　　　　）

　　A.从汉高祖到汉武帝即位

　　B.从西汉建立之前到汉武帝即位

　　C.从汉高祖到汉武帝之后

　　D.从西汉建立之前到汉武帝以后

22.下列有关黄老治学的介绍，不正确的是（　　　　）

　　A.黄老之学适应了西汉强化中央集权形势发展的需要

　　B.黄老之学，对西汉迅速恢复元气起了推动作用

C. 黄老之学的内容包括"养身"和"治国"两个方面

D. 道家学派中的黄帝学说和道家学派中的老子学说

23. 西汉初，统治者尊崇黄老之学的根本原因是（　　　）

A. 适应西汉初经济恢复和巩固统治的需要　　　B. 儒家思想已经过时

C. 统治者对黄帝和老子的敬仰　　　　　　　　D. 黄老之学宣扬无为思

24. 诸子思想中，体现了"可持续发展观"，指出人与自然应和谐相处的有（　　　）

A. 荀子　庄子　　　　　　　　　　　　　B. 孟子　老子

C. 老子　荀子　　　　　　　　　　　　　D. 庄子　墨子

25. 家中老人时常教育后代说："为人处世不可有贪心，衣能遮体，食能果腹，足矣""遇事要冷静，做到以静制动"。显然老人继承了中国传统文化中的（　　　）

A. 儒家思想　　　B. 道家思想　　　C. 墨家思想　　　D. 法家思想

26. 成语"萧规曹随"反映的汉初主要的政治统治思想是（　　　）

A. 儒家的"仁政"思想　　　　　　　B. 道家的黄老之学

C. 墨家的"兼爱"思想　　　　　　　D. 法家的法治思想

27. 从成语典故、日常生活用语"醍醐灌顶、修身养性、三纲五常"能看出下列各教派对中国传统文化发生影响的有：（　　　）

（1）佛教　（2）道教　（3）墨家　（4）儒教

A.②③④　　　B.①②③　　　C.①③④　　　D.①②④

28. 在"国学大师"文怀沙先生书房内有一块匾额，匾额上有"正、清、和"三个大字，这三个字体现了老先生对传统文化的崇尚。下列有关解释正确的是（　　　）

A. 正、清、和分别是道、佛、儒的精神内涵

B. 正、清、和分别是法、佛、道的精神内涵

C. 正、清、和分别是儒、道、佛的精神内涵

D. 正、清、和分别是法、道、儒的精神内涵

29. 春秋战国时期诸子百家的世界观、人生观，为塑造中华民族的民族性格奠定了基础。与儒家、墨家、道家、法家所崇尚的理想人格相对应的排列组合是（　　　）

A. 君子、侠客、隐士、英雄　　　　　B. 英雄、侠客、隐士、君子

C.君子、侠客、英雄、隐士　　　　D.英雄、隐士、侠客、君子

30."既来之，则安之"、"祸起萧墙"，"望洋兴叹"、"五十步笑百步"分别出自 （　　　　　）

A.《庄子》《老子》《论语》《孟子》

B.《论语》《荀子》《孟子》《老子》

C.《论语》《孟子》《荀子》《庄子》

D.《论语》《论语》《庄子》《孟子》

二、多项选择题

1."百家争鸣"局面出现的社会原因有 （　　　　　）

A.井田制崩溃　　　　　　　　　B."士"阶层的活跃和受重用

C.周王室衰微、诸侯士大夫崛起　D.学术下移，私学兴办

2.下列是老子主张的有 （　　　　　）

A.一切要顺应自然

B.提倡清静无为、知足寡欲

C.矛盾对立的双方是相互依存，不断转化的

D.用兵要奇

3.下列与道家思想有关的是 （　　　　　）

A.人与自然和谐相处　　　　　　B.辩证看问题

C.以柔克刚、以弱胜强　　　　　D.平等博爱、提倡节俭、重视人才

4.老子最重要的思想是"道"。"道"是他用以观察和认识世界的最高范畴。对"道"的理解正确的是 （　　　　　）

A.道是构成世界的本体。　　　　B.道是创造宇宙的原动力

C.道是天地万物运转的法则　　　D.为人之道

5.下列出自《道德经》的有 （　　　　　）

A.知人者智，自知者明　　　　　B.祸兮福所倚，福兮祸所伏

C.千里之行，始于足下　　　　　D.是以兵强则灭，木强则折

6.黄老之学说法正确的是 （　　　　　）

A.黄老之学，是指由老学与黄帝崇拜结合而形成的学说

B.黄老之学是借黄帝之名，宗老子之学，兼取儒、法、阴阳各家而建立起来的

C.黄老之学实质上是道家的一种政治哲学

D. 宗旨是以"因性任物"、"虚静自持"，达到政治上的"无为而治"。

7. 下列说法正确的是（　　　　　）

A. 魏晋玄学是在魏晋时期崛起并极盛一时的一股新的哲学思潮。

B. 魏晋玄学上接汉代道家的自然无为和"以无为本"的基本思想，以《周易》、《老子》、《庄子》所谓的"三玄"为主要的经典依据。

C. 魏晋玄学的创始人是何晏和王弼，他们侧重注解《老子》，发挥老学，通过有无之辩，以道释儒。

D. 何晏与王弼等，则着重发挥了《庄子》思想，要超越名教而纯任自然。此为玄学的两大流派。

8. 道家思想的基本精神表述正确的是（　　　　　）

A. 道统万物，尊道循道的理性精神

B. 返璞归真，崇尚自然的价值观念

C. 追求自由平等和个性解放的人道主义精神

D. 不为物役，宠辱不惊的独立风骨

E. 以弱胜强、以柔克刚的辩证思想

9. 道家思想的现代意义有（　　　　　）

A. 顺应自然、和谐发展　　　　B. 宠辱不惊、调适心理

C. 谦下不争、人际协调　　　　D. 廉俭自律、抑奢戒骄

10. 下列说法正确的有（　　　　　）

A. 充满现实主义和浪漫主义的色彩，寓说理于寓言和生动的比喻中，形成独特的风格。

B. 《逍遥游》全篇一再阐述无所依凭的主张，追求精神世界的绝对自由。

C. 《齐物论》包含齐物与齐论两个意思。庄子认为世界万物包括人的品性和感情，看起来是千差万别，归根结底却又是齐一的，这就是"齐物"。

D. 庄子认为各种各样的学派和论争都是没有价值的。是与非、正与误，从事物本于一体的观点看也是不存在的。

11. 道家提倡实行愚民政策，消除人们对物质和精神生活的追求，主张（　　　　　）。

A. "绝仁弃义"　　　　　　B. "绝圣弃智"

C. "绝巧弃利"　　　　　　D. "立公弃私"

E. "弃礼废道"

12.汉初黄老学派的法律思想包括：（　　　　）。

A.无为而治，"与民休息"　　　　　B.文武并用，"德刑相济"

C."罚不患薄"，约法省刑　　　　　D."轻徭薄赋"，"以粟为赏罚"

13.关于《庄子》的艺术成就表现说法正确（　　　　）

A.它善于通过形象的比喻和情节性强的寓言故事说理。

B.《庄子》想象丰富，构思奇特，大胆夸张，波诡云谲，意境雄阔，具有浓厚的浪漫主义色彩。

C.《庄子》的语言运用，在诸子中成就最高。

D.《庄子》一书带有强烈的主观性和浓郁的抒情性。

14.下列说法正确的是（　　　　）

A.秦汉新道家的思想特征在于治国实用，在哲学的形上思想方面殊少贡献。

B.从秦汉至魏晋道家思想的演变皆是在中国思想体系内部调适进行的。

C.隋唐道教重玄学却采用了宗教的形式，没有传承老庄哲学的义理"道统"。

D.宋元内丹心性学既以儒、释、道三家的义理之学为基础，又突出表现为道教的身心修炼，故可视为古代哲学与科技的自然结合。

15.道家"道"的含义正确的理解有（　　　　）

A.道是法则。

B.是一个过程。

C.是万物的本体和来源。天地万物都是由道演化而来。

D.道是物质运动的规律，道是天地万物变化的终极原因。

三、简答题

1.为什么道家思想没能在中华民族文化体系中占到主体地位，但却对整个民族的艺术发展起到举足轻重的作用呢？

2.简述道家法律思想的主要内容。

3.说一说道家思想的发展过程。

4.结合生活实际和所学内容，分析道家和儒家互补关系。

5.结合自身特点或社会现实从某一方面深入论述道家思想的现实意义。

（要求：内容有理有据，格式符合论文基本要求，字数：3000—5000字。）

第六章 国学之佛教文化自测题

一、单项选择题

1. 佛教创始人是（　　　　　　）
A. 乔达摩·悉达多　　B. 耶稣　　　C. 菩提达摩　　　D. 穆罕默德

2. 中国最早的佛教寺庙是（　　　　　　）
A. 少林寺　　　　　　B. 白马寺　　C. 戒台寺　　　　D. 相国寺

3. 禅宗初祖是（　　　　　　）
A. 慧能　　　　　　　B. 弘忍　　　C. 达摩　　　　　D. 玄奘

4. 被称为中国佛教禅宗祖庭的庙宇是（　　　　　　）
A. 灵隐寺　　　　B. 寒山寺　　　C. 金山寺　　　D. 少林寺

5. 唯一被称为经的中国人佛教著作是（　　　　　　）
A.《坛经》　　B.《金刚经》　　C.《地藏经》　　D.《观音经》

6. 阐述佛教地狱观的经文是（　　　　　　）
A.《金刚经》　　B.《地藏经》　　C.《楞伽经》　　D.《百喻经》

7. 阐述佛教天堂观的经文是（　　　　　　）
A.《心经》　　B.《金刚经》　　C.《阿弥陀经》　　D.《观音经》

8. "菩提本无树，明镜亦非台；本来无一物，何处惹尘埃？"偈语作者是（　　　　　　）
A. 达摩　　　　　B. 玄奘　　　C. 神秀　　　D. 惠能

9. 佛教的第一部经文是（　　　　　　）
A.《阿含经》　　B.《百喻经》　　C.《圣经》　　　D.《诗经》

10. 汉明帝从西域请来迦叶摩腾和竺法兰于寺中译出第一部汉文佛经是：（　　　　　　）
A.《僧祇戒心》　　B.《四十二章经》C.《昙无德羯磨》　D.《六度集经》

11.佛门弟子称释迦牟尼佛为 （   ）

A.本师   B.亲师   C.座师   D.业师

12.代表智慧的菩萨是 （   ）

A.文殊菩萨   B.普贤菩萨   C.地藏菩萨   D.观音菩萨

13.代表慈悲的菩萨是 （   ）

A.地藏菩萨   B.观音菩萨   C.文殊菩萨   D.弥勒菩萨

二、多项选择题

1.佛教进入中国后形成三大系，即 （   ）

A.汉地佛教   B.藏传佛教   C.云南上部座佛教 D.多闻部

2.“四谛"即佛教所讲的四个真理，故称"四圣谛"，有 （   ）

A.集谛   B.灭谛   C.苦谛   D.道谛

3.中国佛教四大仙山指的是 （   ）

A.峨眉山   B.普陀山   C.九华山

D.五台山   E.蓬莱山

4.代表佛法的四大菩萨指的是 （   ）

A.地藏菩萨   B.观音菩萨   C.文殊菩萨

D.普贤菩萨   E.韦驮菩萨

5.传说中的海外三仙山指的是 （   ）

A.蓬莱   B.方丈   C.瀛洲   D.天姥

6.“三毒"烦恼是指 （   ）

A.贪   B.瞋   C.痴   D.怨

7.“五欲"包括 （   ）

A.财   B.色   C.名   D.食   E.睡

8.“四无量心"是指 （   ）

A.慈   B.悲   C.喜   D.舍

9.中国三大石窟建筑是 （   ）

A.大同龙门石窟 B.洛阳云冈石窟 C.敦煌莫高窟   D.天水麦积山石窟

三、简答题

1.怎样看待佛教？

2.怎样理解佛教是教育？

3.佛教的三世因果是什么？

4. 六道轮回指什么？

5. 怎样理解因果报应？

6. 怎样理解一门深入？

7. 怎眼理解"戒"？

8. 怎样理解"圆满"？

9. "破迷开悟"破什么？悟什么？

10. 佛教发展经历哪几个阶段？

11. 佛教经历的第一次分裂是什么？

12. 佛教在中国的传播经历几个阶段？

13. 大乘佛法的义理是什么？

14. 布施包括哪些方式？

15. 居士指哪些人？

16. 《百喻经》有如下故事，请谈自己的理解。

有一个蠢人，准备用牛奶宴请朋友。他想：我现在把牛奶储存起来，牛奶会逐渐多起来，以致无法储存，还会发酵变坏，不如放在牛肚子中装着，等宴会时再挤出来。于是，他把母牛和小牛分别拴在不同地方。

一个月后，他举行了宴会，安顿好客人后，他牵出牛，打算挤奶，但牛的乳房已干瘪得挤不出牛奶。

17. 谈谈对《百喻经》"乘船失钵"的看法。

有一个人乘船时，把一个银钵掉到海里，他立时在船边画了记号，想有时间再回来捞取。

两个月后，他到了师子国，看到一条河，就跳进水里找他的银钵。别人问他在干什么，回答说找丢失的银钵。又问他什么地方丢的，丢失多长时间，他答说，刚入海时丢的，丢了两个多月了。

众人质问他：丢了两个月了，为什么要在这里找呢？

他答曰：我丢钵时，曾对水面画了记号，这里的水和我画记号的水完全一样，所以我在这里找。

阅读下面的现代诗，回答问题。

大肚弥勒

——寺游偶感

春、夏、秋、冬

——你四季乐

苦、辣、酸、甜

——你全不说

到哪儿

都是坐着!

从不跟谁抢镜头

从不跟谁

——争秋色!

啥时候

都是笑哈哈!

从没跟谁红过脸

从没跟谁

——发过火!

多么大的涵养

多么好的

——性格

真是好人多磨难呵!

就连你

也没躲过

——那场祸?

胳膊打断

——脑瓢裂!

满肚子的冤枉

鼓成锅!

真是逼着哑巴说话呀!

如今你也

——开了戒

好像正在说:

你们容不得别人

也容不得我!

请问——

哪里去找

这样好的公民？

什么样的日子

——都能过

不吃、也不喝……

18. 《寺游偶感》反映了那个历史时期的社会现象？

19. 该时期对待宗教及佛教的态度如何？

20. 应该怎样对待佛教建筑？

第七章　国学折射出的中国传统文化基本特征和民族文化精神自测题

一、单项选择题

1. 中国传统文化是以（　　　　　）为特征的伦理政治型文化。

A. 趋善求治　　　B. 惩恶求善　　　C. 自信达观　　　D. 自强不息

2. 中国古代文化中的"三玄"是指（　　　　　　）

A.《周易》《山海经》《道德经》　　B.《周易》《老子》《庄子》

C.《大学》《中庸》《孟子》　　　　D.《论语》《孟子》《韩非子》

3. 中国传统文化事实上是一种伦理型文化，也可以称为是（　　　　　）文化。

A. 崇智　　　　　　B. 崇德　　　　　　C. 崇文　　　　　　D. 崇礼

4. 中国传统文化特别重视个人道德修养和人格完善，并以成（　　　　　）作为最高的理想境界。

A. 君　　　　　　　B. 仁　　　　　　　C. 圣　　　　　　　D. 义

5. 儒家以为，和谐的最高境界是（　　　　　）。

A. 天人合一、中庸之道　　　　　　B. 天人合一、和谐之道

C. 大同理想、中庸之道　　　　　　D. 大同理想、和谐之道

6. 农业文明简单重复的生产方式决定了中国传统文化具有（　　　　　）的特点。

A. 注重实际，追求安稳　　　　　　B. 自信达观，勤劳勇敢

C. 自强不息，注重变通　　　　　　D. 以人为本，勤劳勇敢

7. 王守仁的心学针对理学偏离"现实"的倾向提出过的观点是（　　　　　）。

A. 知易行难　　　B. 轻言重行　　　C. 知行合一　　　D. 重行轻知

8. 中国四大发明是（　　　　　）高度发达的证明。

A. 智慧结晶　　　B. 道器观念　　　C. 哲学艺术　　　D. 实用技术

9. "未知生，焉知死"这句话出自（　　　　）。

　　A.《孝经·圣治章》　　　　　　　B.《论语·先进》

　　C.《尚书·酒诰》　　　　　　　　D.《礼记·丧礼》

10. 在中国的历史发展过程中，人们用来支撑的精神信念和维系社会关系的是（　　　　）。

　　A. 道德理性　　　B. 神鬼崇拜　　　C. 忠君思想　　　D. 仁义观念

11. 中国古代道家思想看似虚玄，然而其真正的目的却是为了（　　　）。

　　A. 无为　　　　B. 无不为　　　　C. 养生　　　　D. 消极避世

12. 古代最早提出"天"这个概念的人是（　　　）

　　A. 老子　　　　B. 荀子　　　　C. 孟子　　　　D. 孔子

13. 被认为是中国传统文化中最核心的精神、最基本的思维方式、最醇美的生活理想和人生的最高境界是（　　　）。

　　A. 和谐共通　　　B. 以和为贵　　　C. 知行合一　　　D. 天人合一

14.《荀子·哀公》曰："丘闻之，君者舟也，庶人者，水也，水则载舟，水则覆舟，君以此思危，则危将焉而不至矣!"，这就是著名的（　　　）论。

　　A. 内圣外王　　　B. 载舟覆舟　　　C. 天人合一　　　D. 中华一统

15. "不偏之谓中，不易之谓庸"这句话出自（　　　）。

　　A.《论语》　　　B.《易经》　　　C.《中庸》　　　D.《道德经》

16. 林语堂在《中国人》一书中认为（　　　）是中国文化最伟大的品质，它也将成为成熟后的世界文化的最伟大的品质。

　　A. 宽容　　　　B. 和谐　　　　C. 忠诚　　　　D. 仁义

17. 儒家对于合"义"之私利并不提倡，甚至有时还把（　　　）的人称之为"小人"。

　　A. 重义轻利　　　B. 贪污腐败　　　C. 贪图享乐　　　D. 追逐私利

18. 以（　　　）为单位的集体主义，是儒家群体至上的价值体现。

　　A. 个人　　　　B. 家庭　　　　C. 家族　　　　D. 国家

19. 在苏武、岳飞、文天祥、于谦、谭嗣同等民族英雄的身上共同体现了传统文化的价值取向是（　　　）。

　　A. 群体至上　　　B. 自强不息　　　C. 舍生取义　　　D. 忧患意识

20.《史记》载老子曾经赠言孔子，以为孔子的（　　　）品行会伤害自身。

A. 不屈不尧　　　B. 正道直行　　　C. 重义轻利　　　D. 自强不息

21. "忧患"一词最早出现在《易传》和（　　　　）。

A. 《尚书》　　　B. 《论语》　　　C. 《孟子》　　　D. 《中庸》

22. 忧患意识在殷商时代表现为人们臣服于（　　　　）的意志。

A. 上天　　　　　B. 君王　　　　　C. 圣人　　　　　D. 群体

23. 中国远古神话中的女娲补天、夸父逐日、精卫填海、刑天舞干戚等表现了中华民族的（　　　　）精神。

A. 忧患意识　　　B. 舍生取义　　　C. 勤劳勇敢　　　D. 自强不息

24. 《论语》中孔子说："沽之哉！沽之哉！我待贾者也"，这句话体现了（　　　　）精神。

A. 天人合一　　　B. 自强不息　　　C. 仁义忠君　　　D. 舍生取义

25. 孔子认为，用的（　　　　）手段可以规定和谐的界限。

A. 执中　　　　　B. 修身　　　　　C. 仁义　　　　　D. 忠孝

二、多项选择题

1. 国学所折射出来的中华民族文化基本特征是（　　　　）

A. 注重人伦、孝行德施　　　　　B. 注重自然、和谐统一

C. 注重实际、强调安稳　　　　　D. 注重理性、乐于施教

2. 《国语·郑语》称："商契能和合五教，以保于百姓者也，五教和合能使百姓安身立命"，其中"五教"除了父义、母慈之外是指（　　　　）

A. 忠君　　　　　B. 兄友　　　　　C. 弟恭　　　　　D. 子孝

3. "贵和持中"的传统使得中国文化对于（　　　　）关系的阐释颇具特色、极富价值。

A. 天人　　　　　B. 人我　　　　　C. 自身　　　　　D. 家族

4. 以下句子表示用"忠"、"孝"原则来处理处理个人与社会、与他人的关系的有（　　　　）

A. "其为人也孝悌，而好犯上者鲜矣。不好犯上，而作乱者，未之有也"

B. "夫仁者，己欲立而立人，己欲达而达人"

C. "老吾老以及人之老，幼吾幼以及人之幼"

D. "君子求诸己，小人求诸人"

5. 中国古代民族文化精神中"忧患意识"蕴含的意义包括（　　　　）

A. 悲天悯人　　　B. 天人合一　　　C. 承担责任　　　D. 群体至上

6. "忧患意识"旨在通过完善人类自身道德、展现人类现实力量并顺应 "天命"的言行包括了（　　　　）

A. 《尚书》中的周代文献训诫人们注重自身之"德"

B. 孔子强调礼义仁爱

C. 诸子百家努力探讨人性善恶

D. 爱国诗人屈原九问苍天

7. 中国古代思想家编制的以孝促"忠"的各种"家训"典籍有（　　　　）

A. 《韩诗外传》　　　　　　　　B. 《诫子书》

C. 《戒先兄子严敦书》　　　　　D. 《女诫》

8. 中国传统文化的二重性特色包括（　　　　）

A. 重伦理　　　　B. 倡忠义　　　　C. 重智慧　　　　D. 倡道德

9. 中国古代民族文化精神包括（　　　　）

A. 中华一统　　　B. 民惟邦本　　　C. 贵和执中　　　D. 舍生取义

10. 孔子所倡导的五德包括（　　　　）

A. 惠而不费　　　B. 劳而不怨　　　C. 欲而不贪　　　D. 泰而不骄

11. 儒家以"人"为本的说法包括（　　　　）

A. "子不语怪、力、乱、神"

B. "务民之义，敬鬼神而远之，可谓知矣"

C. "未能事人，焉能事鬼"

D. "未知生，焉知死"

12. 为中国古代文化提供思想资源的主要理论体系是（　　　　）

A. 儒　　　　　　B. 道　　　　　　C. 法　　　　　　D. 佛

13. 张岱年认为，中国哲学中"天人合一"观点主要包含的意义是（　　　　）

A. 人是天地生成的，人的生活服从自然界的普遍规律

B. 自然界的普遍规律和人类道德的最高原则是一而二、二而一的

C. 人可以无限制地主导自然和改造自然

D. 自然是人智慧的结晶

14. 以下彰显了以民为本的观念的句子包括（　　　　）

A. "夫民，神之主也"

B. "国将兴，听于民；将亡，听于神"

C. "民和而后神降之福"

D. "君子和而不同，小人同而不和"

15. 孔子说："君子求诸己，小人求诸人"，"求诸己"的意思包括了（　　　　）

A. 不强调客观，不指望别人，一切靠自己

B. 认为政治应由贤德的人来做，如有贤德的人在位，则必以民之好为好

C. 必须臣服于"上天"的意志

D. 不断修养自己，提高自己

三、简答题

1. 中国传统文化的基本特包括哪几个方面？试简单论述。

2. 中国古代和谐思想与"等同"思想的关系是什么？

3. 天人合一思想的内容和积极意义是什么？

4. 中国古代思想"天命观"的积极面与消极面是什么？

5. 中国古代民本主义思想的局限性表现在哪里？

6. 中国传统思想中"知行"关系的发展和体现在哪里？

7. 中庸思想的积极意义和消极意义是什么？

8. 中国古代支撑人们的精神信念和维系社会关系是什么？

9. 中国传统文化的优点包括哪几个方面？试简单论述。

10. 如何才能做到培育民族精神，弘扬民族文化？

参考答案

第一章　国学概说

一、单项选择题

1.B　2.A　3.D　4.C　5. A　6. B　7. A　8. B　9. C　10.B　11.A　12.C　13.A　14.A　15. A　16. D

二、多项选择题

1. AB　2. BCD　3. BC　4. ABCD　5. BC　6. ABCD　7. ABCD　8. ABCD

9. BD　10. ABCD　11. BCD

三、简答题

1. 答："国"一词，始于清代。国学，是指中国学术而言，也就是中国一切学问的总称。国学与西学是相对的。西学是泛指西方的一切学术而言。自清代鸦片战争以后，西方文化输入中国，始有"西学"、"国学"的名称。

2. 答：中国人称自己本国的学术为"国学"，即指中国的一切学问；西方学者则称中国的学术为"汉学"，也有称"华学"或"中国学"，甚至有些地区称中国学术为"支那学"、"中国研究"、"东方研究"、"远东研究"等。尽管名称有别，但内涵相同。

3. 答：国学的范围很广，清乾隆年间，姚鼐（1732 年—1815 年）将中国学问分为义理之学、考据之学、辞章之学。同治年间，曾国藩（1811 年—1872 年）更主张增添经世之学（又名经济之学），始为完备。在这四类中，每一类又涵盖着一些类别，如考据之学是实事求是地考查真相的学问，可细分为三项：考求文字的真相；考求书籍的真相；考求文物的真相，包括音韵学、文字学、目录学、训诂学等。

义理是研究国学的思想理论，内涵精神之学，也可细分为下列诸项：经

283

学、诸子学、魏晋玄学、道教神仙之学、六朝隋唐佛学、宋明理学、清代的汉学与宋学、儒家。

经济之学传统的经世之学借鉴现代科学的分类方法可以分列为下述三项：自然科学、社会科学、应用科学。包括天文学、地理学、数学、物理学、生物学、氏族学、史学、兵学、水利学、农桑学等。

辞章之学又称文艺之学，包括文学与艺术两项内容，有诗学，词学，曲学，赋学，戏剧学，小说学、音乐学，书法学，绘画学，舞蹈学，雕塑学等。

4. 答：一要有文献根底中国的传统学术集中于经、史、子、集四部之中，这是我们进行国学研究的基本资料库。二要重小学基础要掌握文字、音韵、训诂的基本方法，这是从事国学研究的基础。小学属于"语言文字学"。因为是古代小学生的东西，所以叫"小学"。即现在的文字、音韵、训诂学，这是阅读古代典籍之前具备的学术素养。明训诂、辨章句、通旨趣、括精要是读书的四个步骤。文字学就是研究中国文字的形成，比如象形、指示、会意、转注等。音韵学就是研究中国古代文字的读音。"训诂学"是研究语言文字意义的一门学问。训者，顺也，指顺其义理、语气而理解其文意；诂者，故也，指通古今之言，而明其故。三要以实证为法国学研究很大程度上是文献研究和历史研究，因为其中很多现象、事件、思想，与我们现在的环境有很大不同，我们必须还原过去的"情景"才能想清楚，才能明白为什么会出现这样而不是那样的结果。二重证据法是王国维提出的，是将传世文献和出土文献进行对比，可解析传世文献记载中没有说清楚的问题。后这个方法发展成三重证据法，就是传世文献、出土文献和出土实物进行对照。这是考古学常用的方法。四要能纵横兼通。研究国学很大程度上要对中国古代的历史、思想、文化和艺术进行概括，这就要求我们有一个历史时空观，才能准确地看出某一人和事在特定的历史时期的作用。通常我们把一个现象放在一个特定的空间内进行研究，如地域文学、地域文化、区域风俗、方言等，正是用空间的视角加以考察的。或者运用时间建立一个坐标体系，把某一现象放在这坐标中看，就很容易清晰地看出其前后变化的意义、内涵和特征，同时再联系当时的政治、经济、文化、社会的因素，就能看出这个现象产生的背景。

5. 答：《四库全书》是乾隆皇帝亲自组织的中国历史上一部规模最大

的丛书。1772 年开始，经十年编成。丛书分经、史、子、集四部，故名四库。据文津阁藏本，该书共收录古籍 3503 种、79337 卷、装订成三万六千余册，保存了丰富的文献资料。"四库"之名，源于初唐，初唐官方藏书分为经史子集四个书库，号称"四部库书"，或"四库之书"。经史子集四分法是古代图书分类的主要方法，它基本上囊括了古代所有图书，故称"全书"。清代乾隆初年，学者周永年提出"儒藏说"，主张把儒家著作集中在一起，供人借阅。

6. 答：汉代经学的形成，标志着中国文化谱系的形成，也意味着知识分子和统治集团在意识形态领域开始达成共识，他对中国政治制度的深刻影响，一直延续到清末帝制的结束。而对中国文化的浸润作用，到现在仍在延续。经学以其形态，充当了中国传统政治意识形态儒学的基础性学说。

7. 答："子"字原指男子，其后作为男子的美称。古代士大夫嫡子以下，皆称夫子。从孔子起，开始有私人讲学，孔子的门人尊称孔子为"夫子"，简称"子"。自此相沿成风，弟子纂述老师思想言行的书籍，便以"子"为称呼，这便是子书命名的由来。

8. 答：概而言之，中国哲学主要关注如下几个问题：一是天人论。二是本体论。三是名实之辨。四是运行之理。

9. 答：视角决定内容，内容决定方法，中西哲学之间的方法差异也是非常鲜明的。

一是求道理与求知识的不同。西方哲学注重追求对知识性的掌握，而中国哲学追求的是道理，即侧重探讨天地运行和社会运行中所蕴涵的伦理和道德。西方哲学求知识是注重研究客观规律，而不甚关注这些规律的文化意蕴和伦理意义，在思考的时候强调细部分析；而中国哲学追求的是整体的观照。

二是主体化和对象化的不同。中国哲学在讨论问题的时候，常常是将对象主体化。西方哲学常常采用对象化的方法，把要分析的事物作为客体，即把它作为一个客观存在加以思考。

三是重整体和重个体的不同。中国哲学或者中国学术对万物进行讨论的时候是从整体着眼的。重视整体的圆融观照，更关注物与人、天与人、人与人交际的领域，并将各种关系作为讨论的焦点。

四是重变异和重概括的不同。西方学术强调使用计量的方法来分析，而后通过归纳或演绎将各种现象概括出来，并通过形而上来概括描述自然、社会、人生的规律，这种概括更多是看到了事物的不变性。而中国哲学看来，天下万物都在变化，变化的事物是无法概括的。中国哲学不追求对一个事物进行准确的概括，而侧重用通变的观点来审视事物的演进。经学以其形态，充当了中国传统政治意识形态儒学的基础性学说。

10. 答：司马迁的《史记》、班固的《汉书》、范晔的《后汉书》、陈寿的《三国志》皆以纪传为体，称为"四史"。

第二章　国学群经略说

一、单项选择题

1. A　2. D　3. B　4. D　5. B　6. C　7. C　8. A　9. D　10. C　11. B　12. A　13. A　14. C　15. A　16. B　17. C　18. C　19. B　20. A　21. B　22. C　23. B　24. A　25. A　26. B　27. A　28. D　29. A　30. C

二、多项选择题

1. AB　2. ABCD　3. ABCD　4. ABCD　5. AB　6. ABC　7. ABCD　8. BCD　9. BCD　10. ABCE　11. ABC　12. ABCD　13. ABCD　14. ABC　15. ABCD

三、简答题

1. 答：（1）"四书五经"在传统文化中的地位："四书五经"是中国传统文化的重要组成部分，是儒家思想的核心载体，更是中国历史文化古籍中的宝典。儒家经典"四书五经"包含内容极其广泛、深刻，其在世界文化史、思想史上具有极高的地位。

（2）"四书五经"在传统文化中的影响：①"四书五经"翔实地记载了中华民族思想文化发展史上最活跃时期的政治、军事、外交、文化等各方面的史实资料及影响中国文化几千年的孔孟重要哲学思想。②历代科兴选仕，试卷命题无他，必出自"四书五经"足见其对为官从政之道、为人处世之道的重要程度。③时至今日，"四书五经"所载内容及哲学思想仍对我们现代人具有积极的意义和极强的参考价值。④"四书五经"在社会规范、人际交流，社会文化等产生不可估量的影响，其影响播于海内外，福荫子孙万代。"四书五经"延续中华文化的千古名篇，人类文明的共同遗产。

2. 答：（1）《十三经》的内容：《十三经》是指在南宋形成的十三部儒家经典，分别是《诗经》《尚书》《周礼》《仪礼》《礼记》《周易》《左传》《公羊传》《谷梁传》《论语》《尔雅》《孝经》《孟子》。

(2)《十三经》的形成过程：

①汉朝：汉朝时，以《易》《诗》《书》《礼》《春秋》为"五经"，立于学官。

②唐朝：唐朝时，《春秋》分为"三传"，即《左传》《公羊传》《谷梁传》；《礼经》分为"三礼"，即《周礼》《仪礼》《礼记》。这六部书再加上《易》《书》《诗》，并称为"九经"，也立于学官，用于开科取士。

③晚唐：唐文宗开成年间，在国子学刻石，内容除了"九经"之外，还加上了《论语》《尔雅》《孝经》。

④五代：五代十国时后蜀国主孟昶刻"十一经"，收入《孟子》，而排除《孝经》《尔雅》。

⑤南宋：南宋时《孟子》正式成为"经"，和《论语》《尔雅》《孝经》一起，加上原来的"九经"，构成"十三经"，《十三经》正式形成。

3. 答：《四库全书》是乾隆皇帝亲自组织的中国历史上一部规模最大的丛书。编纂工作从1772年开始，经十年编成。丛书分经、史、子、集四部，故名四库。《四库全书》的内容十分丰富。按照内容分类分经、史、子、集四部分，部下有类，类下有属。全书共4部44类66属。

(1)经部收录儒家"十三经"及相关著作，包括易类、书类、诗类、礼类、春秋类、孝经类、五经总义类、四书类、乐类、小学类等10个大类，其中礼类又分周礼、仪礼、礼记、三礼总义、通礼、杂礼书6属，小学类又分训诂、字书、韵书3属。

(2)史部收录史书，包括正史类、编年类、纪事本末类、杂史类、别史类、诏令奏议类、传记类、史钞类、载记类、时令类、地理类、职官类、政书类、目录类、史评类等15个大类，其中诏令奏议类又分诏令、奏议2属，传记类又分圣贤、名人、总录、杂录、别录5属，地理类又分宫殿疏、总志、都会郡县、河渠、边防、山川、古迹、杂记、游记、外记10属，职官类又分官制、官箴2属，政书类又分通制、典礼、邦计、军政、法令、考工6属，目录类又分经籍、金石2属。

(3)子部收录诸子百家著作和类书，包括儒家类、兵家类、法家类、农家类、医家类、天文算法类、术数类、艺术类、谱录类、杂家类、类书类、小说家类、释家类、道家类等14大类，其中天文算法类又分推步、算书2

属，术数类又分数学、占侯、相宅相墓、占卜、命书相书、阴阳五行、杂技术7属，艺术类又分书画、琴谱、篆刻、杂技4属，谱录类又分器物、食谱、草木鸟兽虫鱼3属，杂家类又分杂学、杂考、杂说、杂品、杂纂、杂编6属，小说家类又分杂事、异闻、琐语3属。

（4）集部收录诗文词总集和专集等，包括楚辞、别集、总集、诗文评、词曲等5个大类，其中词曲类又分词集、词选、词话、词谱词韵、南北曲5属。除了章回小说、戏剧著作之外，以上门类基本上包括了社会上流布的各种图书。就著者而言，包括妇女，僧人、道家、宦官、军人、帝王、外国人等在内的各类人物的作品。

4.答：（1）天下之大道五，所以行之者三，曰君臣也，父子也，夫妇也，昆弟也，朋友之交也。五者天下之达道也。知（智）、仁、勇三者。所以行之者，一也。孟子解释这五伦关系是"父子有亲，君臣有异，夫妇有别，长幼有序，朋友有信。""好学近乎知（智），力行近乎仁，知耻近乎勇。知斯三者，则知所以修身。"

（2）教育人们自觉地进行自我修养、自我监督、自我教育、自我完善，把自己培养成为具有理想人格，达到至善、至仁、至诚、至道、至德、至圣、合外内之道的理想人物，共创"致中和天地位焉万物育焉"的"太平和合"境界。

（3）中庸的中心思想是儒学中的中庸之道，它的主要内容并非现代人所普遍理解的中立、平庸，其主旨在于修养人性。其中包括学习的方式：博学之，审问之，慎思之，明辨之，笃行之。也包括儒家做人的规范如"五达道"（君臣也，父子也，夫妇也，兄弟也，朋友之交也）和"三达德"（智、仁、勇）等。中庸所追求的修养的最高境界是至诚或称至德。

5.答：（1）《孟子》将《论语》的"仁"发展成"义"。他认为实行"仁政"，就必须"制民恒产"，让每家农户有百亩之田、五亩之宅，有起码的生产资料；"勿夺农时"，保证农民有劳动的时间；"省刑罚，薄税敛"，使人民有最低的物质生活条件；加强道德教育，使人民懂得"孝悌忠信"的道理。

（2）《孟子》把孔子的"人本"落实到"民本"，从而使他的政治思想更具有时代感。他说："民为贵，社稷次之，君为轻"（《孟子·尽心下》）。他认为君主只有得到人民的拥护，才能取得和保持统治地位，因此他主张国君要实行"仁政"，与民"同乐"。

(3)《孟子》把商周时期的"天德"思想和孔子的"仁爱"思想结合起来，阐述为"性善论"孟子认为，人性是善的，人生来都有最基本的共同的天赋本性，这就是"性善"或"不忍人之心"，或者说对别人的怜悯之心、同情心。

(4) 从"性善"论出发，《孟子》认为统治者有可能实行仁政；从"民本"说出发，统治者必须施行仁政，从而使"仁政"成为孟子主导的政治思想。

第三章　国学经典阅读指导与阅读实践

一、单项选择题

1. B　2. A　3. A　4. B　5. B　6. A　7. C　8. D　9. B　10. C　11. D
12. B　13. C　14. C　15. C　16. C　17. A

二、多项选择题

1. AB　2. ACD　3. ACD　4. ABCDE　5. ABC　6. ABD　7. ABD　8. ACDE
9. AC　10. BC　11. ABC　12. ABCD　13. ABCD　14. ABD　15. BCD　16. ABCD
17. ABCD

三、简答题
略

第四章　国学之儒家思想

一、单项选择题

1. A　2. D　3. C　4. B　5. D　6. A　7. C　8. C　9. B　10. C　11. D　12. A　13. A
14. C　15. C　16. D　17. B　18. C　19. C　20. A　21. C　22. D　23. D　24. C　25. B
26. A　27. C　28. D　29. A　30. C　31. D　32. B　33. A　34. B　35. A

二、多项选择题

1. AC　2. ACD　3. ABC　4. ABC　5. ACD　6. ACD　7. ABC　8. ABCD　9. AC
10. ACD

三、简答题

1. 答：儒家强调以民为本，反对苛政和任意刑杀，强调道德在人类社会政治生活中的重要作用。儒家思想在根本上，反映并体现了中国古代社会在社会结构、家与国家间的特殊联系基础上形成的伦理政治，注意学以致用，为当时社会的政治和经济服务。儒学思想家董仲舒等人改造和发展了儒学，使其适应封建专制主义统治的需要。

对于儒家文化和儒家思想，我们一定要正确对待，既要继承其精华，弘扬其优良部分，又要剔除其中的糟粕。

如儒家强调等级制度，朱熹将天下万物分为五个等级：汉、蛮、畜、植、矿，这显然是错误的。但它提倡尊老敬贤，孝敬父母等，则是我们今天仍应大力提倡的。

2. 答：战国时期儒家代表人物孟子在政治上主张实行"仁政"，强调"民为贵、君为轻"，提倡放宽刑罚，减轻赋税，保护农业生产，这些主张虽有一定的进步性，但在封建制度刚刚确立、战国纷争的背景下，靠仁政不可能实现统一。儒家被冷落的原因在于其政治主张距当时的现实太遥远。

秦朝时，方士攻击秦始皇实行郡县制，以古非今，站在封建专制主义制度的对立面，因此遭到镇压，儒家不仅不能为封建统治服务，而且落后于当时形势的发展。

汉武帝时，董仲舒适应了君主专制中央集权的需要，宣扬君权神授，提出了天下一统，为政治上统一提出了思想上统一的方案，因此获得了独尊的地位。

3. 答：

(1) 思想核心是"君权神授"与"独尊儒术"。

(2) 社会根源：汉武帝在位时期西汉王朝正处于上升时期，但也面临封建割据势力和匈奴入侵的威胁，社会需要一种思想理论来巩固统一的中央集权，为重建与其相适应的社会秩序服务。

(3) 影响和作用：董仲舒吸收了法家等有利于君主专制统治的成分，并将儒家思想披上了神的外衣，使其更适应于封建统治的需要，汉武帝采纳了"独尊儒术"建议后，禁止其他各派思想传播，从而使儒家思想成为封建社会占统治地位的思想。

4. 答：维新变法运动是在民族危机加深和中国资本主义产生与发展的情况下产生的。在中华民族还没有完全觉醒，封建主义还占主导地位的情况下，康有为借助封建思想的权威孔子来论证资产阶级维新变法的合理性，而否定了顽固派恪守祖训、反对变法的理论基础，为维新变法思潮涂上了一层保护色。把西方资本主义的政治理论与儒家传统道德相结合，为维新变法奠定了理论基础。康有为借助孔子宣传变法思想，在当时比较容易被社会接受，这也是资产阶级改良派的本质决定的。

新文化运动是在中国资本主义经济进一步发展，资产阶级强烈要求实行民主政治的情况下发生的。辛亥革命已经推翻了封建帝制，但对封建文化还没有进行彻底批判。北洋军阀继续用封建思想来禁锢人们的头脑。为打破封建思想束缚而兴起并蓬勃发展的新文化运动，是一场民主主义的思想解放运动，陈独秀等人直接打出民主和科学的旗帜，矛头指向儒家传统道德，批孔的意义在于批判封建正统思想的理论基础，促进思想解放。其社会影响和积极作用是主要的。但对孔子本人绝对否定、对东西方文化绝对化的看法是不科学的。

5. 答：联系孔子所倡导？"仁"的观念、"中恕"之道、重德教化等人文关怀思想；结合在文明发展过程中所出现的问题与弊端，如技术进步与战争灾难、经济发展与道德沦丧等问题，说明人类文明和科学的发展需要人文精神和人文关怀，需要道德约束和教育等。

孔子在政治上强调以民为本，反对苛政贺任意刑杀；在伦理道德上强调和谐的人际关系。比如他要求人们注意自我修养、尊老爱幼、尊师重贤、富有爱心、言必行、遵守社会公德、学习上不耻下问、温故知新、积极进取的处世精神等都体现他对治国和社会生活的深刻智慧和优秀价值，其思想精华是对世界文明的贡献，也为现代文明提供了汲取的营养。

第五章 国学之道家思想

一、单项选择题

1. B 2. B 3. A 4. C 5. A 6. A 7. B 8. D 9. A 10. A 11. A 12. B 13. A 14. D 15. A 16. D 17. D 18. C 19. B 20. D 21. A 22. A 23. A 24. C 25. B 26. B 27. D 28. C 29. A 30. D

二、多项选择

1. ABCD 2. ABCD 3. ABC 4. ABC 5. ABCD 6. ABCD 7. ABC 8. ABCDE 9. ABCD 10. BCD 11. ABC 12. ABCD 13. ABCD 14. ABD 15. ABCD

三、简答题

1.答：首先，应该从道家哲学的世界观人生观谈起。与儒家积极入世的思想相反，以老庄为代表的道家却坚持出世、弃世的思想，主张倾心寡欲、恬淡无为，"不冕肆志，不为穷约趋俗"，认为"天子不及臣，诸侯不及友"，面临人生抉择理想追求的时候，儒家为理想主义者，子曰："知其无可奈何而为之"；道家却为现实主义者，庄子曰："知其无可奈何而安之若命"。正是因为道家在出世入世方面与儒家的截然不同，所以在历史上造就了一大批浪漫主义与批判现实主义的各种文学、建筑方面的艺术家和思想家，这些人把庄子"过而不悔，当而不自得""哀乐不入於心"当做教条，把"登高不栗，入水不濡，如火不热，其寝不梦，其觉不忧，其息深深"当做人格理想而毕生追求。而且道家主张清心寡欲恬淡无为的生活方式及其后来道教修道炼丹之术为中华民族特有的民族医学——中医的完善和发展起到了强大的推动作用。其次，在认识论方面，道家坚持认识的相对论，谓之"齐万物，一死生，等是非"，具体体现在：1."万物一齐，孰短孰长"、"天地一指，万物一马耳"、"天地与我并生，万物与我合一"，典型例子便是"庄周梦蝶"，梦中所物是庄子耶还是蝴蝶耶？实乃庄子亦蝶，蝶亦庄子耳。2."方生方死，方死方生"思想，方是并的意思，表示生与死一起放生不可断绝，所谓"生也死之徒，生也死之始"，死生并存的例子把认识的相对论发挥得淋漓尽致。道家看来，"无己，无名，无功"的得道之人应"不知悦生，不知恶死"。最后，在世界本源问题上，道家强调"道"即世界的本源，庄子曰道"生而无有，为而不持，养而不宰，衣养万物不为主"，在他看来，"道"只是造物主，并非世间万物的控制者。由老子的《道德经》中，可以给"道"下入下两种定义：1.物质性，道"有情，有信，自古以固存"。2.非物质性，道"无形无相，视之不见，搏之不及精神生於道"。"道"作为一个总原理，"德"就是它的方法论，由此庄子曾曰："天不德不的高，地不德不厚，日月不得不行，万物不德不昌，此其道欤。"关于这句话，当代著名哲学家冯友兰先生在其《中国哲学史》中作了精辟的解释："道，天地万物之所生的总原理；德，得也，一物之所生的原理。"正是因为道家在其"道"上的本质论、本体论、认识论、人生论、规律论这一系统的分析弥补了儒家在哲学上这方面的不足，所以使得中华文化有了另一个坚实的支撑点，由此完成了中华文化这一博大身躯，使之有了顽强的生命力和与时俱进的创造力。

2.答：（1）道法自然的自然说，道家认为"道是万物之宗""可以为天下母，它先天地生，未有天地之前，它自古以自存，神，鬼神帝，生天生地""道"是支配一切的主宰，衍生天下之物，但它不是物质实体，而是一种绝对精神。（2）"无为而治"论，道家认为"道是自然无为的，统治者应该处无为之事"，行不言之教，一切听任自然法制的支配，让天下自然生长，发展。（3）废弃仁义圣智说，在道家看来，仁义，圣智，孝慈，忠臣等都是不合乎人的本性的"大道废，有仁义智慧出，有大伪，六亲不合，有孝慈，国家混乱，有忠臣"。（4）否定人定法，道家认为"天下多忌讳而民弥贫"统治者认为的制定出法律法令是徒劳无功的，而且会贻害无穷，"法令慈彰，盗贼多有"。（5）"君人南而之术"，所谓"南而之术"就是最高统治者驾驭臣下，统治人民的一套方案和权术，从广义方面来说，上述"无为而治"废弃仁义礼法等都是"君人南而之术"。从狭义方面来说"君人南而之术"则包括以柔克刚，"欲夺先与"，愚民政策等，道家认为"天下之至尊"驰骋天下之至坚，天下最柔弱的东西能在最坚硬的东西中穿来穿去，而"无为"的好处就在于它体现了以柔克刚的道理，道家又主张"将欲夺之，必固与之"因此道家反对统治者横征暴敛，民之饥以其土食税之多，是以饥，民之轻死，以其上求生之厚，是以轻死，在道家看来，人民之所以难于治理，是因其智慧太多，人民智慧多了，就会来造反。

3.4.5.参考答案略，答案参考所学内容，言之有理即可。

第六章　国学之佛教文化

一、单项选择题

1.A　2.B　3.C　4.D　5.A　6.B　7.C　8.D　9.A　10.B　11.A　12.A　13.B

二、多项选择题

1.ABC　2.ABCD　3.ABCD　4.ABCD　5.ABC　6.ABC　7.ABCDE

8.ABCD　9.ABC

三、简答题

略

第七章　国学折射出的中国传统文化基本特征和民族文化精神

一、单项选择题

1. A　2. B　3. B　4. C　5. C　6. A　7. C　8. D　9. B　10. A　11. B　12. D　13. D

14. B　15. C　16. A　17. D　18. C　19. C　20. B　21. C　22. A　23. D　24. B　25. A

二、多项选择题

1. ABCD　2. BCD　3. ABC　4. ABC　5. AC　6. ABCD　7. ABCD

8. AD　9. ABCD　10. ABCD　11. ABCD　12. ABD　13. AB　14. ABC　15. AD

三、简答题（略）

参考文献

[1] 章太炎，陈柱. 国学十六讲. 北京：长征出版社，2008.

[2] 梁启超. 清代学者整理旧学之总成绩. 北京：商务印书馆，1999.

[3] 李学勤. 十三经注疏（标点本）. 北京：北京大学出版社，1992.

[4] 朱熹. 四书集注. 长沙：岳麓书社，1998.

[5] 冯友兰. 中国哲学史. 北京：中华书局，1961.

[6] 唐君毅. 中国哲学原论：导论篇. 北京：中国社会科学出版社，2005.

[7] 钱穆. 先秦诸子系年. 北京：商务印书馆，2001.

[8] 王阳明. 王阳明全集. 上海：上海古籍出版社，1992.

[9] 中国大百科全书出版社编辑部. 中国大百科全书(简明版)(修订本). 北京：中国大百科全书出版社，2004.

[10] 魏源. 魏源集：孟子年表. 北京：中华书局，1976.

[11] 杨泽波. 孟子评传. 南京：南京大学出版社，2007.

[12] 杨伯峻. 论语译注. 北京：中华书局，1980.

[13] 刘兆佑. 国学导读. 北京：中国人民大学出版社，2005.

[14] 曹伯韩. 国学常识. 北京：生活、读书、新知三联书店，2002.

[15] 朱维铮. 中国经学史十讲. 上海：复旦大学出版社，2002.

[16] 杨伯峻. 孟子译注. 北京：中华书局，1960.

[17] 司马迁. 史记. 北京：中华书局，1959.

[18] 崔述. 孟子事实录. 上海：上海古籍出版社，1983.

[19] 罗根泽. 孟子评传. 北京：商务印书馆，1932.

[20] 陈书禄. 中国文化通论. 南京：南京师范大学出版社，2000.

[21] 骆建彬. 卓越领导人讲堂. 北京：北京大学出版社，2009.

[22] 李中华. 中国文化概论. 广州：华文出版社，1994.